Jelle Fras   BPG

Mensch werden

Claus Eurich

Mensch werden

Ein Appel an unsere Eliten
in Wirtschaft und Gesellschaft

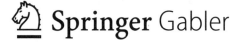

Prof. Dr. Claus Eurich
Technische Universität Dortmund,
Deutschland

ISBN 978-3-658-00720-1　　　　　ISBN 978-3-658-00721-8 (eBook)
DOI 10.1007/978-3-658-00721-8

Die Deutsche Nationalbibliothek verzeichnet diese Publikation in der Deutschen Nationalbibliografie; detaillierte bibliografische Daten sind im Internet über http://dnb.d-nb.de abrufbar.

Springer Gabler
© Springer Fachmedien Wiesbaden 2013
Das Werk einschließlich aller seiner Teile ist urheberrechtlich geschützt. Jede Verwertung, die nicht ausdrücklich vom Urheberrechtsgesetz zugelassen ist, bedarf der vorherigen Zustimmung des Verlags. Das gilt insbesondere für Vervielfältigungen, Bearbeitungen, Übersetzungen, Mikroverfilmungen und die Einspeicherung und Verarbeitung in elektronischen Systemen.

Die Wiedergabe von Gebrauchsnamen, Handelsnamen, Warenbezeichnungen usw. in diesem Werk berechtigt auch ohne besondere Kennzeichnung nicht zu der Annahme, dass solche Namen im Sinne der Warenzeichen- und Markenschutz-Gesetzgebung als frei zu betrachten wären und daher von jedermann benutzt werden dürften.

Lektorat: Ulrike Vetter, Irene Buttkus

Gedruckt auf säurefreiem und chlorfrei gebleichtem Papier

Springer Gabler ist eine Marke von Springer DE. Springer DE ist Teil der Fachverlagsgruppe Springer Science+Business Media
www.springer-gabler.de

Über dieses Buch

Wir leben in einer unübersichtlichen Zeit. Die gegenwärtigen Krisen, ökologisch, ökonomisch, politisch, sozial, konfrontieren mit teilweise völlig neuen Herausforderungen auf allen Ebenen des menschlichen Seins. Alte Rezepte taugen nicht nur nicht mehr, sie haben sich vielmehr größtenteils als eine Mitursache des gegenwärtigen Zustands herausgestellt. Auch Lösungen, die sich weiterhin nur auf etwas Partielles ausrichten, ohne den Gesamtkontext im Blick zu haben, werden nicht weiterführen, denn schon längst zeigt sich auf diesem Planeten alles mit allem verbunden. Zunehmend stellt sich die Globalisierung des Politischen, der Märkte und der Kommunikation als eine Globalisierung der Unübersichtlichkeit, der fehlenden Beherrschbarkeit und der Verwundbarkeit heraus.

Jeder bewusst und erkennend lebende Mensch, vor allem aber Führung und Verantwortungseliten in allen gesellschaftlichen Bereichen, sehen sich in dieser Zeit schwindender Gewissheiten mit teilweise grundlegend neuen Anforderungen konfrontiert. Die unzähligen Seminarangebote, Ratgeberschriften und die massenhaft produzierte Literatur mit Führungs- und Managementkonzepten greifen trotz vereinzelt guter Ansätze und überzeugender systemischer Argumentationen oft zu kurz. Sie gehen unter in Sachzwängen und einer auf Effizienz getrimmten Funktionalität, die sich der Einsicht in größere Kontexte verweigern. Sie haben zudem keine Chance zur Umsetzung in Arbeits- und Organisationswelten, in denen ein zunehmendes Problem darin besteht, der kontinuierlich ansteigenden Geschwindigkeit und der damit einhergehenden Informationsüberflutung noch einigermaßen Herr zu werden. Vor allem aber basieren sie nicht auf einer inneren Haltung und vermitteln diese entsprechend auch nicht, die auch dann noch Stabilität verspräche, wenn die äußeren Koordinaten und Orientierungen erodieren und beginnen, sich aufzulösen.

Die herkömmlichen Checklisten helfen in dieser Situation nicht mehr, zumal eine wachsende Zahl von Vorschriften auf allen Ebenen, die Verlagerung von Entscheidungskompetenzen auf Software- und Expertsysteme, vor allem in der Finanzwelt, und die damit einhergehenden teilweise dramatischen Einschränkungen von Kreativitäts- und Freiheitspotentialen schlichtweg nur noch kontraproduktiv wirken, was Qualität und Nachhaltigkeit anbelangt. Ein permanent steigender Effizienz- und Wachstumszwang kommt problemverstärkend hinzu. Die Folgen sind allenthalben spürbar, und sie manifestieren sich u.a. in den aktuellen Krisen, die, genau betrachtet, Werte- und Vertrauenskrisen sind. Leider haben die Verantwortlichen in diesen Bereichen daraus noch nicht gelernt, ja im Gegenteil. Noch immer werden die Ursachen der Krankheit, in erster Linie quantitatives Wachstum, Wettbewerb und Konkurrenz, mit großem Pathos als Handreichung zur Heilung offeriert. Dramatisch steigt in allen Lebens- und Kulturbereichen der Individualismus und das abgrenzende Denken – bei den einzelnen Handlungsträgern, zwischen den Systemen, den Nationen und Kulturen und zwischen dem Menschen und dem Rest des Lebens auf diesem Planeten.

Es kann nicht verwundern, dass sich gleichzeitig Unsicherheit, eine neue Qualität von Entfremdung, Vereinsamung und das ausgeprägte Leiden an diesen Zuständen ausbreiten, was nicht nur in der steigenden Nachfrage nach Beratungs- und Coachingangeboten, sondern auch nach psychologischer und seelsorgerischer Begleitung einen Ausdruck findet. Zu Recht! Denn Scheitern billigt unsere Kultur nicht und wertschätzt sie nicht als Chance zur Umkehr und Heilung in einem tieferen Sinne. Auch dass der Ruf und die Sehnsucht nach Vorbildern, nach Haltung und Anstand, nach Orientierung, Halt und visionärer Stärke in dieser Zeit schwindender Gewissheiten dringlicher und lauter werden, kann wohl kaum verwundern.

Was nun will in dieser Ausgangslage dieses Buch?

Es richtet sich bewusst an Verantwortungseliten, Führungskräfte und Entscheidungsträger in allen gesellschaftlichen Bereichen unserer Gesellschaft, wobei als Führungskraft jeder Mensch verstanden wird, der Verantwortung für andere Menschen und für anderes Leben schlechthin trägt. Es geht also nicht nur um Politiker in herausragenden Positionen oder Vertreter des höheren Managements in der Wirtschaft. Zukunftsorientiertes und vorbildhaftes Verhalten ist in jeder Lage verantwortungsorientierten Tuns gefordert, wobei allerdings die Bereiche der Politik, der Wirtschaft, der Bildung und des Journalismus eine unbestritten herausragende Rolle spielen.

Über dieses Buch

Ich möchte dazu einladen, bevor nach Rezepten gefragt wird, sich mit den Hintergründen unseres Handelns und Verhaltens auseinanderzusetzen und mit Begründungen, die aus dem Menschsein an sich in der gegenwärtigen evolutionären Situation resultieren und diesem gerecht werden. Ein *unmittelbarer* Alltagsnutzwert ist bewusst nicht angestrebt und als voraussehbar oder erwartbar auch nicht gegeben, da dieser ohne die entsprechenden Tiefenbegründungen immer zu kurz greifen würde und auch zu kurz greifen müsste. Ich möchte stattdessen ein Verständnis der Welt und des Menschen näher bringen, mit dem die Zusammenhänge in einer umfassend vernetzten Welt besser erfasst werden können, um dann auf dieser Basis zu langfristig tragfähigen Einschätzungen und Lösungen zu gelangen. Kein humanes und dem Leben an sich in seinen Begründungen und Notwendigkeiten zugewandtes Fortschreiten der Kultur ist vorstellbar ohne ein entsprechendes Wachstum des Bewusstseins. Nicht eine weitere Toolbox also ist gefordert, sondern die Herausbildung einer Halt gebenden inneren Haltung, die sich auf Heilung in einem umfassenden Sinne ausrichtet – von mir selbst, den Systemen, die mich umgeben, von Mensch und Erde. Es geht dabei um nicht mehr und nicht weniger als den Schritt vom kleinen Ich zum großen Selbst, um das Wachstum einer neuen Identität im Geist und in dem Erspüren der Verbundenheit mit allem Leben, um die Geburt einer neuen, einer integralen Vernunft.

So manche uns in der Gegenwart umtreibenden und vor sich her treibenden sozialen, politischen und ökonomischen Fragen haben ohne Zweifel eine besondere Bedeutung für verschiedenste Menschengruppen. Aber angesichts der Überlebenskrise von Mensch und Umwelt kommt ihnen sicherlich auf absehbare Zeit keine Priorität mehr zu.

Auch wenn es immer Menschen gibt, die ein Voraus an Einsicht, Willen und Erfahrung haben und von denen wir lernen können – finden und gehen muss jeder seinen eigenen Weg, mit eigenem Denken und eigenem Gefühl. Wie besonders muss dies für Führung und die Verantwortungseliten betont werden.

Nahezu alles an Potentialität ruht in unserer Gattung und in jeder einzelnen Person. Wir brauchen unsere Grenzen also nicht zu eng zu ziehen. Gleichwohl entstehen die neuen Wirklichkeiten immer nur dadurch, dass wir sie als Personen schaffen. Und mit den Wirklichkeiten eröffnen sich dann wiederum neue Potentiale hin zu der Ganzheit des Seins, in der das Allgemeine und Grundsätzliche mit dem Besonderen und Speziellen verbunden sind. Das Ringen, das jene Lebenshaltung des Werdens trägt, erkennt sich als Ringen darum, nicht nur Mensch zu bleiben im Angesicht der Entzweiung des Lebens, sondern vor allem über die Einsicht in die eigenen Schwächen, die eigenen inneren Widersprüche und Gegensätze hinaus fortwährend neu Mensch zu werden, sich umzuschmelzen, zu integrieren und zu transformieren. Das Leben wird dadurch zu einem schöpferischen Akt, zu einer dynamischen Skulptur, deren äußere Erscheinung sich wandelt, während das Innere und Seelische sich reinigt und klärt.

Diese Selbstgestaltung lässt keine Ebene der Personalität, keine Wahrnehmung, keine innere Haltung und kein Verhalten unberührt. Manches, das die philosophische und spirituelle Selbstreflexion über das Wesen des Menschen und den Sinn des Seins seit jeher anspricht, will in unserem Zusammenhang neu gesehen oder doch zumindest mit einem veränderten Akzent versehen sein. Darauf wird in diesem Buch ein besonderer Blick gerichtet. Als übergeordnete Leitfrage steht dabei die Verbindung von Sinnstiftung und Wirklichkeitsgestaltung im Vordergrund.

Letztlich geht es um eine neue, eine integrale Vernunft. Sie führt als Wissens-, Erkenntnis- und Handlungszugänge fünf Säulen zusammen: Rationalität, sinnliche Erfahrung, Intuition, Weisheit und Kontemplation. Mit der Kraft und der Klarheit, zu der diese Vernunft den Menschen und vor allem die Entscheidungs- und Handlungsträger führen will, schält sich die vor uns liegende Aufgabe deutlich heraus: Die Fundamente legen, damit die kommenden Generationen nicht nur eine Chance zum Überleben haben, sondern dass der Weg bereitet ist für eine Menschheit, die dem Ganzen dient, darin ihre Erfüllung findet und schließlich erkennt, dass dieser Dienst zugleich der beste und schönste ist, den sie sich selber tun kann. Zu nicht mehr und nicht weniger will dieses Buch ermutigen.

Inhaltsverzeichnis

Über dieses Buch 5

Thematische Hinführung 13

1 **Wer sind wir? Eine Annäherung** 29
Das Gattungswesen 30
Das Ich, das Selbst, die Identität 37
Das Bewusstsein, das Unbewusste und das Überbewusstsein 44
Selbstreflexion als schöpferischer Prozess 50

2 **Blockaden auf dem Weg der Entwicklung** 57
Wissenschaft und Wahn 57
Ich-Sucht als das Gift unserer Zeit 61
Kultur als Behinderung 69

3 **Wandlung des Bewusstseins – Auf dem Weg zum integralen Menschen** 77
Unstillbare Sehnsucht 78
Synthese des Gespaltenen 86
Der ganze Kosmos ist unser Leib 92
Alles Werden und jede Wandlung beginnt und geschieht bei uns selbst 97
Befindlichkeiten und Tugenden des Menschen 104
    Liebe, Sünde, Reue 105
    Demut und Hingabe 109
    Geist des Nichtverletzens 111
    Vergebung 113
    Angst 115
    Mangel 117
    Leid 119
    Scheitern und Verzweiflung 121
    Ohnmacht 127
    Krise und Hoffnung 130

Der Tod 133
Melancholie und Einsamkeit 136
Mythos, Kultus, Ritual 139
Der Mensch ist Kommunikation 147
Miteinander-Teilen 148
Wahrhaftigkeit 150
Gewaltlosigkeit 152
Empathie 152
Hören 154
Offenheit 155
Ambiguitätstoleranz 156
Vorwürfe aushalten 157
Vergebung 159
Vertrauen 161
Mit dem Du zum Selbst 162
Homo Aestheticus 163
Bewusstsein und Technik 166
Technik als mythische Gestalt 167
Heilende Askese 171
Kairos – Zeit, die erweckt, integriert und vollendet 174
Chronos im Hier und Jetzt entmachten 175
In jedem Augenblick beginnt ein neues Sein 178
Sein als vom Zwang des Zeitlichen befreite Energie 180
Sprung über den Schatten 184
Homo Divina oder Gott und Mensch an einem Tisch vereint 189
Im menschlichen Geist erkennt das Universum sich selbst 194
Gottesfinsternis 197
Widersacherkräfte – Das Böse 201

4 Integrale Erkenntnis 215
Zugänge – Die fünf Säulen der Vernunft 221
Säule I: Rationale Analyse 222
Säule II: Sinnliche Erfahrung 222
Säule III: Intuition 225
Säule IV: Weisheit 232
Säule V: Kontemplation 235

Wiedervereinigung. Zur Synthese von Mystik und Wissenschaft 246

Freiheit und Erkenntnis – Schlussgedanken 253

Literaturverzeichnis 261

Der Autor 277

Thematische Hinführung

Versuchen wir unbefangen das Geschehen auf der Erde anzuschauen und zu verstehen, so wächst der Eindruck, dass unsere Gattung sich überlebt hat – und sie reißt unzähliges anderes Leben mit ins Verderben. Rettung, die auf dem Alten gründet und dem Selbst- und Weltverständnis, das uns bis hierher führte, ist weder in Sicht noch glaubwürdig denkbar. Unsere Spezies muss sich neu entwerfen – in Personalität und Kollektivität, als Individuum und Menschheitsfamilie, als Schöpfer und Mitgeschöpf. Sie ist gefordert, sich neu zu gestalten, im Geist einer universalen Verbundenheit, der Geschwisterlichkeit und einer alles transzendierenden Liebe. Sich selbst zu übersteigen, dazu ruft uns unsere Potentialität, also das, was an unterschiedlichsten, aber noch unerkannten und nicht befreiten Möglichkeiten in Person und Gattung ruht. Sie mahnt und lockt, einen frischen Zweig aus dem Baum des irdischen Lebens zu treiben. Gelingt dies, dann kann die bisherige Geschichte als Vorstufe hin zu einer neuen Menschwerdung gesehen werden.

Die Frage, wie mit einer Welt und in einer Welt klarzukommen ist, über der das Damoklesschwert der Selbstvernichtung hängt, stellt sich demnach wesentlich nicht mehr. Worin läge auch der Sinn einer solchen Frage, außer vielleicht in der Suche nach Selbstbestätigung in ständigen Wiederholungen des an sich doch längst schon Überlebten. Kommt also ein Unheil auf uns zu? Man mag das Ende der gewohnten Zeit bzw. des Untergangs eines Menschheitszeitalters vielleicht so sehen. Doch von einem Unheil wollen wir trotzdem nicht sprechen, von einer Katastrophe aber sicherlich. Sie scheint als grundlegender Bruch mit nahezu allen alten Gewissheiten und aus ihnen erwachsenden Sicherheiten unvermeidbar. Diese Katastrophe aber muss kein Unheil sein, wartet in ihr doch die Chance, im Untergang an dem Neuen zu weben, dem Heil und der Heilung ein Stück näher zu rücken, ja, sie zu vollenden. Heilung meint heil, also ganz zu werden, ungespalten, ungetrennt, versöhnt mit sich selbst und dem Prozess des Lebens auf allen Ebenen. Die Überlebenskrise wird so gesehen zu einer Transformationskrise, zum mutigen Eintauchen in die sowohl schmerzhafte wie bereichernde Dynamik der Wandlung.

Es würde uns nicht gerecht, sähen wir die Welt der Gegenwart verharmlosend lediglich als eine fehlerhafte und unbedachte Entwicklung und somit als einen Irrweg an, den wir bei frühzeitiger und besserer Einsicht nicht unbedingt hätten beschreiten müssen. Das Gegenteil gilt es zu konstatieren. Der Weg, der hinter uns liegt, zeugt von geradezu atemberaubender Geradlinigkeit und Konsequenz. Er spiegelt zum einen die dominante und nach Verwirklichung schreiende Seite unseres Wesens. Zum anderen müssen wir erkennen, dass sich diese Wesenszüge im Verlauf der Jahrhunderte derart zu Systemen und Strukturen verfestigt haben, wie beispielsweise am Wirtschaftssystem zu erkennen ist, dass die notwendigen Freiheitsräume für grundlegende ethische Entscheidungen nur noch schwer erkämpfbar sind. Dies gilt sowohl für den einzelnen Menschen als auch für Kollektive, Gemeinschaften, Staaten und Kulturen. Es hätte eben nicht alles auch anders kommen können. Wir beobachten kein Spiel, das mit anderen Regeln auch anders zu spielen gewesen wäre. Was wir hervorgebracht haben an Geist, Rationalität, Ökonomie, Struktur und Technik entspringt keinem evolutionären Zufall. Was unsere innere Natur bis hierher ausmachte und belebte, hätte wohl keine wirklichen Alternativen zugelassen. Die Welt der Gegenwart also, das sind wir. Die Zerstörung der so genannten äußeren Natur und Umwelt folgte einer inneren Destruktivität. Die Zersiedlung und Verwüstung dieses Planeten wurzelt in den Spaltungen unseres Innenlebens. Sie war der Preis für einen langen historischen Prozess der Trennung und der Spaltung. In diesem Prozess hat sich unsere Gattung schrittweise aus der äußeren Natur herausgelöst, um sie sich wieder neu einverleiben zu können, sie zu kontrollieren, zu konsumieren und zu verbrauchen. Damit wandelte sich auch die Identität des Menschen. Zunehmend fand sie sich wieder in dem, was trennt, im Anderssein, in der Differenz. Auf allen Ebenen vollzog sich diese Trennung – zwischen Mensch und Natur, Mensch und Mensch, und sie machte selbst vor dem Göttlichen nicht Halt. Wer sich so von seinen Wurzeln und seinem wahren Wesen trennt, stellt sich außerhalb der Ordnung, der er selbst entstammt, und er sollte die folgende Verwahrlosung nicht beklagen. Das eine bringt das andere hervor.

Die Weltfremdheit begann, als wir uns selbst fremd wurden, weil sich die Bindung an unseren Ursprung und unsere Beheimatung im kosmischen Ganzen schrittweise auflöste. Damit entschwand zugleich die Wahrnehmung für das Wunder und das Wunderbare des kosmischen Zusammenhangs. Je unerbittlicher wir uns in der Weise zeigten, nicht nur die Materie zu beherrschen, sondern das Leben an sich, umso mehr löste sich die Empfindung der Verbundenheit auf. „Ich" – das können wir sagen, und jeder zweite Satz beginnt mit diesem Wort. Doch während wir es aussprechen, spüren wir das Du nicht mehr als Teil von uns. Fremd steht es mir gegenüber, fremd stehe ich mir damit selbst gegenüber. Ich will es nicht wirklich anerkennen und ihm in Respekt begegnen, denn es schränkt meine ‚Ichheit' ein, auf der sich in dieser Stunde der Weltgeschichte doch alles gründet.

Das Ich bewegte sich in eine egozentrische und anthropozentrische Weltwahrnehmung und Weltaneignung, in der die Erde nur noch aus dem Blickwinkel der menschlichen Erfahrung und der menschlichen Bedürfnisse gesehen wurde. Unermessliche materielle Güter und Reichtümer entstanden daraus. Doch zugleich vergrößerte sich die Not, was in den Folgen der Plünderung unserer Erde einen dramatischen Ausdruck findet. Wohlstand entstand um den Preis des Notstands, Überfluss um den des Mangels, Freiheit um den der Abhängigkeit; Entwicklung kam um den Preis der Vernichtung, die Stilisierung des Ich um den der radikalen Vereinsamung unserer Gattung. Sinnfällig zeigt sich dies etwa darin, dass ein Großteil der Menschen in der Unwirtlichkeit mancher urbaner Wüsten mehr Heimatgefühle entwickelt als in der verbliebenen Natur. Gewiss, Natur hat auch in industriegesellschaftlichem Kontext einen hohen Stellenwert, doch eben selten als Selbstwert, sondern vielmehr als Konsumraum und Verbrauchsmasse. Wohl kein Satz unterlag in der Geschichte der Menschheit einer schrecklicheren Missdeutung als: „Macht euch die Erde untertan."[1]

In den ideologischen Auseinandersetzungen der vergangenen beiden Jahrhunderte ließ sich diese Entwicklung, so sie erkannt wurde, gerne der einen oder anderen gesellschaftlichen Orientierung und Lebensweise zuschreiben. Mittlerweile kommen wir jedoch nicht mehr an der Erkenntnis vorbei, dass es die Seinsweise unserer Gattung ist, die in der Weise, wie sie wurde, in die Auswegslosigkeit der Jetztzeit führte. Es geht deshalb nicht bloß um die Erosion und Infragestellung einer bestimmten Kultur, eines bestimmten Wirtschaftens oder einer bestimmten Politik. Vielmehr gilt es den Blick auf das menschliche Sein an sich, das für die gegenwärtige Evo-

---

[1] Genesis 1,28

lutionsstufe charakteristisch ist, zu werfen. Aus ihm stammen die Formen politischen, ökonomischen und kulturellen Verhaltens; aus ihm stieg schließlich auch der global herrschende technokratische Machtapparat hervor. In der Totalität, mit der er die Erde geistig und strukturell umspannt, lässt er kaum noch Freiheitsräume, in denen eine andere Welt sich denken, sich entwerfen und entwickeln könnte. Dieses Sein schaufelt sich in innersystemischer Konsequenz das eigene Grab. Denn es ist auf Vernichtung, die Selbstvernichtung eingeschlossen, gleichsam naturnotwendig angelegt. Das systemübergreifend herrschende Dogma des ökonomischen Wachstums und seine quasi religiöse Überhöhung etwa treiben in die Plünderung noch vorhandener Ressourcen. Sie spielen den Menschen hinsichtlich des ihm angemessenen Maßes gegen sich selber aus. Eine Wendung innerhalb des Bestehenden widerspräche diesem Bestehenden und seiner Rationalität in fundamentaler Weise. Innerhalb der herrschenden Logik kann sie deshalb begründet nicht gedacht werden. Die Wand, vor der wir stehen, liegt am Ende einer evolutionären Sackgasse. Die Logik des Schreckens, von so vielen großen Geistern bereits seit dem 19. Jahrhundert benannt, liegt enthüllt vor uns. Sie kann sich nicht länger als Fortschritt oder gar Kultur maskieren.

In der Aussicht auf die Unwiderrufbarkeit des Geschehenen und des nicht mehr zu Bewältigenden breitet sich zu Recht größte Sorge, ja mitunter Todesangst aus, gibt es für die Situation, in der wir stehen, doch keinen auch nur annähernd vergleichbaren Präzedenzfall. Mit Krisen, verheerenden Kriegen und Katastrophen lebte die Menschheit schon immer. Aber vor dem Entzug der Lebensgrundlage an sich zu stehen, das ist neu. Und mit einer bloßen Veränderung unserer Sinndeutung und Sinnwelt wird es diesmal nicht getan sein. Wie vielleicht noch nie in unserer Gattungsgeschichte spüren wir Menschen existentielle Ungeborgenheit als Zerrissenheit in einer von uns zerrissenen Welt. Verbunden hat sich dies mit einer so noch nie wahrgenommenen Ohnmacht und Erschöpfung. Die Demarkationslinie zur Schwermut und zur Krankheit am Sein liegt neben jedem Schritt, den wir in der Absicht tun, uns als Teil einer geschichtsübergreifenden Sinngemeinschaft wieder zu finden. Wir sind uns selbst höchst problematisch geworden, erschrecken vor unserem eigenen Spiegelbild. Das aus der Selbstentzweiung geborene Selbstmisstrauen wird zu einer eigenen dunklen Energie. Ist es übertrieben, vom Vorabend eines wahrhaft kosmischen Karfreitags zu sprechen?

Die menschliche Geschichte vollzieht sich im Durchfluss durch die Zeit als Prozess. So gesehen stellt sie sich immer als Übergang dar, als Schritt von einem Woher zu einem Wohin. Reklamieren wir das nahende Ende des gegenwärtigen Menschheitszeitalters, so stellt das unsere Gattung zugleich in eine beginnende Zwischenphase zwischen dem kollabierenden alten Äon und den Vorboten eines wie immer gearteten Neuen. Von diesem wissen wir jedoch nur wenig. Zwar erkennen wir aus dem Scheitern des Bisherigen und Gegenwärtigen Anforderungen und Notwendigkeiten, spüren zugleich bislang ungehobene Potentiale und vertrauen vielleicht jetzt endlich der uns einmal mitgegebenen Gotteskindschaft. Doch ob das reicht, entzieht sich mangels Erfahrung der Einsicht und bleibt im Ungewissen.

Vom Ende eines Menschheitszeitalters und dem Ende eines Erdzustandes, der viele Jahrtausende unzähligen Arten Behausung bot, zu sprechen, meint bei allem apokalyptischen Realismus also nicht das Ende der Geschichte. Das Ende, in das wir uns hineinbewegen, ist innergeschichtlich. Es tritt auf als der folgerichtige und unumgehbare Schritt, der von uns inmitten des Schreckens doch als Chance zum sinnvollen Zukunftshandeln gesehen werden will. Das noch gestaltlose Wohin erhält dadurch, dass wir es in wachem Bewusstsein annehmen und durchleben, erste Umrisse, die Orientierung geben können. Im schmerzhaften Loslassen lebensuntauglicher Sichtweisen, Empfindungen und Verhaltensformen mag der Bewusstseinsraum entstehen, in dem wir lernen, unsere Grenzen zu überwinden. Dieser Sprung über den Schatten bejaht die Schöpfungswirklichkeit, stellt den Menschen zu ihr jedoch in ein grundlegend neues Verhältnis. In ihm verwandeln wir die Richtung des Stroms an evolutionärer Energie, die uns noch immer trägt. Bewusstseinswandel und Gestaltung also lautet das Gebot der Weltzeitstunde, nicht aber ein sich unterwürfiges, teilnahmsloses Fügen in den Lauf der Dinge oder gar die Suche nach Rückzug, Selbstauslöschung und Formen „spiritueller" Regression, die der Lebensanforderung nach, in der wir stehen, nur als infantiler Zynismus gedeutet werden können. Wachstum hin zum neuen Menschen inmitten des Zerfalls der alten Imperien ist der Ruf aus der Zukunft.

Dass Leben Leiden sei und der Verfall tief verwurzelt im Wesen allen Seins ruhe, ist eine nur zu oft zitierte buddhistische Weisheit. Ihre überzeitliche Wahrheit kann nicht in Frage gestellt werden, doch scheint der Blick, mit dem sie sich offenbart, passiv. Sicher, man kann die Welt mit Augen beobachten, die nur Verfall wahrnehmen, und dann wird man auch nur Verfall sehen. Wir können die Welt aber auch mit Augen sehen, in denen die Schöpfung sich jede Sekunde neu gebiert. Dann werden wir einen unermesslichen Reichtum an Potentialen und Entwicklungschancen erkennen. Beide Blickweisen erst werden als Integral der Wirklichkeit des Menschlichen und des Universums insgesamt gerecht. Die Fokussierung auf jeweils nur das Eine aber verbleibt letztlich in einem dualistischen Verkennen. Darin verharren wir auch, wenn wir uns in der Selbstwahrnehmung auf unseren physischen Körper und auf das reduziert sehen, was unsere „normale" Persönlichkeit ausmacht. Denn diese Persönlichkeit unterlag in ihrer Herausbildung und unterliegt in ihrem alltäglichen Sein mannigfachen von uns nicht zu beeinflussenden Fremdeinwirkungen – durch andere Personen, kulturelle und gesellschaftliche Verhältnisse und nicht zuletzt die „äußere" Natur. All dies hat seine Bedeutung und einen Wert, markiert aber letztlich doch nur die Oberfläche unseres Wesens, und es verdunkelt die unermesslichen Möglichkeiten, die in einem jeden von uns ruhen.

Sich auf das so dringlich erforderliche ganzheitliche Verständnis einer umfassenden Wirklichkeit auf allen Ebenen und in allen auch geistigen und spirituellen Tiefen anzunähern, erfordert den integralen Blick und ein integrales Sensorium, das sich nicht mit den kleinen und scheinbar vorgegebenen Ausschnitten des Daseins abspeisen lässt. Nur so werden wir auch dem menschlichen Streben nach Ganzheit, das in unserer Sehnsucht nach dem Absoluten seinen Seelenausdruck findet, schrittweise gerecht. Das Ganze wahrzunehmen heißt, die Rollen, Masken und Prägungen, die mit dem Prozess der Zivilisation verbunden sind, zu durchschauen und sie da zu überwinden, wo sie der Raupe verbieten, sich zum Schmetterling zu entfalten. Leben ist immer größer als jede Vorstellung von ihm und der Mensch selbst letztlich ein Mysterium. Und Leben steht für Prozess. Dieser kennt keinen Abschluss, und somit gibt es auch keine fixen und konstanten letzten Wahrheiten. Um sie muss fortwährend neu gerungen werden, mit dem ganzen Geist, der ganzen Seele, allen Sinnen. Das setzt jedoch voraus, dass wir uns auch als Ganzheiten, als ganze Wesen in ihrer unermesslichen Vielheit und Vielgestaltigkeit sehen, erkennen und vor allem annehmen.

Wenig Vertrauen war in den zurückliegenden Jahrhunderten in die unsichtbaren und verborgenen Dimensionen des Seins vorhanden. Meist fehlte gar der Mut, in den Kathedralen der Rationalität diese Dimensionen anzusprechen, war doch auf Verständnis oder wenigstens wertschätzende Offenheit kaum zu hoffen. Nun, in der ersten Hälfte des 21. Jahrhunderts, wird unser Blick magisch von dem allgegenwärtigen Schrecken der selbstverschuldet grassierenden Umwelt- und Innenweltzerstörung angezogen. Auch dies folgt noch dem Gesetz der industriegesellschaftlich-technokratischen Rationalität und der ihr innewohnenden instrumentellen Vernunft. Diese Vernunft, die uns bis hierher führte, blockt also wiederum den Blick über sie hinaus, in dem sie ihn jetzt auf die von ihr verursachten und zu verantwortenden Folgen richtet. Sie suggeriert gar Lösungen, selbstredend nur innerhalb des eigenen Systems und mit den altbekannten Mitteln, und absorbiert mit dieser Zukunftslüge aufs Neue die Energie des Wandels.

Loslösung aus diesem Bewusstsein steht an, indem wir es in der uns möglichen Tiefe erkennen, seine innere Logik verstehen und sie durchdringen. Dann wird das Zerstörerische nicht mehr bannen und den Blick auf Saat und die ersten Sprossen des Neuen freigeben. Saat und Keimlinge als teils noch Verborgenes, teils schon Durchscheinendes sind die wahrnehmbare Gegenwart des Zukünftigen. Sie testieren als Durchsichtigkeit und nicht bloß Vorstellung die gestaltende Kraft des Geistigen.[2] Sie künden von dem anstehenden Entwicklungssprung, zu dem hin wir uns durchentwickelt, durchgefreut und durchgelitten haben, hinein in eine neue umfassende Sinnhaftigkeit unseres raumzeitlichen Seins.

Aus der Kraft des Geistigen geben wir uns selbst die Freiheit aller Seinsmöglichkeiten. In ihr treten wir ein in das utopische und visionäre Denken als der gedanklich gestalterischen Vorwegnahme des Zukünftigen. Der Gedanke allein schon führt in uns zur Wandlung und Verwandlung. Er

---

[2] Jean Gebser (1905–1973) spricht in seinem Werk „Ursprung und Gegenwart" davon, dass in dem aperspektivischen Zeitalter, auf das wir uns zubewegen, das Durchscheinende (als das Diaphane oder die Transparenz) zur Erscheinungsform (oder der Epiphanie) des Geistigen wird. „Es handelt sich also um ein Durchsichtigmachen des in der Welt und hinter und vor ihr Verborgenen, um ein Durchsichtigmachen unseres Ursprungs, unserer ganzen menschlichen Vergangenheit und der Gegenwart, die auch die Zukunft schon enthält ... Es handelt sich also um das Durchsichtigmachen des ganzen Menschen ... Diese Diaphanie unserer Existenz wird sich besonders deutlich in allen Übergangsperioden zeigen." (1978, S. 32)

wird zum Auge des Geistigen, durch alle Blockaden hindurch, welche die Mächte des Gegenwärtigen errichtet haben. Im Gedanken und im Glauben an ihn schaffen wir Wirklichkeit, stellen wir wirkende Tatsachen her. Was andererseits nicht erkannt und durchdacht ist, muss physisch und psychisch durchlitten werden. Das lehrt unsere Vergangenheit.

Aus der Finsternis und aus den Verdunklungen des Gegenwärtigen führt allein das Licht, das mit jenen Gedanken in unser Bewusstsein tritt, die das als möglich und schon auf Verwirklichung wartend erkannt haben. Dieses Licht wird für den zu seiner Zukunftsfreiheit erwachten Menschen zur eigentlichen Heimat. Seine Energie bewirkt die Mutationen des Bewusstseins auf den verschiedenen personalen, kulturellen, spirituellen und politischen Ebenen. Es mag uns schließlich vom Ich zum Du und zum Wir führen, vom kleinen Kollektiv zur planetarischen Gemeinschaft und über die Nächstenliebe auch zur Fernstenliebe.[3] Als Ziel steht eine Erde vor unserem inneren Auge, in der das Leben – und der Mensch nun endlich inbegriffen – sich in Harmonie mit sich selbst befindet.

Die Feststellung von Karl Marx (1818–1883), dass das Sein das Bewusstsein präge, hat ihre Gültigkeit mitnichten verloren. Doch gilt eben auch der Umkehrschluss, dass die Kräfte des Bewusstseins das Sein gestalten und verändern können. Darauf sollten wir uns in dieser Erdenstunde fokussieren. Das Denken führt in die Bewältigung des Gegebenen und Gewordenen. Und es führt uns weit darüber hinaus, wenn wir die Jahrhunderte alten dualistischen und instrumentellen Fesseln abstreifen, mit denen es sich selber lähmt. Es geht an dieser Stelle, um einem Missverständnis vorzubeugen, zuvorderst nicht um ein immer mehr an Wissen, nicht um die fortschreitende Anhäufung quantitativer Erkenntnis. Sich darauf zu beschränken, würde genauso ins Verderben führen wie die ungezügelten Wachstumsprozesse in der materiellen Welt. Wir stehen stattdessen vor der Anforderung einer neuen Qualität von Denken und Wahrnehmung, einer Intensivierung des Bewusstseins und seiner Transformation auf eine neue Ebene. Nicht alles muss in dieser geistigen und spirituellen Aufwärtsbewegung neu gedacht werden. So unermesslich viel an Gedankenschätzen ruht schon im Kosmos der geistigen Welten. Doch auch das bleibend Edle will immer wieder neu erinnert und

---

[3] Den Begriff „Fernstenliebe" hat Hans Jonas (1903–1993) in seinem Werk „Das Prinzip Verantwortung" (1979) geprägt

geboren sein, um seine Fruchtbarkeit in fortgeschrittener und veränderter Zeit auf neue Weise zu zeigen.

Das alte Denken und Empfinden kann nicht mehr genügen. Eine neue und größere Wahrheit des Menschseins zieht und treibt, legt uns die Ariadnefäden in die Hand, die aus dem Labyrinth der alten Welt führen. Diese Wahrheit steht in untrennbarer Einheit mit der Sehnsucht nach Vollkommenheit, ja der Empfindung, darauf einen Anspruch zu haben. So alt wie das bewusste Menschsein selbst mag dieser Anspruch sein, doch wurde er weit mehr geträumt als gelebt. Heute äußert sich diese Sehnsucht nicht nur in die Richtung einer äußeren Mutation der Welt, sondern als ein tiefes metaphysisches Bedürfnis. Die erwachenden Kräfte des endlich erwachsen werdenden Menschen strecken sich zu nicht weniger als der Neuversöhnung auch von Himmel und Erde. Es ist die Anmutung, auf einer neuen Bewusstseinsstufe wieder in Resonanz zu treten und eins zu werden mit dem ‚Klang', der das gesamte Universum erfüllt und vor dem wir so lange unsere Ohren verschlossen haben. Der Schritt auf die nächste Stufe der menschlichen Evolution und der Evolution des Bewusstseins wird deshalb auch ein spiritueller sein. Mit dieser Energie lassen sich die auf Verstetigung, Erstarrung und damit Selbstvernichtung zielenden Anziehungskräfte des alten Äons überwinden.

Die Gedanken zur Transformation unseres Menschseins verweisen auf das Bedürfnis und die Notwendigkeit einer ganz auf Zukunft gerichteten Philosophie. Sie bringen zum Ausdruck, was im Vorraum der Verwirklichung schon wartend, ins gelebte Sein treten will. Diese Philosophie ist somit eine utopische und zugleich viel mehr, ist sie doch selbst erfasst vom seit jeher in uns lebenden und wirkenden Impuls der Verwandlung und Verwirklichung. Sie denkt die Konturen dessen, was morgen Realität werden kann, und sie nimmt Partei dafür. Sie entwirft in der weiten Vorausschau den Maßstab für die Durchdringung des Hier und Jetzt und markiert damit sowohl dessen Blockaden wie auch seine Wegweisungen in die Zukunft.[4]

---

[4] Dazu Ernst Bloch (1885–1977) in seinem Prinzip Hoffnung: „Das utopische Bewusstsein will weit hinaussehen, aber letzthin doch nur dazu, um das ganz nahe Dunkel des gerade gelebten Augenblicks zu durchdringen, worin alles Seiende so treibt, wie sich verborgen ist. Mit anderen Worten: man braucht das stärkste Fernrohr, das des geschliffenen utopischen Bewusstseins, um gerade die

Theodor W. Adorno (1903–1969) schrieb in der zweiten Hälfte der vierziger Jahre des vergangenen Jahrhunderts für seinen Freund und Mitbegründer der Frankfurter Schule, Max Horkheimer (1895–1973), Aphorismen. Nicht zuletzt hinsichtlich des Stellenwerts von Bewusstsein und Philosophie angesichts eines „beschädigten Lebens" klingen sie in geradezu atemberaubender Weise aktuell. Aus dem Finale:

„Philosophie, wie sie im Angesicht der Verzweiflung einzig noch zu verantworten ist, wäre der Versuch, alle Dinge so zu betrachten, wie sie vom Standpunkt der Erlösung aus sich darstellten. Erkenntnis hat kein Licht, als das von der Erlösung her auf die Welt scheint: alles andere erschöpft sich in der Nachkonstruktion und bleibt ein Stück Technik. Perspektiven müßten hergestellt werden, in denen die Welt ähnlich sich versetzt, verfremdet, ihre Risse und Schründe offenbart, wie sie einmal als bedürftig und entstellt im messianischen Lichte daliegen wird. Ohne Willkür und Gewalt, ganz aus der Fühlung mit den Gegenständen heraus solche Perspektiven zu gewinnen, darauf alleine kommt es dem Denken an."[5]

Die Revolution in unserer Evolution wird von der Neuentdeckung und Neuerkundung des Denkens geführt sein. Wir benötigen dazu keine genetische Veränderung, jedoch eine bislang so nicht gekannte Mischung aus intellektueller Offenheit, empathischer Weltwahrnehmung, spiritueller Beheimatung und visionärer Kraft.

Nach der Fassungslosigkeit über die Linien der Verwüstung, die den Erdkreis umspannen, wartet nun die drängende Einsicht, dass der Sinn des Weltgeschehens nicht vom Himmel fällt, sondern wir uns wieder neu in die Lage versetzen müssen, ihn selbst zu schaffen. Wir haben uns selbst verloren und können uns als Person und Gattung auch nur selbst retten. Dies setzt jedoch voraus, in die Energie einzutauchen, die den tiefsten Wesensgrund des Menschen legt, sein Unendlichkeitsempfinden. Mit ihr werden wir ‚wurzelecht', lassen das Wesen zu uns sprechen und setzen der

---

nächste Nähe zu durchdringen. Als die unmittelbarste Unmittelbarkeit, in der der Kern des Sich-Befindens und Da-Seins noch liegt, in der zugleich der ganze Knoten des Weltgeheimnisses steckt." (Bloch 1985, S. 11)

[5] Adorno 1987, S. 333 f.

Bodenlosigkeit ein Kraftfeld gegenüber, das uns trägt.[6] In dem Maße, in dem wir zu unserem Wesen wachsen, einen sich die so lange zerteilten Kräfte. Sie berühren Natürliches und Übernatürliches, verbinden Immanenz und Transzendenz und setzen zu jeweils beiden Potentiale in uns frei. Schöpfertum entsteht. Der Pfad in die bewusste Neuartigkeit wird endlich nicht nur sicht-, sondern gangbar. Wir beschreiten ihn im tätigen Leben, das den Entwurf mit jedem Schritt verfeinert und erweitert. Das Rad der ermüdenden und ihres Sinns entleerten (Selbst-)Wiederholungen ist gebrochen, das fatalistische Einverstandensein mit einer aus den Fugen geratenen Welt und das abgestumpfte, verkümmerte Beharren auf dem, was nun mal ist, wie es ist, beendet. Nun wird das menschliche Leben sich selbst als eines großartigen Geschenks bewusst. Wir nehmen es an, indem wir uns der Arbeit an der eigenen Entwicklung stellen und den Zusammenhang zum Ganzen des Lebens dabei mit betrachten. Wir nehmen es an im Wollen, immer das uns Mögliche zu geben, wohl wissend, dass die Spuren, die wir nun hinterlassen, Wegbereitung sind für die, die nach uns kommen. Im ehrlichen Ringen um höhere Erkenntnis und ethische Verfeinerung stellen wir uns dieser lebenslangen Arbeit, die ja im selben Atemzuge zugleich das Tor zur Verwirklichung unserer schönsten Wesenszüge und zur tätigen Vergewisserung unserer höchsten Potentialität öffnet.

Zum eigenen Denken zu finden und zum eigenen Erkennen stellt somit die eine Seite des inneren Wachstums dar. Das Erkennen ins tätige Leben zu führen aber macht das Werden erst ganz. Das Verhalten stützt und schützt die Idee. Im Tun und nicht nur im inneren Durchleben werden Ahnungen zur Gewissheit und Zweifel zur neuen Chance. Das wird manche Neigungen, Gewohnheiten, Bequemlichkeiten und unreflektierte Nachbetereien kosten. Doch bevor dieser Preis nicht gezahlt wurde, bleibt, was getan ist, als sei es nicht getan.

Man kann diese Arbeit an uns selbst als Revolte gegen ein Sein ansehen, dessen Mangel sich auch in mir und meinem Leben ausdrückt. Diese Auflehnung zieht ihre Begründung aus sich selbst, als Grundsatz der Würde eines sich als frei und zur Entwicklung befreit verstehenden Menschen. Selbstverständlichkeiten stellt sie immer wieder in Frage, hält ihnen ge-

---

[6] Vgl. Dürckheim 1958, Kapitel 5

genüber Wahlmöglichkeiten im Spiel. Sie negiert eine sich in ihre Mächtigkeit ergebende Gegenwart zugunsten einer Zukunft, die sich als experimentell versteht, ja manchmal vertraut sie sogar einer bloßen Idee.

Die bestehenden Bedingungen und Evidenzen zu transzendieren, ja im Blick zu haben, wie die eigenen Ausgangsbedingungen überwunden werden können, setzt Freiheit innerhalb dieser Bedingungen voraus. Sie führt in ein Denken, das sich nicht damit begnügt zu glauben, alles werde schon wieder gut. Nein, es ist jene Art zu denken, zu empfinden und zu handeln, die immer wieder dem Zweifel seine Existenzberechtigung zuspricht. Es geht um jene Art im Leben zu stehen, oder besser, sich im Strom des Lebens zu bewegen, die durch Infragestellung schöpferisches Potential erst schafft. Im Zweifel und in der sich aus ihm ergebenden Bewegung zeigt sich das Defizit, das zunächst nur als ein persönliches wahrgenommen wurde als Ausdruck eines allgemeinen, die Menschheit insgesamt verbindenden Mangels. Das hebt den Widerspruch in eine kollektive Bedeutung, stellt den oft so einsam Kämpfenden in die Gemeinschaft seiner Gattung. Handeln wird damit zum solidarischen Handeln, als Weise der Kommunikation mit der gesamten Menschheit. In der „Revolte"[7] stellen wir uns gegen das Lebens- und Entwicklungsfeindliche, unbelastet von der Wahrscheinlichkeit, dass wir nach den Gesetzen dieser Welt eigentlich nur verlieren können. Dem Handeln, das so tut, als gäbe es kein Morgen, steht diese Haltung des Trotzdem als Wegbereitung für die nach uns Kommenden gegenüber. Und selbst wenn es zunächst ins Scheitern führt, der Impuls bleibt unwiderlegbar und er bleibt bestehen.

In der Arbeit daran, sich immer wieder neu zu entwerfen, sich der Möglichkeit hinzugeben, entfaltet sich die schöpferische Produktivität als kontinuierliche Veränderung und Fortgestaltung auf anspruchsvollem Niveau. In dieser Kunst der Verwandlung weist der Mensch zugleich über sich selbst hinaus. Sie drückt seine Berufung aus, bewusster Teil eines schöpferischen Universums zu sein. Denn in der Formung des Selbst verändert sich das Ganze mit. Die Ermöglichung des Selbst dient somit der Ermöglichung des Ganzen, aus dem es sich wiederum nährt. Einmal erkannt, können wir uns der Schönheit dieser Anforderung nun

---

[7] Vgl. Camus 2001

begründet nicht mehr entziehen, sei das Wagnis, sich ins Ungewisse zu begeben, auch noch so groß.

Die herrschenden Gedankenwelten, Ideale und Strukturen auf dieser Erde werden ob ihrer inneren Logik zur Selbstzerstörung nicht überleben können. Und doch besteht kein Anlass, sich einem allgemeinen und grundsätzlichen Skeptizismus hinzugeben. Der Tatsache, dass die Schöpfung entzaubert und grausam geschändet wurde, stehen eben die Einsicht und der Glaube an die außerordentlichen Potentiale in uns gegenüber. Heilung und Neuverzauberung werden eines Tages möglich sein, wenn der Mensch begonnen hat, sich wieder und wieder aus dem Staub einer verkümmerten Rationalität zu sich selbst zu erheben. Den Pflanzen gleich und der Schwerkraft namens Trägheit zum Trotz wird er dann zum Lichte wachsen. Das ist die ultimative Aufforderung, mit sich Ernst zu machen. Als Ganzheit, die alle Strukturen, leib-seelischen Befindlichkeiten und geistigen Bewegungen umfasst, können wir uns konstituieren und damit auch das Höhere, Grenzüberschreitende und Transzendente an uns heranlassen, es in uns zulassen und uns ihm in Offenheit hingeben. Der Schlüssel hierfür und damit für die Konturen des Zukünftigen liegt potentiell in jedem Menschen, auch wenn er die Wahl, ihn zu suchen und zu ergreifen, selber treffen muss. Der verlorene Sohn, der sich nach dem Gleichnis, das Jesus erzählte, einst vom Vater lossagte, muss wieder auf ihn zugehen, den ersten Schritt tun, dann wird ihm der Vater mit offenen Armen entgegeneilen.

Die Geschichte des Menschen kann als Verkörperung seiner erkannten und gewollten Möglichkeiten gesehen werden. Dies gilt für die Zukunft gleichermaßen. Spannend sind dabei die Umkehrpunkte, wann es wie gelang, einer gleichförmigen und sich bloß selbst bestätigenden Entwicklung eine Wendung zu geben. Wie gesagt, sind der Zweifel und der aus ihm resultierende Widerspruch eine Grundvoraussetzung dafür. Doch kann es dabei heute nicht bleiben. Umkehr und Wendung alleine reichen nicht mehr. Das Gewollte und Ersehnte, der Grundsatz des heil, also ganz Werdens und das Prinzip der Versöhnung mit dem Leben an sich, in allen Facetten und Erscheinungsformen, will hinzutreten. In den Tiefen der den Globus umspannenden menschlichen Bewusstseinsfelder hat die Entwicklung dorthin als ein gigantischer Schritt in der Evolution bereits ihren Anfang genommen, und sie bricht durch in unzähligen Personen und Gruppen aller Kulturen und Traditionen. Dieser Schritt vollzieht sich als ein qualitativer

Sprung, der nicht mehr allein auf die „natürliche Lebensevolution" zurückgeführt werden kann.[8] In ihm verkörpert sich vielmehr der Mensch als oberster, geistgewirkter Grund des Seins. Nach einer Myriade der Irrungen und Wirrungen, in der er gleichwohl Großartiges zustande brachte und in herausragenden Personalitäten auch die Ahnung seiner wahren Berufung aussprach, sieht er sich nun in das Bewusstsein dessen gehoben, was seine Übernatur prägt. Es führt direkt in die Berufung, den anstehenden Beitrag zur Höherverwandlung der Welt zu leisten und damit den Teil der Verantwortung zu übernehmen und zu tragen, den er für dieses Universum hat.

Jeder Mensch, der in der Lage ist, nicht nur bewusst zu empfinden und sich seinen Bedürfnissen hinzugeben, sondern der vor allem eigenverantwortlich zu denken und zu handeln vermag, spielt eine unverzichtbare Rolle in diesem kosmischen Drama. Der Geist und die Energien des Menschentums an sich können als ein gigantisches weltumspannendes Feld angesehen werden, in dem alles aufgehoben, miteinander verbunden und gespeichert ist, was jemals an Gedanken, Gefühlen, Ideen, Hervorbringungen und Taten entstand. In diesem Feld gibt es keine Trennung, wirkt jeder Impuls auf das Ganze ein. Die Entwicklung und das Wachstum jeder Person in ihrer Einzigartigkeit und jedes Bewusstseins in seiner Besonderheit beeinflussen somit das Ganze und befruchten die Entwicklung und das Wachstum des Ganzen. Wir sind Zeugen der vonstatten gehenden Weltprozesse, und wir sind Akteure hin zu ihrer Neugestalt. Wir erkennen, verstehen und verändern, und tun dies in dem Vertrauen auf die Wirkmacht der noch so unscheinbar und verborgen scheinenden Tat. Denn qualitative Sprünge in der Gesamtentwicklung sind selten von denen wahrnehmbar, die sie (mit) hervorgerufen haben. Und darauf kommt es auch nicht an. Das Tun ist vielmehr Dienst an einer Zukunft, in der die Menschheit sich ihrer neuen Rolle als Mitschöpfer und Mitgestalter bewusst wird und diese Rolle in aller Konsequenz, aller Verbindlichkeit und aller überpersönlichen Liebe lebt – die Begleitung aus dem Raum des Göttlichen und aus der geistigen Welt immer mitbedacht.

---

[8] Vgl. Scheler 1949, S. 39

Vom Menschen als Mitschöpfer und Mitgestalter und von einer neuen Menschheit auf ihrem langen Weg der Einswerdung und Versöhnung mit dem kosmischen Ganzen handelt dieses Buch. Es ist geschrieben in dem Vertrauen, dass für diesen großen Schritt, in dem die in Jahrtausenden gewachsenen Blockaden und Verhaftungen des alten Homo Sapiens überwunden werden müssen, schon jetzt die notwendigen Anlagen in ihm leben.

1 Wer sind wir?
Eine Annäherung

> „Indem wir zu den Wurzeln der menschlichen Erfahrung zurückgehen, um dann von dorther – uns auf unsere heutige Lage, auf unsere Gegenwart und ihr Bewusstsein zubewegend – alle Strukturen des Bewusstseins zu betrachten, wird sich uns nicht nur unsere Vergangenheit, nicht nur der gegenwärtige Augenblick unseres Daseins enthüllen, es wird sich uns auch der Blick in die Zukunft erschließen, jener Blick, der uns mitten im Zerfall unserer Epoche schon die Züge einer neuen Wirklichkeit sichtbar macht."
>
> Jean Gebser

Aus dem Labyrinth der Gegenwart findet sich kein Weg ohne jene Karten der Vergangenheit, in denen auch unser Ursprung verzeichnet ist. Diese Karten wiederum werden wir nicht lesen und deuten können, wenn wir die Geschichte unserer Gattung und damit die von jedem einzelnen Menschen als bloße Abfolge äußerer Ereignissen sehen und verstehen. Geschichte bleibt so lange fremd und unnahbar, wie sie als etwas Außenstehendes, vergleichbar mit Objekten in unserer näheren und ferneren natürlichen Umwelt wahrgenommen und betrachtet wird. Dann mutet alles an, als hätte es nichts mit uns zu tun, zumindest nicht direkt.

Einfluss und Mächtigkeit des Gewordenen bis in das hinein, was ich jetzt bin, lassen sich nur begreifen, wenn wir existentiell von ihnen ergriffen sind, wenn wir unsere eigene Geschichte als einen Klang in der gesamten Sinfonie des Lebens hören. Die Deutung aus dem persönlichen Seinszusammenhang verhindert, dass Geschichte erkaltet und in Distanz zu uns tritt. Wir lernen ihre Spuren, selbst die, welche aus ferner Vorzeit stammen, als noch im Jetzt, noch in mir lebend, zu lesen. Den Ursprung zu fühlen und von den Prozessen des Werdens und des Wandels berührt zu sein, erweckt die Gegenwart zur Ganzheit. Aus ihr heraus und aus der holistischen Perspektive, in die sie führt, hat nun auch Zukunft eine Chance, mehr zu sein, als ein orientierungsloses Weitertasten im verschachtelten Labyrinth.

Das Gattungswesen

Wir wissen wenig bis nichts über den Anfang unseres Werdens hin zu dem, was sich Mensch nennt. Wo das Bewusstsein noch getrübt durch einen Geist ist, dem es an Unterscheidungskraft und Zeugenschaft mangelt, bildet sich auch kein Gedächtnis – weder personal noch kollektiv – heraus, das als Grundlage für eine tradierte Geschichte dienen könnte. Als „archaisch" hat Jean Gebser (1905–1973) diese ursprünglichste aller Entwicklungsstufen bzw. Zeitalter[9] bezeichnet. Von dieser Menschheitsphase lässt sich nur in Gleichnissen sprechen, wie sie in den großen Ursprungsmythen unserer Gattung, etwa dem Paradiesmythos enthalten sind. Ganz eins mit Gott, mit dem Kosmos und mit der Natur erkannten wir uns noch nicht. Gehirn und Bewusstsein waren noch nicht in der Lage, Unterschiede zu erkennen und zu verstehen. Aus diesem Tiefschlaf des Bewusstseins ging das hervor, was biblisch den Namen „Sündenfall" erhielt. Selbstverschuldet aus der Einheit mit Gott und dem Himmel gefallen, diktiert ab jetzt die Unterscheidung, das Anderssein und damit die Trennung das Denken und Handeln. Doch „Fall" ist für diesen Prozess und diese erste große Mutation ein übles Wort, und es verklärt den Zustand, aus dem wir uns heraus bewegten zu einem Ideal. Unmündigkeit und einem eingekerkerten Bewusstsein aber lassen sich für das Entwicklungswesen Mensch wenig zu idealisierende Eigenschaften abgewinnen. Wir sollten deshalb besser von einem Aufbruch hin zu unserem wahren Wesen sprechen, auch wenn dieser Schritt schmerzhaft war, liegt doch auf dem Weg beginnender Erkenntnis zugleich das Gefühl der Entfremdung und Entwurzelung. Um im Bild des Mythos zu bleiben: Bei dem Abschied aus dem Paradies sehen wir keine Vertreibung vor uns, sondern den ersten gewollten Schritt zu uns selbst – durch das Trauma der Geburt und der Abnabelung hindurch.

---

[9] Ich werde im Folgenden begrifflich die schon nahezu als klassisch anzusehende Unterscheidung in Menschheitszeitalter übernehmen, die Gebser in seinem Werk „Ursprung und Gegenwart" vorgenommen hat. Auf sie stützen sich u.a. auch Ken Wilber und Hugo Enomiya-Lassalle in ihren Schriften. (Vgl. Gebser 1975, 1978, 1995; Wilber 1984)

Als „magisch" wird das Zeitalter beschrieben, das diesem Schritt folgte.[10] Zwar existiert weder eine Raum- und Zeitvorstellung noch eine auf Reflexivität und Kausalbewusstsein aufbauende Identität, doch schreitet der Mensch in diese Richtung, indem er sich in seinem erwachenden Bewusstsein nun der Natur, dem ‚Außen' und dem ‚Fremden' gleichsam gegenüber stellt und damit die Basis dafür schafft, zu unterscheiden, zuzuordnen und zu bewerten. Auch wenn ihm das Verständnis dafür fehlt, warum etwas passiert, warum alles so ist, wie es ist und ihm alles irgendwie zuzufallen scheint – hinter das ahnende Erkennen der Differenz, des Andersseins, kann er nun nicht mehr zurück, und er schaut auf dieses Andere mit einem identifizierenden Blick. Allerdings wird nun alles, was er als ‚außen' identifiziert zur potentiellen Bedrohung: Tiere, Elemente, Naturgewalten, fremde Gruppen, Clans und Horden. Noch lässt er geschehen, agiert nicht bewusst zielorientiert, aber bewegt sich bereits vorsichtig in die Prozesse der Loslösung von dem, was ihn vereinnahmt und bedroht. Und er beginnt, den magischen Kräften des fremd Gewordenen seine eigenen Kräfte entgegenzustellen, Um- und Mitwelt zu manipulieren. Dafür entwickelt er Mittel und erste Techniken, Waffen und Werkzeuge. Die Aneignung des Anderen, der Natur und der Umwelt, sie hat begonnen. Vom „tool making animal" spricht deshalb die Kulturanthropologie.[11]

Mit der Auflösung des Nebels, der das magische Bewusstsein umgibt und trübt, zeigen sich die Konturen der zweiten großen Mutation. Nun tritt das Mythische auf den Plan, wir stellen uns der immer dringlicher werdenden Frage danach, wer wir sind, woher wir kommen und wohin die Lebensreise führt. Es entstehen die Vorstellungen von Vergangenheit, Gegenwart und Zukunft und damit von Zeit, stark angelehnt an die zyklischen Abläufe in Kosmos und Natur.

Nicht mehr alleine aus sich selbst heraus erkennt und versteht sich das menschliche Wesen. Einer Gottheit schreibt er den Ursprungsimpuls zu. Durch sie sieht er sich berührt, erwacht die Seele zur Sehnsucht nach dem, was sie übersteigt. In Bildern und Metaphern, in Poesie, Klang und Ausdruck, in Kulten und Ritualen, mit seiner ganzen Sinnlichkeit also gibt er dieser Regung Ausdruck. Der große Schatz der mythischen Epen auf dieser

---

[10] Vgl. Gebser 1995, S. 16 ff.
[11] Der Begriff geht zurück auf Benjamin Franklin (1706–1790)

Erde zeichnet sich durch eine ausgeprägte innere Verwandtschaft aus, gleich, ob die Geschichten im Industal, in Ägypten, dem Zweistromland, in Hellas oder bei den Kelten entstanden sind.

Das mythische Bewusstsein lebt vom Traum und von der Imagination, weniger vom nüchternen Blick, als vielmehr der verklärenden Schau. Rational ist es nicht zugänglich und entzieht sich nur zu oft einer nach Klarheit suchenden und um sie ringenden Sprache. Es wird zur Heimat des Glaubens, der spirituellen Impulse und eines Kosmos, der von nun an die Innenwelt, die Psyche des Menschen belebt; und dies nicht nur personal, sondern auch kollektiv; nicht nur im Bewusstsein, sondern auch im Zugang zum Unbewussten. In dieser Phase erwacht mit der Seele langsam das Ich als Selbstbewusstsein. Und mit dem Ich erscheint das Du. Noch aber halten die Bindungen an das Ganze, noch dominiert die Vorstellung von einem Universum, in dem alles zusammengehört und den ihm zugewiesenen Platz einnimmt.

In der Orientierung des mythischen Zeitalters bereitet sich die dritte Mutation vor. Sie führt in das mentale Bewusstsein. Spuren hierfür finden wir bereits in den Schriften der antiken Denker, der Durchbruch vollzieht sich in Scholastik und Renaissance, die Gipfelzeit bescheren Aufklärung und industrielle Moderne. Jetzt setzt sich der Mensch zum Maß aller Dinge. Er denkt die Welt, er denkt sich selbst. Er misst, vergleicht, unterscheidet, unterteilt und entfernt sich in Riesenschritten von der nun zum Objekt degradierten Um- und Mitwelt. Mythische Vorstellungen werden durch formale und abstrakte Begriffe ersetzt, der Mythos selbst als Antwort auf die Frage nach dem Woher und dem Wohin Stück um Stück zerschlagen und entzaubert, bis nur noch der Mensch sich selbst übrig bleibt, als Frage und Antwort zugleich. Ganz auf sich selbst bezogen, anthropozentrisch also werden sein Denken, sein Fühlen und sein Handeln. Gewiss, noch ist die Gottheit nicht eliminiert, aber der mentale und rationale Mensch hat ihr einen Platz zugewiesen. Heraus aus der Welt, heraus aus dem Erklärbaren, heraus aus dem Äußeren – hinein in die Verinnerlichung. Draußen erwachsen derweil neue Götter, in Gestalt der geistigen und materielle Dinge, die wir hervorgebracht haben, als Gegenstände, Strukturen, Wissenschaften und Ideologien. Sie erhalten nun mehr und mehr Zuwendung, durch den Geist, die aufgewandte Zeit, die Sehnsuchtsregung und selbst durch das Herz.

Die Wahrnehmung im mentalen Bewusstsein entdeckt die Perspektive und erschließt den dreidimensionalen Raum, was in der Kunst der Renaissance seinen bildhaften Ausdruck findet. Die Perspektive des Raums korrespondiert dabei mit dem wachsenden Ich-Bezug und dem sich durchsetzenden Anthropozentrismus auf allen Ebenen. Beide führen in die Konstruktion einer dualistischen Welt, die sich auf alle Seinsebenen und Seinsvorstellungen bezieht. Der Raum steht mir mit meinem selbstbezüglichen Blick gegenüber, ich nehme ihn nicht mehr als Teil von mir wahr. Vor allem aber kann ich das Gegenüberstehende erobern, vereinnahmen, haben, kann es manipulieren und verändern nach meinen Bedürfnissen. Als vorherrschender Wesenszug des Menschen schält sich Schritt um Schritt eine Handlungsorientierung heraus, die ganz auf die Veränderung der Außenwelttatsachen hin angelegt ist.[12] Nicht die zyklische und ewige Wiederkehr und das Bewahren zentrieren mehr die Wahrnehmung des sich orientierenden Menschen, sondern ein gerichteter Zeitpfeil.

Wir kennen die verheerenden Folgen dieses Bewusstseins, bis in die Ausbeutung, das Zerreißen und Ausbluten hinein, unter dem die Gegenwart leidet. Gleichzeitig begegnet uns hier aber auch die Phase der höchsten menschlichen Kreativität, grandioser Erfindungen und Entwicklungen und einer Wissenschaft, die den rationalen Geist in außerordentliche Höhen führte. Im mentalen Bewusstsein stehen sich somit Effizienz als ins unermessliche gesteigerte Potentialität und Defizienz als Spaltung und Zerstörung gegenüber, wobei das Ausmaß der Destruktion erst in der jüngeren Zeit ersichtlich wurde. An der Wegstrecke dieses stürmischen Aufstiegs, der an den Abgrund führte, liegt schließlich noch ein besonders hoher Preis, der sowohl für die Herauslösung aus der Gemeinschaft von Mensch, Gott, Natur und Mitwelt als auch für den damit einhergehenden Bedeutungszuwachs des Individualismus zu zahlen war: Vereinzelung und wachsende Einsamkeit.

Bereits Jean Gebser wies in seiner kulturanthropologischen Analyse auf jenen Entwicklungssprung hin, der aus der Sackgasse des vom mentalen Bewusstsein geprägten Zeitalters zu führen vermag und für dessen Beginn es bereits zahlreiche Hinweise und Anzeichen gibt. Er gab ihm den Namen integrales Bewusstsein.

---

[12] Vgl. Gehlen 1957, S. 17 f.

In ihm sind die vorherigen Stufen nicht aufgelöst, sondern aufgehoben. Sie scheinen im einzelnen Menschen und in der Kultur durch, sind „diaphan" und ermöglichen damit das Verständnis des Ursprungs und des langen Weges bis in das Gegenwärtige hinein. In jedem von uns, genau wie in jeder Kultur also leben Bestände des Archaischen, des Magischen, des Mythischen und vor allem des Mentalen fort, wenn auch in immer geringeren Anteilen, je länger die Blütezeit eines Zeitalters zurückliegt.

Im integralen Bewusstsein fallen mit der Überwindung des Dualismus und den mentalen Engführungen die Trennungen, die das Leben spaltete. Dogmen, Ismen und kategoriale Lehrgebäude verlieren ihren Wahrheitsanspruch. An die Stelle von Entweder – Oder tritt das Sowohl – Als auch. Die Ganzheit wird sichtbar und erlebbar, allerdings nicht vorbewusst und arational wie auf den früheren Entwicklungsstufen, sondern als Erkenntnis, Sinnhaftigkeit, Sinnlichkeit und Transzendenzbezug zugleich. Langsam löst sich die prägende Dominanz des perspektivischen Blicks und der auf Fixierung angelegten alten Raumwelt auf. Die Wirklichkeit tritt, wie Physik und Biologie es seit Jahrzehnten lehren, als dynamischer und fließender Prozess in die Wahrnehmung, in die Erfahrung und damit in das Bewusstsein. Existentielle Trennungen sind in ihr nicht mehr auffindbar, vielmehr zeigt sich alles als mit allem verbunden. Möglich wird dies neben der aperspektivischen Wahrnehmung durch einen akategorialen Weltzugang. Für beide steht im Zentrum immer das Ganze, was schrittweise auch die anthropozentrische, ethnozentrische und egozentrische Weltsicht zugunsten einer kosmozentrischen auflöst.

Der Schritt in die aperspektivische, holistische oder auch integrale Weltsicht kann unsere Gattung auf eine neue Weise zu sich selbst führen und Möglichkeiten freilegen, die uns helfen, die Sackgasse, in die wir uns hineinbewegt haben zu überwinden. Viel integrative Erinnerungsarbeit ist dafür vonnöten, um in aller Tiefe zu verstehen, wie wir wurden, was wir gegenwärtig sind. Ohne ein systemisches Gesamtverständnis nämlich, das auf einer Einsicht in die geistige, kulturelle, gesellschaftliche und ökologische Gewordenheit gründet, finden wir zu keiner neuen inneren Ordnung, und ohne diese gibt es keine bewusste und gewollte Transzendierung der momentanen Entwicklungsstufe. Der Neuentwurf setzt die Dekonstruktion der alten Bewusstseinslinien voraus. Dabei darf nichts außer Acht gelassen werden, muss die Verdrängung ein Ende haben, genau wie die Feigheit, die verhindern will, uns auch dort ins Antlitz zu sehen, wo uns eine Fratze erwartet. Wir sprechen an dieser Stelle von einer neuen Art an Intelligenz und Weite des Intellekts, auf die wir später noch ausführlich eingehen werden.

Betrachten wir die Geschichte des Menschen und des in ihm sich evolvierenden Bewusstseins unter dem Blickwinkel der Zeitalter bzw. der Bewusstseinsmutationen, dann zeigt sich diese Geschichte als eine aufsteigende Bewegung, zumindest, was die Zunahme von Komplexität, Erkenntnis, Einsicht und Innerlichkeit anbelangt – die desaströsen Zwischenfolgen mitbedacht. Denn sie lassen sich im Letzten ja als unzureichende Wahrnehmung, unzureichende Sinnlichkeit, defizitäre Erkenntnis und mangelnde Einsicht identifizieren.

Wenn nicht alle Zeichen irren, ist die Evolution von Geist und Bewusstsein gerichtet und zielstrebig.[13] Sie bewegt sich spiralförmig in die Entfaltung der Möglichkeiten, die seit dem Ursprung angelegt sind. Das heißt für unsere Gegenwart, dass sie nach Möglichkeiten sucht, das Getrennte und Gespaltene neu zu integrieren, es unter Verwendung der bereits vorhandenen evolutionären Bausteine in einen neuen Zusammenhang und Zusammenklang des Verschiedenartigen zu führen. Ihre Gerichtetheit und Zielstrebigkeit zu erkennen, sollte allerdings nicht zu dem Fehlschluss leiten, Entwicklung verlaufe kontinuierlich. Sie vollzieht sich vielmehr in Sprüngen, Schüben. Und sie weist rückläufige geschichtliche Phasen und Brüche auf, die sich in Kriegen, der Herrschaft politischer, ökonomischer oder religiöser Ideologien und der Herrschaft totalitärer Systeme zeigen. Doch gerade das, was zunächst als rückläufig erscheint und vorübergehend auch so wirkt, widerspricht auf die Dauer gesehen nicht der grundsätzlichen evolutionären Linie. Denn Widerstand gegen jegliche Formen von Unterdrückung ist zum einen früher oder später sicher, und zum anderen verleihen die damit verbundenen Neuorientierungen dem evolutionären Muster oft zugleich einen entscheidenden Schwung.[14]

---

[13] Von dieser Zielstrebigkeit geht auch der große christliche Mystiker, Philosoph und Paläontologe Teilhard de Chardin (1881–1955) in seiner Evolutionslehre aus. Sie führt den Menschen bis in den göttlichen Bereich, den Punkt Ω (Omega). Teilhard sieht dabei die Evolution als eine Bewegung nicht stofflicher, sondern seelischer Natur – ein Prozess, in dem wir nach Teilhard noch ganz am Anfang stehen, gleichsam als Embryo des Menschen der Zukunft, um es in den Worten von Nietzsche auszudrücken. (Vgl. Teilhard 1962; vgl. dazu auch Kopp 1961)

[14] Vgl. dazu auch die Studie von Ervin Laszlo: Global denken. 1989

Der Bruch der Kontinuität und die eine druckvolle Weiterentwicklung erst ermöglichenden Phasen von Stillstand, Verhärtung, Reaktion, Chaos und Neuorientierung also sind es gerade, die das zeichnen, was wir eine evolutionäre Linie nennen. Jean Gebser:

> *„Das, was uns als Kontinuität erscheint, ist nichts anderes als die von uns in den Geschehensablauf nachträglich hineinkonstruierte Reihe von Übergängen, mit deren Hilfe wir dem Geschehen einen logischen, kausalen, determinierten und zudem finalen, uns beruhigenden Kontinuitäts-Charakter verleihen."*[15]

Die Geschichte der Menschheit ist durchzogen von Entwicklungsschüben, die jeweils unsere Gattung auf eine neue Ebene hoben. Der bekannteste entsprechende Zeitraum war wohl die von dem Existenzphilosophen Karl Jaspers (1883–1969) so genannte Achsenzeit von ca. 800–200 vor Christus.[16] In unterschiedlichen Kulturräumen – Indien, China, Israel, Persien, Griechenland – kam es jeweils zu kulturellen, philosophischen und spirituellen Fortschritten, die kraftvoll bis in die Gegenwart hineinreichen und das weit über ihre Entstehungsräume hinaus. Vor allem ist hierbei das aufkommende Transzendenzbewusstsein ab der Mitte des letzten Jahrtausends vor Christus hervorzuheben, das in die großen Weltreligionen mündete: Siddharta Gautama (560–480), der den Buddhismus begründete, Laotse (6. Jhdt.), mit dem sich der Taoismus verbindet, Konfuzius (551–479/ Konfuzianismus), Zarathustra (vermutlich 630–553/(Zoroastrismus), die jüdischen Propheten (talmudisches Judentum). In dieser Zeit begegnen wir zudem den großen griechischen Philosophen, die der bis heute auf ihnen gründenden abendländischen Philosophie und den damit verbundenen Geisteswelten und Menschenbildern das Gesicht gaben. Pythagoras (um 570–um 490[17]), Sokrates (489–399), Platon (427–347) und Aristoteles (384–322) seien exemplarisch genannt. Als Besonderes an der Achsenzeit fällt die, epochal betrachtet, zeitliche Synchronizität bei einer gleichzeitig ausgeprägten kulturellen Vielfalt und Differenzierung der Aufwärtsbewegung ins Auge. Dass die Hervorbringungen dieser Epoche eine solche

---

[15] Gebser 1978, S. 72
[16] Vgl. Jaspers 1949
[17] Über das Todesjahr liegen teils erheblich voneinander abweichende Angaben vor, die vom Jahr 510 bis 475 reichen. Ich stütze mich auf die Stanford Encyclopedia of Philosophy.

Langzeitwirkung nach sich zogen, hängt mit einem weiteren kulturellen Quantensprung zusammen, der Institutionalisierung von Erinnerung, v.a. in Texten und deren Kanonisierung.[18]

Der Mensch als Gattungswesen zeigt die wohl prägendste Seite seines Wesens in der Wanderschaft, im Unterwegssein. Von einer unsichtbaren Hand gezogen und geführt, verlässt er fortwährend gerade erworbene Sicherheiten und Beständigkeiten, sucht nach schöpferischen Wegen in das Neuartigere und in seinen Augen bessere. Eine wichtige Rolle spielt in dieser Suchbewegung die aus seinen Unzulänglichkeiten, Blockaden und Behinderungen resultierende narzisstische Kränkung. Sie dient als Treibmittel, unsere Organe ins Grenzenlose zu erweitern. So verdankt sich ihr der Großteil etwa auch der technologischen Errungenschaften, die es uns u.a. ermöglichten, den Erdball, die Ozeane und den Himmel zu erobern, die formalen geistigen Kapazitäten durch Denkmaschinen dramatisch zu erweitern und den gesamten Globus in kürzester Zeit informationstechnisch zu vernetzen.

Seit dem Abschied aus Eden und der Entlassung in die Freiheit und Selbstverantwortung ist der Mensch auf dieser Reise, die nicht selten Züge einer Flucht trägt und in deren Verlauf er sich immer wieder neu entwirft, häutet und selbst überholt bzw. transzendiert. So erschafft er den Kosmos, der sich im menschlichen Geist erkennt, beständig neu, hält ihn und sich in Wandlung.

Das Ich, das Selbst, die Identität

Was könnte im Verständnis vielfältiger und zugleich unschärfer sein als das so genannte Ich, jenes Phantom also, was ein jeder für sich selber entwirft und macht und was er auch für alle anderen, die er wahrnimmt, schafft. Das Ich ist Illusion und Faktum zugleich. Es entsteht in der einzelnen Person als ständig schwankende und sich verändernde Konstruktion, und es schafft und verändert Realität durch den Glauben an seine Wirklichkeit und die daraus hervorgehenden Handlungen.

---

[18] Vgl. dazu ausführlich die bahnbrechende Forschung von Jan Assmann, u.a. in seinem Buch: Das kulturelle Gedächtnis (1992)

Die Empfindung des Ich wächst als Folge der vom einzelnen Menschen wahrgenommenen Grenzen und Begrenzungen in einer als komplex und unberechenbar erkannten Welt. Die Vorstellung von Grenzen also, etwa zwischen Innen und Außen, zwischen subjektiv und objektiv, zwischen Transzendenz und Immanenz führen überhaupt erst zu dem Bild eines ‚Ich' und eines ‚Selbst', denen dann das ‚Andere' und der ‚Andere' gegenüberstehen. Grenzvorstellungen bilden somit die Koordinaten für das Denken, das Empfinden und das Handeln in einem unerfasslichen und fließenden Universum. Inmitten all der Vielheit und Unermesslichkeit der äußeren Welt garantieren sie in Verbindung mit der Vorstellung ‚Ich' zu sein eine gewissen Substanz, Sicherheit und Verlässlichkeit. Auch wenn diese Grenzen niemals real, sondern immer nur eingebildet sind, so rufen sie doch die existentielle, weil die bewusste Existenz erst konstituierende Bedeutung des Ich und des Selbst hervor. Selbsterkenntnis erhält in der Folge einen herausragenden Stellenwert, was sich nicht zuletzt darin zeigt, dass sie im abendländischen Denken zur Schlüsselfrage des philosophischen Räsonierens schlechthin wurde.

Doch was ist das, das erkannt werden soll und möchte? Die Antworten fallen je nach dem erkenntnistheoretischen Ausgangssystem äußerst unterschiedlich aus. Wo bei René Descartes (1596–1650) die Denkfähigkeit an sich (res cogitans) zum Wesenskern des Ich wird und dieser geistige Anteil dem materiellen/körperlichen Anteil des Menschen (res extensa) gleichsam entfremdet gegenübersteht, betonen evolutionsbiologische Ansätze die sich wechselseitig beeinflussende Einbindung des Menschen in seine Um- und Mitwelt. Naturalistische und kulturalistische Anteile wirken in den gedanklichen Entwürfen und den sozialen Handlungen zusammen. Sie formen prozesshaft und unverwechselbar, was ein Ich von anderen Ichs unterscheidet. Im neurobiologischen Blick erscheint die abendländische Vorstellung einer unverwechselbaren Ich-Identität als Selbsttäuschung des Gehirns. Es ist allerdings eine Selbsttäuschung, die das Gehirn benötigt, um sich selbst organisieren zu können. Sie verhindert, dass es an der unermesslichen Fülle von Informationen, Eindrücken und Wahrnehmungen, die kontinuierlich auf es einströmen, kollabiert.[19] Aus kulturwissenschaftlicher Perspektive schließlich konstituiert sich die Ich-Wahrnehmung als

---

[19] Vgl. Roth 2001

Konsequenz von Identitätsarbeit. Diese Konstruktion entsteht auf der Basis unterschiedlicher kultureller Attribute, Rollen, Rollenzuweisungen und Rollenerwartungen. Die Vielfalt von kulturellen Gestalten, die eine Person in der modernen Gesellschaft ausfüllt, lässt dabei unterschiedliche Teil-Identitäten entstehen. Der Mensch sieht sich nicht nur in einem, sondern verschiedensten Ichs beheimatet.

Hinsichtlich dieser unterschiedlichen Blickweisen auf die Entstehung und das Wesen des Ich ist es wichtig, diese zwar als divergent in ihrer Erklärung, doch zugleich auch als komplementär zu sehen. Sie stehen nicht widersprüchlich und sich gegenseitig ausschließend zueinander, sondern bilden vielmehr einen Verständniszusammenhang.

Das Ich als Ankerpunkt des abendländischen Menschenbildes und der abendländischen Kulturen ist in seiner Verkümmerung als Ego nicht zu Unrecht in den Fokus geistes- und gesellschaftswissenschaftlicher Kritik gerückt. Darauf wird an späteren Stellen dieses Buches noch mehrfach einzugehen sein. Zunächst soll jedoch seine herausragende Rolle als Initiator jeglichen Handelns und als Subjekt der geistigen und emotionalen Befindlichkeiten des Menschen hervorgehoben werden.

Die wohl bemerkenswerteste Leistung des Ich liegt in seiner Selbstreflexivität, also der Fähigkeit, in Beziehung zu sich selbst zu treten und sich ein Bild von sich selbst machen zu können. So erkennt es sich als[20] Körper-Ich, Wahrnehmungs-Ich, Gefühls-Ich, Denk-Ich, Sprach-Ich, Verhaltens-Ich, Handlungs- und Verursacher-Ich, Erlebens-Ich, soziales Ich, Orts-Ich, geschichtliches Ich, biografisches Ich.

All diese Ebenen, ihr Erleben, die damit verbundenen Erfahrungen und vor allem ihre Reflexion bilden die Grundlage dafür, dass der Mensch sich und damit seinen Potenialen gerecht werden kann. Aus ihnen erwächst auch überhaupt erst die Fähigkeit, ziel- und ergebnisorientierte Navigationen im Alltag vornehmen zu können. Stehen sie in einem ausgewogenen Verhältnis zueinander, formen sie darüber hinaus das Fundament für die Gestaltung und Aufrechterhaltung von Beziehungen. Gerade was Beziehungsfähigkeit betrifft, wird oft übersehen, dass die Ichwahrnehmung, sei

---

[20] Vgl. Roth 2000, S. 10 f.

sie bewusst oder unbewusst, immer der Fremdwahrnehmung vorausgeht, genau wie Selbstannahme und Selbstrespekt die Basis dafür darstellen, dem Du wertschätzend und in Respekt gegenüber zu treten.

Das Ich repräsentiert somit ganz wesentliche Bestandteile der Persönlichkeit. Es sind die bewussten Bestandteile. Sie generieren die einzige Wirklichkeit, der wir uns auch wirklich sicher sind. Das weist aber zugleich darauf hin, dass mit dem Ich nicht die ganze Persönlichkeit zu erfassen und zu erkennen ist, beinhaltet diese doch auch die unbewussten Anteile des Menschen[21] sowie die Dimensionen des Transpersonalen, mit denen er in Berührung steht, wenn von ihm auch oft unerkannt.

Auf der Rückseite des Ich lebt das Ego. Beide haben viel gemein, sind jedoch nicht identisch. Im Ego zeigen sich die verhärteten, unreflektierten, verdrängten und vor allem die unerbittlichen und sich abgrenzenden Seiten des Ich. Es kann als Schatten des Ich gesehen werden[22] bzw. als seine Verzerrung. Das Ego reduziert den Menschen auf sein Verlangen und auf seine Erwartungen. Für die Erfüllung beider sieht es sich jederzeit im Recht und versucht seine kleinen und großen Ziele entsprechend intolerant und rücksichtslos zu erreichen.[23] Das Ego verletzt, andere Menschen, anderes Leben und mich selbst. Seine Ausdrucksweisen sind Unruhe, Verbissenheit, Hass, Selbsthass, Verachtung, Misstrauen, Kontrolle, Manipulation, Eifersucht, Neid, Gier, Stolz und Rechthaberei in Verbindung mit Streitsucht. Das Ego also ist eng und es engt sich und andere ein. Die Freiheit, die es zulässt, ist die Freiheit einer Lokomotive im Schienennetz. Gleichzeitig schenkt jedoch gerade die Enge mit ihren Mustern an fixen Orientierungen und Gewohnheiten ein gewisses Maß an Sicherheit und Vertrautheit. Umso schmerzhafter ist deshalb auch jeder Versuch, Ego-Anhaftungen loszulassen bzw. zu überwinden.

Der Preis, den wir für die Einnistung im Ego und dem Verbleib in ihm zu entrichten haben, ist außerordentlich hoch. Er heißt fehlende Offenheit, fehlende Liebe, fehlendes Vertrauen. Er blockiert die Verwirklichung des tiefsten Lebenssinnes, nämlich Wachstum und Entwicklung.

---

[21] Vgl. Jung 1976, S. 12 ff.
[22] Vgl. Walch 2002, S. 142 ff. und Walch 2011, S. 107 ff.
[23] Vgl. etwa Metzinger 2009

Das Ich macht, wie gesagt, zwar einen wesentlichen Teil der Persönlichkeit aus, es ist aber nicht hinreichend für ihr umfassendes Verständnis. Diesem können wir uns nur nähern, wenn wir das Selbst mit in den Fokus nehmen.

Ich und Selbst, Selbst und Identität werden oft synonym verwendet. Eine gewisse terminologische Beliebigkeit ist in Teilen der Literatur weit verbreitet.[24] Doch trotz aller Ähnlichkeiten und inhaltlichen Übergänge und den damit verbundenen Schwierigkeiten, was eine trennscharfe Definition betrifft, macht es Sinn, die Unterschiede zu benennen und entsprechend begrifflich klar zu argumentieren. Hier allerdings beginnen mit dem Selbst die Probleme. Als Ganzes ist es kaum zu fassen, weil es zu seinen Wesenszügen gehört, sich dem begrifflich operierenden erkennenden Bewusstsein immer wieder zu entziehen. Es behält etwas Geheimnishaftes. Lesmeister spricht deshalb vom Paradoxon der unfassbaren Präsenz: „Das Selbst als Ganzes ist das Entzogene und Unerkennbare, und es ist zugleich das Anwesende und im unmittelbaren Gewahrsein Gegebene."[25]

Das Selbst bezieht sich auf eine höhere Stufe des menschlichen Seins als die bei sich verbleibende Ich-Struktur. Im Selbst emanzipieren wir uns von der Ich-Verhaftung, überschreiten wir uns, treten wir in Berührung mit dem Ganzen des Seins, halten wir uns offen für alles Überpersönliche. Das Selbst will uns zur Gesamtpersönlichkeit führen, indem wir unsere Ganzheit wahrnehmen, uns als Integral erkennen und respektieren. In ihm verschmelzen individueller und universaler Geist, manifestiert sich die universale Verbundenheit des Lebens in allen Facetten und Sphären der sichtbaren und unsichtbaren Welt.

In seiner Entwicklung zum Selbst, oder besser: der Verwirklichung des Selbst in all seinen Schichten durchschreitet der Mensch verschiedene Ebenen.[26] Er bewegt sich vom überwiegend unbewussten vorpersönlich Elementaren über die Stufe des erkennenden und gestaltenden Geistes hin zu der sich zur Entfaltung und Erlösung streckenden Seele. Hier beginnt der Übergang zur Ebene der Transzendenz, der Einswerdung mit dem Über-

---

[24] In sehr schöner und auf einer breiten Erfahrung basierender Weise hat Sylvester Walch in seinem Buch „Vom Ego zum Selbst" (2011) die Unterschiede der Begriffe herausgearbeitet.
[25] Lesmeister 2009, S. 11
[26] Vgl. dazu auch Dürckheim 1958, S. 83 ff.

weltlichen und dem Göttlichen. Es ist dies ein kraftvoller und schöpferischer Prozess, in dem eine Person sich sowohl der in ihr ruhenden als auch der sie überschreitenden Potentiale bewusst wird und diese zu befreien trachtet. Das Selbst überwindet in dieser Aufwärtsbewegung über die körperlichen, sozial-gesellschaftlichen und verstandesmäßigen Grenzen hinaus seine starre Bindung an Raum und Zeit. Es erlangt eine gewisse Raum- und Zeitfreiheit, kann als nichtlokal, also räumlich nicht mehr greifbar und als achronisch, also zeitlich bzw. zeitpunktbezogen nicht mehr fassbar verstanden werden.

Das Ich wird im Prozess der Selbstwerdung und Selbstverwirklichung nicht überwunden, es wird nicht aufgelöst. Es bleibt präsent, aber geht im Selbst auf und erkennt sich im Vorzeichen des Ganzen neu. Es spielt mit seiner funktionellen Kompetenz nicht nur eine wesentliche Rolle für die Lebensbewältigung, sondern auch hinsichtlich der Koordination von Welt und Überwelt; es stellt die Erdung des Menschen auch da noch sicher, wo er sich ganz über sich hinaus streckt in den Unendlichkeitsraum.

Auch das Ego wird nicht vollständig eliminiert. In seiner Kleinheit und Enge erkannt, hat es nun aber die Macht verloren, sich dem Sehnsuchtsruf nach Freiheit, Überschreitung und Verwandlung entgegenzustellen. Je weiter das Selbst voran schreitet und sich öffnet, desto blasser wird der Schatten des Egos.

Zwischen Ich, Selbst und Identität sind die Übergänge fließend. In der Identität treten wir zu uns selbst ins Verhältnis, gelangen wir zu dem, wie man sagt, identisch mit sich selbst sein. Die Identität zeigt das Bild, das ich von mir entworfen und gestaltet habe und mit dem ich mich stimmig fühle. Dies könnte zu dem Missverständnis führen, dass die Person eine Identität hat. Identität ist jedoch etwas, das sich in einem kontinuierlichen Wandel befindet, entsprechend der Wandlungsprozesse und Wandlungsräume, die wir im Leben auf den verschiedensten Ebenen durchschreiten. Sie geht mit voran im personalen und transpersonalen Leben. Körper-Identität, Ich-Identität, Gefühls-Identität, Geist-Identität, Sozial-Identität, Seelen-Identität, All- bzw. kosmische Identität fügen sich dabei in der Identität einer Persönlichkeit zusammen. Identität, so sie gesund ist, kann als Integral verstanden werden. Nach Roberto Assagioli (1888–1974), dem Schöpfer der Psychosynthese und einem der Mitbegründer der Transpersonalen Psychologie[27] meint das u.a., dass wir über eine Körper-Identität verfügen, diese aber nicht sind, genau wie wir über eine Gefühls-, Verstandes- und Wünsche-Identität verfügen und diese jeweils nicht sind. Im Letzten, so Assagioli, sind wir reines Bewusstsein und reiner Wille, der diese Partial-Identitäten immer übersteigt.[28]

Der Versuch, eine bestimmte Identitätsvorstellung bzw. einen bestimmten Identitätsentwurf von sich als fixiert und dauerhaft zu sehen, bzw. sich in einer Teil-Identität, etwa der Gefühls-Identität einzurichten und sich in ihr selber zu versklaven, ist immer mit der Gefahr verbunden, sich in eine existentielle Krise zu begeben. Die Person entzieht sich mit diesem Ansinnen dem Fluss des Lebens, und sie begibt sich in die Gefahr, an der damit verbundenen Starrheit und der aus ihr resultierenden Wahrnehmungsblockade zu zerbrechen. Das Leben, das sie ganz auf einen bestimmten Aspekt, bestimmte Wünsche, Wahrnehmungen und/oder bestimmte Empfindungen hin fokussiert und einengt, läuft dann an ihr vorbei, während sie krampfhaft versucht, etwas zu halten oder gar wiederzugewinnen, was schon lange nicht mehr existiert. Alternde Spitzensportler, die sich fortwährend an ihren einstigen Erfolgen messen und die Wandlung ihrer Körperlichkeit nicht erkennen und annehmen wollen, sind dafür ebenso ein Beispiel wie Politiker, die nicht erkennen und respektieren, dass Macht ein zeitbedingtes und auf Zeit gegebenes Charisma ist. Letztlich gilt dies für nahezu alle Zustände in unserer Existenz.

Identität in ihrer integralen Bedeutung meint somit die erlebte Einheit einer Person mit sich, der Welt und der transpersonalen Ebene als Folge eines fortwährenden selbstreflexiven und Sinn stiftenden Prozesses.

Zum Erkennen seiner Identität benötigt der Mensch die Suche nach ihr. Suche und Sehnsucht halten die Selbstreflexion und damit das Selbstverstehen in Gang. Sie identifizieren die herrschenden Ordnungen im Geistigen, im Materiellen und in den gesellschaftlichen Strukturen und deren blockierende Auswirkungen auf mich, und sie messen Lebensphase um Lebensphase die momentane Befindlichkeit an dem Gesuchten. Sie wirken

---

[27] Vgl. zum Verständnis und zur Entstehung der Transpersonalen Psychologie Weidinger 2002, S. 778–790
[28] Vgl. Assagioli 1978 und 1982

damit als Treibmittel für den Durchbruch der Teil-Identitäten zum Licht des Integralen. Vor allem aber stehen sie in einer Zeit anarchischer Beliebigkeit, der Erosion nahezu aller Gewissheiten und einer kulturellen Mode des anything goes der Gefahr entgegen, sich selbst und die Gewissheit um die eigene Wesenstiefe zu vergessen oder gar zu verlieren.

Für die sich im Menschen herausbildende Gestalt von Identität und ihre Kommunizierbarkeit stellt Erinnerung einen wesentlichen Faktor dar. Sie prägt den narrativen Anteil an Identität, der als persönliche Geschichte in Geschichten auszudrücken ist. Unterliegt die Deutung dieser Geschichten im Wandel der Lebensräume nicht selbst dem Wandel, wirkt sich dieser Anteil allerdings vorwiegend konservativ und sich selbst bestätigend aus. Narrative Identität sollte dann von dem unterschieden werden, was wir „Biographie" nennen. Während die Biographie als diachrone Abfolge von gleichsam objektiven Lebensereignissen und -stationen gesehen werden kann, durchlaufen die Prozesse der Gestaltung einer narrativen Identität permanente Selektionen, Verdrängungen und Projektionen, um die eigene „Geschichte" im Umfeld der gesellschaftlichen Bedeutungen stimmig zu halten.[29]

Identität, schließlich, wie wir sie hier grob zusammengefasst haben, hat nicht nur Sinn gebende Bedeutung für die Person, sondern auch für größere kollektive Sinneinheiten. Kulturen, Religionen und Staaten zählen als ganze Systeme dazu, genau wie ihnen zuzurechnende Subsysteme und Subkulturen.

Das Bewusstsein, das Unbewusste und das Überbewusstsein

Als Träger und Gestalter menschlicher Identität dient das Bewusstsein. In ihm fließen alle Wahrnehmungen und Empfindungen zusammen und formen sich in Verbindung mit geistiger Aktivität zur Erkenntnis. Das Bewusstsein macht das Sein in seinen unterschiedlichen Zuständen bewusst und verstehbar. Es präsentiert die Landschaften des Geistes und der Seele, die der

---

[29] Vgl. dazu Eurich 2006, S. 42 f. und die dort angegebene Literatur.

Mensch auf seinen Lebenswegen durchschreitet und in denen er sich bei seiner Wanderung selbst beobachten und verstehen kann. Das Bewusstsein als lebendiger und bewegter psychischer Prozess ist von außerordentlicher Vielschichtigkeit. In ihm ruhen und verarbeiten wir unsere Erfahrungen und Gefühle; hier findet Erleben und dessen Reflexion statt; hier sind unsere Wünsche, Sehnsüchte, Träume, Ziele und Pläne beheimatet. Im Bewusstsein koordinieren wir Denken und Handeln, entwerfen wir unsere Zukunft. Das Bewusstsein sucht, richtet sich aus, selektiert, blendet aus, verdrängt, und gelegentlich regrediert es. Es verbindet die Innen- mit der Um- und Mitweltperspektive und setzt die Grenzen je nach psychischem Zustand mal strenger und mal durchlässiger. Es passt uns an sich wandelnde Umwelten an, entwickelt uns weiter, lässt uns aber auch erstarren. Es bedient sich neben der Ratio der Intuition und behält bei aller Selbstreflexion, zu der wir fähig sind, doch immer etwas Geheimnishaftes. Weder als materielles/neuronales, noch als geistiges Phänomen allein ist es hinreichend zu verstehen. So wie der Mensch Erkenntnis hat und sie zugleich ist, so verfügen wir auch über Bewusstsein und sind es zugleich.

In Verbindung mit dem Bewusstsein muss das Unbewusste gesehen werden. Carl Gustav Jung (1875–1961) fasst es so zusammen:

„Alles, was ich weiß, an das ich aber momentan nicht denke; alles, was mir einmal bewußt war, jetzt aber vergessen ist; alles, was von meinen Sinnen wahrgenommen, aber von meinem Bewußtsein nicht beachtet wird; alles, was ich ... unbewußt fühle, denke, erinnere, will und tue; alles Zukünftige, das sich in mir vorbereitet und später erst zum Bewußtsein kommen wird."[30]

Bewusstsein und das Unbewusste sind aufeinander verwiesen und vielfältig miteinander vernetzt. Das Unbewusste regiert dabei tief in das Bewusstsein und entsprechend folgenreich in das Leben hinein, wenn auch zumeist auf verborgene Weise und unerkannt. Es kennt keine Ruhe, verbleibt in Aktivität noch in den Träumen der Nacht.

„Die Inhalte können ganz nah sein (vorbewußt), aber auch weit entfernt und bis in die Archive der Phylogenese hineinreichen. Da sie nicht an Zeit und Raum gebunden sind, wirken sie wie feinstoffliche Schwingungsfelder, die sich überall hin

---

[30] Jung 1971, S. 13

ausbreiten und durch Grenzen hindurch diffundieren können ... Die unbewußten Vorgänge sind zur Selbstregulierung der Gesamtpsyche außerordentlich wichtig, denn sie gleichen aus, ergänzen und folgen dem Prinzip innerer Homöostase."[31]

Gerade der letztgenannte Aspekt, das innere Gleichgewicht, ist von der psychischen Gesamtverfassung her betrachtet von außerordentlicher Bedeutung. Es ist das Unbewusste, das auf der Ebene des Bewusstseins für Plausibilität hinsichtlich unserer Gedanken, Gefühle und Handlungen sorgt und dabei korrigierend eingreift. Gerhard Roth weist in diesem Zusammenhang darauf hin, dass durch das Unbewusste „Vorstellungen, Absichten und Wünsche so lange verändert und verbogen werden, bis sie ein rundes Bild ergeben – ein Bild, das uns ein subjektiv befriedigendes Fühlen und Handeln ermöglicht."[32]

Aus dem überragenden Einfluss des Unbewussten auf Geist und Psyche des Menschen erklärt sich die Notwendigkeit, es so weit wie möglich in stetiger Beobachtung zu halten und den Symptomen, die es hervorbringt, die Aufmerksamkeit zu schenken, die ihnen gebühren. Dies ist schon allein deshalb erforderlich, damit das Ich und das mit ihm verbundene Bewusstsein nicht unter die Kontrolle unbewusster Faktoren geraten. Jung spricht diesbezüglich von seelischer Hygiene, die verhindern will, dass das Bewusstsein immer wieder Gefahr läuft, sich in unverstandenen Wiederholungen zu erschöpfen, in Sackgassen festzurennen oder gar seine Steuerungsfähigkeit einzubüßen.[33] Doch worauf kann sich, so die nahe liegende Folgefrage, Aufmerksamkeit richten, wenn das Besagte eben unbewusst ist bzw. es um Teile der Persönlichkeit geht, die wir aus unterschiedlichsten Gründen gerade nicht oder noch nicht leben können?

Der rationale, analytisch eruierende und klärende Geist als Zugang alleine wird hier trefflich scheitern. Sylvester Walch: „Wenn wir es verstehen wollen, müssen wir bereit sein, uns von vielgestaltigen, amorphen, zeittranszendenten und mehrdeutigen Zeichen und Symbolen innerlich bewegen und atmosphärisch berühren zu lassen."[34] Bilder, Symbole, Träume

---

[31] Walch 2002, S. 168/170
[32] Roth 2007, S. 41
[33] Vgl. Jung 1976, S. 29, 31
[34] Walch 2002, S. 170

und Stimmungen fungieren also als Sprache des Unbewussten. Sie an sich und für mich zu öffnen und zu erschließen wird zur Voraussetzung dafür, das persönliche Handeln besser zu verstehen. Es bildet jedoch auch die Grundlage für die Entwicklungsschritte, die wir benötigen, wenn wir den Grad unseres bewussten Seins kontinuierlich steigern und die Landschaften auf unserer Lebensreise inklusive aller Höhen und Abgründe von einer immer höheren Warte aus betrachten wollen.

So wie die Identität neben den personalen und transpersonalen Schichten über eine kollektive Seite verfügt, so sprechen wir seit Jung auch vom kollektiven Unbewussten. Es birgt das psychische Erbe der Menschheitsgeschichte und der Evolution, und es scheint in jedem Individuum kulturunabhängig auf. Als überindividuelles Muster bedarf es keiner persönlichen Erfahrung und entsprechender Aneignung. Es wird gleichsam vererbt. Es zeigt sich in sich wiederholenden psychischen Mustern, den Archetypen, die in Mythen, Symbolen, Ritualen und Träumen ihre Ausdrucksweise finden. In welchem Maße die Individuation der Person ihre Vollendung und sie zu ihrer Ganzheit findet, hängt entscheidend davon ab, wie es gelingt, das kollektive Unbewusste so weit als möglich zu erkennen, anzunehmen und zu integrieren.

Vom Unbewussten zu unterscheiden ist das vom transpersonalen, höheren Selbst durchwobene Überbewusste oder Überbewusstsein. Mit ihm und in ihm reift der Mensch zu seinem die Ich-Verhaftetheit überwindenden wahren Selbst, er reift über sich und seine leiblichen, psychischen und geistigen Grenzen hinaus. Im Überbewusstsein betreten wir zwar eine spirituelle Ebene, doch wir treten in keine der Welt enthobene Dimension. Der Zustand des Überbewusstseins kann wohl am Angemessensten mit einer alles transzendierenden Zeugenschaft umschrieben werden. Die vom menschlichen Geist konstruierten Grenzen sind hier aufgehoben, die Dinge werden klarer und in ihren innersten Zusammenhängen ersichtlich. Die Bühne des Lebens wird nun als Bühne erkennbar, um die herum sich der Kosmos in seiner Weite und Tiefe öffnet. Im Erkenntniszugang des Überbewusstseins erschließen sich schließlich auch das Unbewusste und das kollektive Unbewusste in neuer Tiefe. Sie werden als Einflussfaktoren im Sein ersichtlich und damit eröffnet sich die Möglichkeit, bewusster mit ihren Erscheinungsformen und Wirkweisen umzugehen, ja sie zu transformieren oder eben bewusst zu integrieren.

Sicher hängt der Schritt in das Überbewusstsein mit der Sehnsucht des Menschen nach Grenzüberschreitung zusammen und danach, das bis jetzt Unfassbare zu greifen. Selten allerdings wird er der einzelnen Person „einfach so" geschenkt. Normalerweise ist er das Resultat einer nachhaltigen spirituellen Suche und Praxis.

Die verschiedenen Ebenen des Bewusstseins und die in ihnen sich äußernden Inhalte sind ohne ihre Einbettung in kulturelle Einflüsse, kulturelle Unterschiede und kulturelle Wandlungsprozesse nicht zu verstehen. Begreifen wir Kultur mit Merleau-Ponty als sinnhaften endlichen Ausschnitt aus der Unermesslichkeit des universalen Geschehens,[35] so erhalten und geben sich in der Kultur sowohl die Person wie auch das Kollektiv ihre Gestalt und Bedeutung. Beides verändert sich im Fortschreiten des kulturellen Rahmens fortwährend mit, bewahrt aber auch Kontinuität und Konstanz durch Weitergabe, Imitation und Replikation. Dawkins und Blackmore haben die Träger dieser geistigen „Vererbung" als Meme bezeichnet, als Elemente einer Kultur, die auf nicht genetischem Weg, sondern insbesondere durch Imitation weitergegeben werden.[36]

Die kulturellen Rahmen setzen also weitgehend die Koordinaten der Bewusstseins- und damit Identitätsräume in einer Epoche und den Phasen, die sie durchläuft. Das individuelle Selbst etwa, das wesentliche Anteile seines Selbstverständnisses daraus zieht, dass es anders ist als andere Menschen, taucht als Differenz-Individualität erst ab dem 18. Jahrhundert auf, auch wenn seit mehr als 500 Jahren eine wachsende Bedeutung des Individualismus in den westlichen Kulturen festzustellen ist.[37]

Vormoderne Gesellschaften zeichneten sich durch eine sehr eingeschränkte Flexibilität, begründet durch feste Rollenzuweisungen aus, die dem einzelnen seinen Platz im großen wie kleinen Kollektiv normalerweise für das gesamte Leben diktierten. Der Schuster blieb gleichsam bis zum Tode bei seinen Leisten, er lebte in einem stabilen gesellschaftlichen Umfeld und nährte sein Bedürfnis nach Orientierung und Sicherheit aus der Beheimatung in Religion. Sie konfrontierte ihn zwar wiederum mit klaren Regeln und Grenzen, diente ihm zugleich aber vor allem als Projektionsfläche für

---

[35] Vgl. Merleau-Ponty 1968, S. 27 f. und die dort angegebene Literatur
[36] Vgl. Blackmore 2005
[37] Vgl. etwa Schroer 2006, S. 45 ff.

seine metaphysischen Sehnsüchte und Hoffnungen. Vergleichbares finden wir auch heute noch in kollektivistisch orientierten Kulturen, die den Prozess der Aufklärung nicht in aller Intensität durchlebt haben.

Springen wir aus der Vormoderne direkt in die Gegenwart, so treffen wir auf eine so in der Historie nicht gekannte Aufdifferenzierung von Kultur und Lebenswelten, die über das starre und grobe Gefüge an Schichten, Klassen, Ständen und religiösen Schrebergärten ein feinmaschiges Netz von Subkulturen, Milieus, Lebensstilorientierungen und individualisierten Lebensweisen legte. Dieses Netz lässt nichts unberührt, wirkt prägend in jeden Lebensbereich und jede Lebensphase hinein. An die Stelle fester Ordnungen, Sicherheiten und Deutungsmonopole, etwa durch eine autoritativ verfasste Religion oder Staatsdoktrin oder auch eine die Wirklichkeit erklärend sich aufplusternde Wissenschaft, tritt nun eine als plural, kontingent und mehrdeutig erscheinende und sich ausgebende Welt. In ihr erodieren in dramatischer Geschwindigkeit sowohl äußere Sicherheiten wie Arbeit, stabile familiäre Beziehungen oder soziale Absicherung als auch innere Gewissheiten, die etwa aus einer spirituellen Beheimatung resultieren. Der einzelne Mensch sieht sich mit Wirklichkeiten um ihn herum und Rollenanforderungen konfrontiert, die teilweise völlig unvereinbar sind. So wird er auf sich selbst geworfen, sucht bei sich selbst, was der kulturelle und gesellschaftliche Rahmen verweigert. Im selben Atemzug jedoch entfernt er sich durch mannigfache Entfremdungsprozesse und die Erfahrung, eine multiple Persönlichkeit zu sein, immer weiter von sich und der Erkenntnis seines Selbst. Der Unterschied, das Eigen-Sein und Anders-Sein, gewinnt in dieser Situation eine geradezu existentielle Bedeutung für das Ringen des Ich nach seiner Identität. Damit verstärkt sich zugleich ein Bewusstsein, in dem Selbstwahrnehmung und Selbstthematisierung deutlich an Stellenwert gewinnen. Als Ideal wächst die Vorstellung von einem starken Selbst, das eins mit sich wird und bleibt und sich so als Fels in der unkalkulierbar tosenden Brandung des Lebens behauptet. Dieses Selbst muss sich finden, indem es aus seinen verschiedenen Teilidentitäten ein Integral formt, was einer oft nicht zu stemmenden Herkules-Aufgabe gleichkommt. Das Mindeste jedoch, was zu leisten ist, wenn nicht das Risiko schwerster Identitätskrisen immer mit im Spiel bleiben soll, ist ein vertrautes Sich-Bewegen in meinen diversen Identitätsräumen, ohne dass es zu Brüchen kommt, die auf eine Persönlichkeits-Spaltung hinauslaufen. Dazu gehört dann auch, die inneren Identitätsräume durch eine äußere Wohnlichkeit und Behaglichkeit abzusichern, wie sie Konsumwelten und das Eintauchen in Bildschirm-Paradiese allerorts versprechen.

Identität in der fragmentierten Moderne, die in der Welt und mit der Welt stimmig und kohärent sein will, ist eine Illusion. Sie kann nichts anderes sein als ein Spiegel des Gebrochenen. In ihm erschaffe ich, während ich mich betrachte, eine Vorstellung von mir, mit der ich klarkommen muß und die ich akzeptiere. So ist diese Identität aber zumindest eine Illusion, die tröstet,[38] auch wenn dieser Trost immer ein vorläufiger bleibt. Er findet keinen Endpunkt in jener lebenslangen Baustelle, die offen gehalten wird durch einen aus dem Ruder gelaufenen kulturellen Wandel. Inmitten seiner Dynamik muss die Person täglich neu eine Balance zwischen persönlichem Freiheitsstreben und Strukturerfordernissen finden.

Selbstreflexion als schöpferischer Prozess

Allein die Selbstreflexion als Tiefenerkenntnis vermag die Brüche des kulturellen Seins, wenn auch nicht zu heilen, so doch zu transformieren. Sie hebt eine in der Welt verfangene und sich selbst verstümmelnde Identität zu der Größe, die ihrem Wesen eigen ist. Das „Erkenne dich selbst" des Orakel zu Delphi verweist als ein Ausgangspunkt des philosophischen Denkens schlechthin auf die Schlüsselbedeutung, welche die Selbstreflexion für das Sein des Menschen hat. Man wird sogar sagen können, dass sich in der Selbstreflexion, der Selbsterkenntnis und dem damit verbundenen geistigen und seelischen Wachstum der dem Menschen als Möglichkeitswesen vorgezeichnete Weg zeigt. In Erkenntnis und Wandlung liegt der Sinn unseres Seins, die Selbsterkenntnis bildet das Fundament hierfür.

Traditionelle Wissenschaft und der analytisch-rationale Geist haben ein ganzes Universum an Partial-Erkenntnissen hervorgebracht. Doch in Bezug auf den Menschen wird dieses Wissen unverstanden bleiben, solange wir uns nicht selber kennen. Ohne Selbstwahrnehmung, Selbstreflexion und Selbsterkenntnis bleibt jede existentielle Einsicht verstellt. Führen sie aber zu ihr, bewirken sie nicht nur Erhellung, sondern erweisen sich als die

---

[38] Vgl. Hall 1994, S. 183

ordnende Kraft für Mensch und Menschheit. Es ist die Kraft, die alles Empfinden, Denken und Handeln, alles Sehnen und Hoffen unter das Licht der letzten Bestimmtheit stellt.

Zur Selbsterkenntnis ganz wesentlich gehört die Innenschau, die auch dem Verborgensten sich nähern will. Denn nur was Innen erkannt und integriert ist, verhindert, dass es sich aus dem Unbewussten nach Außen wendet und uns dort schicksalhaft gegenüber tritt.[39] Es lässt sich dauerhaft keine Versöhnung und kein Frieden mit anderen Menschen, anderen Kulturen, anderen Lebensformen herstellen, wenn ich im Innen nicht erkannt bin und den großen Schritt zur Versöhnung mit mir selbst gewagt habe. Selbsterkenntnis heißt dann, unsere Verwundungen und Verhärtungen wahrzunehmen und sich der Einsicht zu stellen, dass nur wer seine eigenen Tiefen kennengelernt und ausgelotet hat, mit denen anderer Menschen umgehen, ja sie überhaupt erst sehen kann. In dem Erkennen und in der Annahme unserer eigenen Schatten liegt die Chance zu ihrer Integration in unser Lebens- und Seinsverständnis wie auch zu ihrer Wandlung. Carl Gustav Jung: „Man wird nicht dadurch hell, dass man sich Helles vorstellt, sondern dadurch, dass man Dunkles bewusst macht."[40]

Schon allein durch das Beobachten und das Verstehen unserer Seelenlandschaften, also durch den Erkenntnisprozess selbst werden diese verändert und transformiert, unabhängig davon, dass Selbstreflexion auch den Ausgangspunkt jeglicher bewusster Modifizierung des Denkens und Handelns bildet. Die Selbstbeherrschung etwa, die sich unkontrolliert verlaufenden Begierden und unedlen Absichten auch dann wach- und achtsam entgegenstellt, wenn sie damit zielgerichtetes Entscheidungshandeln blockiert, ist ein Substrat der Selbsterkenntnis. An dieser Stelle wird deutlich, wie sehr Selbsterkenntnis als Selbstentwicklung und Selbsterziehung mit ehrlichem Kämpfen und Ringen zu tun hat. In diesem Kampf liefert jedes, auch noch das dramatischste Ereignis seinen wichtigen Beitrag, der im Letzten immer zum Positiven gereicht. Und dieser Kampf um das Licht stellt sich in seiner Eindeutigkeit einer postmodernen „Selbstreflexion" gegenüber, die sich als widersprüchliches Spiel mit unbegrenzten Möglichkeiten missversteht. Er ist alternativlos, wenn einmal verstanden worden ist, dass das

---

[39] Vgl. Jung 1976, S. 80
[40] Jung 1954, S. 370

Synonym für Mensch nicht anything goes, sondern Wandlung und Entwicklung auf dem engen Pfad der Weisheit heißt.

Vieles im Leben eines Menschen besteht aus oft unhinterfragten Routinen und Gewohnheiten. Nicht selten führen sie in eine Spirale, in der wir uns selbst immer ähnlicher werden, uns immer mehr dem angleichen, was wir uns an Rahmen selbst gezimmert haben. Dieser schleichende Selbstmord lässt verharren und verhärtet. Er raubt Zukunft durch Entzug ihrer Möglichkeiten. In der Überwindung von Selbstwiederholungen, Selbstangleichungen und sich selbst bestätigenden Routinen, Ritualen, Ansichten und Urteilen liegt somit der erste und bedeutende Schritt zum Werden in Verwandlung und Entwicklung.[41] Die teilweise Überwindung unserer eigenen Geschichte gehört hierzu, auch wenn wir in die Geschichte unserer Beziehungen und Bezüge, unserer Möglichkeiten und Behinderungen eingebunden bleiben. Doch bin ich nicht in erster Linie, was ich war und woher ich komme, sondern was zu werden ich im Begriff bin und wohin die Sehnsucht mich zieht. Ich bin der, der auf dem Weg ist zwischen Schon-Jetzt und Noch-Nicht.

Umfassende Selbstreflexion steht für diesen Weg am Ausgangspunkt. Sie stellt die Voraussetzung vor allem auch dafür dar, unser Eingebundensein zu verstehen; das Eingebundensein in den universalen Charakter des Lebens und des Lebenswillens. Selbstreflexion weist und führt über uns und über das Vorhandene hinaus. Sie erschließt im Erkennen neue Denk- und damit Handlungsdimensionen. In ihr nehme ich meine Lebensberechtigung, meinen Lebenswillen und meine Entwicklungsfähigkeit wahr. All dies kann ich nun als Leben, das sich selbst erkannt hat, auch anderem Leben zubilligen.

Daneben bildet Selbstreflexion die Voraussetzung für das Entstehen von Selbstrespekt. Er ist die Basis für den Respekt gegenüber anderem Leben, ja dem Lebens- und Seinsvorgang an sich. Das reflektierende Denken und das Erkennen vermögen jetzt den auf mich selbst bezogenen Willen zum Leben und zum Handeln, den Willen auch, Glück und Zufriedenheit zu erfahren, zu entgrenzen. Er wird gleichsam zu einem kosmischen Lebenswillen verfeinert. Ich vermag dies nicht zuletzt dadurch, dass ich mich als Teil des anderen Lebens erkenne, wie Albert Schweitzer es eindringlich beschrieben hat:

---

[41] Vgl. Steffensky 1984, S. 113 ff.

"Und Du vertiefst Dich ins Leben, schaust mit sehenden Augen in das gewaltige, belebte Chaos dieses Seins, dann ergreift es Dich plötzlich wie ein Schwindel. In allem findest Du Dich wieder ... überall wo Du Leben siehst – das bist Du!"[42]

Die Anerkennung und Wertschätzung der eigenen Würde, des eigenen Lebenswillens und des Selbstrespekts übertragen wir in dem Prozess der Selbstreflexion, des Erkennens und Erwachens auf das Leben schlechthin. So beginnt sich das Jesusgebot „Liebe Deinen Nächsten wie Dich selbst!" zu erfüllen.

Die Unteilbarkeit des kosmischen Ganzen nimmt Gott, das Göttliche und den göttlichen Geist nicht aus. Wer den Hauch universaler Verbundenheit atmet, steht zugleich im Raum der Begegnung mit dem Göttlichen. Selbsterkenntnis geht so immer der Gotteserkenntnis voraus. Oder formulieren wir es vorsichtiger. Sie schafft die Voraussetzung dafür, Gott nicht als eine Projektion misszuverstehen, die Folge unzureichender Selbstreflexion ist. Sie hilft, zu unserer ursprünglichen, mit Gott vereinigten Natur neu und bewusst aufzubrechen.

Erst eine Selbsterkenntnis, die sich als innerste Erfahrung der Teilhaftigkeit mit dem kosmischen Ganzen nicht verweigert, führt zu eigentlicher Seinserfahrung. Sie holt den Menschen aus der Verfangenheit in einer Kulissenwelt, in deren Spiegeln er sich immer nur selber in seinen jeweiligen Rollen sah. Diese Seinserfahrung wird zu einer Neugeburt aus der Mitte des Lebens und aus der Tiefe seines Wesens. Wir können ihr den Namen Selbstverwirklichung geben. Sie aktualisiert bislang verborgene, vor allem spirituelle Kräfte des Menschen. Sie wandelt das Verständnis von Wirklichkeit dauerhaft. Das Erlernen der Unterscheidung von Schein und Sein hat daran den wohl entscheidenden Anteil.

Die im Prozess der Selbsterkenntnis sich vollziehende Entschlackung der bewussten und unbewussten Felder des Geistes in einer inneren kontemplativen Haltung befreit Wahrnehmung und Denken. Zwar respektiert das Denken weiterhin die dem Menschen gegebenen Grenzen, vor allem diejenigen, die das Vorbewusste und Unbewusste setzen, doch mildert es diese Kränkung durch Vielfalt in den Blick- und Erscheinungsweisen. Der im

---

[42] Schweitzer 1995, S. 209

Denken sich selbst bewusst werdende Geist erkennt sich nun als Teilselbst des kosmischen Geistes. Keine Doktrin kann jetzt noch verfangen. Und mit der durch die Raumfahrt gegebenen Fähigkeit, unseren Planeten gleichsam von außen zu betrachten, ergänzen wir die gedankliche Perspektive von kosmischem Selbst und Teilselbst um die sinnlich zugängliche von Universum, Erde und Personalität.

Selbstreflexion, Selbsterkenntnis und Selbstverwirklichung werden von einer inneren Haltung der Zeugenschaft getragen. Das erwachende und erwachte Selbst erkennt, durchschaut und transzendiert in diesem Modus der Wahrnehmung nicht nur die Ich-Verfangenheiten in Status, Rollen und Mustern. Es erlebt auch die untrennbare Verbundenheit mit allem, was ist, holt sie ins Bewusstsein und hält sie dort. Zeugenschaft führt in die unmittelbare Gegenwärtigkeit, gelöst von den Bindungen der Vergangenheit und den auf die Zukunft gerichteten Sehnsüchten, Hoffnungen, Ängsten und Erwartungen. Als fließende Bewegung im Strom der Zeit versagt sie sich, im Weiterströmen jeder Versuchung anzuhaften. In der Metaperspektive der Zeugenschaft zeigen sich die auf Absolutheit pochenden Probleme des lebensweltlichen Alltags als zwar begründet in der Zeit und einer entsprechenden Bewertung, doch sie brennen sich nicht ein in das überzeitliche Wesen des Seins. Zeugenschaft meint somit eine unmittelbare, unverstellte und unverfangene Aufmerksamkeit und Achtsamkeit. Sie lässt sich als eine fokussierte Wahrnehmung identifizieren, die im Akt der Wahrnehmung ruht und es sich versagt, zu qualifizieren oder zu urteilen. Sie widerstrebt damit auch der Versuchung zu spalten und eine integrale Welt dual zu verwerfen. In diesem reinen Gewahrsein der Zeugenschaft löst sich der Schmerz derjenigen Gefühle auf, die sich immer wieder nur selbst anschauen und dadurch so lange selbst bestätigen, bis sie die Person vollständig besetzt halten. Zeugenschaft entmächtigt durch Gewahrwerden. Sie schwächt den Impuls, im Menschen tobende und streitende Gefühle, die sich zu heftigen Emotionen verdichten, um jeden Preis auch auszudrücken und ihnen damit freie Bahn zu lassen. Sie kann schließlich verhärteten Mustern des Denkens und Verhaltens sanft entgegenwirken, sie differenzieren, verfeinern und verwandeln – allein durch Erkennen. Es ist jene Art Erkenntnis, dem die Qualität der Versöhnung mit sich selbst innewohnt. Aus ihr erwächst die reflexive Selbstachtung, die von Verfangenheiten und Konditionierungen und damit von einem reduzierten und verstockten Selbstbild befreit.

Ich möchte darauf hinweisen, dass die innere Haltung der Zeugenschaft nicht die Eigenheiten beseitigt, die das Selbst ausmachen und die ja die Basis für das darstellen, was wir als Individualität oder Personalität bezeichnen. Zeugenschaft erkennt, wie gesagt, sie lernt, im multiperspektivischen Blick zu unterscheiden zwischen biografischer, kultureller, gesellschaftlicher und spiritueller Verursachung unseres Daseins. Sie nimmt wahr mit mehreren Zentren, durch mehrere Zugänge und durch die Augen des Anderen. Damit schafft sie allerdings die Voraussetzung sowohl zur schrittweisen Lösung, Erlösung und Transformation, wie auch zur stetigen Selbstbefragung und daraus sich ergebender Selbstentwürfe. Im diachronen Blick erweist sie der Gewordenheit den nötigen Respekt. Im synchronen Blick vermerkt sie die Gleichzeitigkeit des Ungleichzeitigen. Im perspektivischen Blick integriert sie das noch Unsichtbare und Unerkannte in einen offenen Möglichkeitshorizont.

Zeugenschaft und Zeugenbewusstsein möchten geschult sein. Vor allem auf die Notwendigkeit, die Perspektive zu wechseln und vom anderen Du her zu sehen, ja vielleicht sogar zu empfinden, sei hingewiesen. Alles und jede Situation können dabei helfen. Oft sind gerade die schwierigsten und widrigsten Gegebenheiten die besten Lehrmeister, denn sie zwingen in eine konzentrierte und mitunter schmerzhafte Aufmerksamkeit. Es bleibt schließlich aber eine Illusion zu glauben, der Prozess der Selbstreflexion, der Selbsterkenntnis und der Einübung in die Haltung der Zeugenschaft sei vollständig ohne eine externe Instanz zu bewältigen. Unsere blinden Flecken sind ja gerade dadurch blind, dass uns ein Wahrnehmungszugang zu ihnen fehlt. Den kann uns das Auge von Außen bieten, in der persönlichen und verbindlichen Begegnung einer Freundschaft oder Partnerschaft oder im professionellen Rat durch einen Therapeuten, einen Supervisor oder einen Coach. Professionelle Instanzen taugen jedoch nur für diese Arbeit, wenn sie über eine entsprechende spirituelle Schulung und vor allem Praxis verfügen. Ansonsten bleibt ihnen der Blick in die transpersonalen Seinsbereiche und damit in die Dimension des großen Selbst versperrt.

2 Blockaden auf dem Weg der Entwicklung

Wissenschaft und Wahn

Vor den Schritten vom kleinen Ego zum großen Selbst hat unsere Gattung sich, im Durchgang durch ihre Geschichte Hindernisse aufgebaut, die, nüchtern betrachtet, schier unüberwindlich scheinen. Vor allem der industriezivilisatorische Fortschritt, den wir in den zurückliegenden Jahrhunderten so selbstverliebt feierten, war bei allen herausragenden Leistungen doch immer zugleich auch ein Sich-Entfernen von dem Teil unseres Wesens, der uns lange in der Verbundenheit mit den Prozessen des Lebens gehalten hatte. Das Vakuum, das diese Entfernung von unserem Ursprung hinterließ, füllte sich mit der Ausrichtung auf uns selbst. In der Person entstanden Individualismus und Egozentrismus, in der Gattung stieg der Anthropozentrismus zu einem gewaltigen und gewalthaften Bewusstsein auf. Es überlagerte die Empfindung kosmischen und universalen Einsseins, und es entfremdete von den damit verbundenen Einsichten und Gefühlen. Um- oder besser die natürliche Mitwelt des Menschen existiert im anthropozentrischen Bewusstsein lediglich als dem Menschen dienend und auf ihn hin gedacht, genau wie die verschiedenen transzendenten Ebenen und Dimensionen des Seins. Mitwelt und Transzendenz bleiben als abgetrennte Nebenrollen des Lebens wohl im Blickfeld. Sie sind akzeptiert, aber eben austauschbar. Wir messen ihnen als liberalem Zugeständnis zwar eine gewisse Bedeutung zu, sehen sie aber nicht als integrale Wesensbestandteile des Seins.

In der historisch gewachsenen und zunehmend kultivierten Unterscheidung und in den sich daraus entwickelnden Trennungsphantasien wuchsen dualistische Seins- und Weltbilder zu einer machtvollen Wirklichkeit. Das nach außen verlagerte Andere erhält als seine einzige Bedeutung die willfährige Verfügbarkeit für den Menschen. Es steht in Dienst, seine Berufung liegt darin ausgebeutet zu werden. Wann wurde je aus einer Illusion, nämlich der, getrennt zu sein, ein mörderisches Instrument? Gewiss, mit ihm wuchs die Bedeutung des Menschen, wuchs seine Größe. Doch die entstandene Größe blieb, da sie sich selbstbezüglich verengte und blockierte, ohne Erhabenheit gegenüber dem Wunder des Lebens. Und sie blieb ohne Erbarmen hinsichtlich dessen, was sie begann, anderem Leben anzutun. Die Kräfte des Universums, die sich im Menschen vereinigen, entfalteten sich nicht universal, sondern erlebten ihren Missbrauch darin, auf eine Zweckerfüllung hin reduziert zu werden.

Die moderne Wissenschaft und die durch sie errichteten säkularen Heils- und Glaubensgebilde tragen daran einen entscheidenden Anteil. Ohne Frage verdankt die Menschheit der neuzeitlichen Wissenschaft viel. Nahezu alle Disziplinen haben hervorragende Leistungen vorzuweisen. Erstaunliche Erkenntnisse wurden zu Tage gefördert und in Praxis, technischer oder sozialer Art, umgesetzt. Dass der menschliche Geist in der Sphäre der Wissenschaft in außerordentliche Leistungsspitzen vorgestoßen ist, gilt es also nicht in Frage zu stellen. Doch dieser Aufstieg hatte den bekannten hohen Preis. Das, was wir heute Aufklärung nennen, und was ursächlich mit dem Entstehen der modernen Wissenschaft verbunden ist, war angetreten, den Menschen aus der Furcht vor dem Unverstandenen zu reißen und ihn zum selbstbewussten Herrn der Geschichte zu erheben. Sie initiierte und verwirklichte das Projekt der Moderne und der Entmythisierung. Die Abkopplung des Mythos und des Transzendenzbewusstseins von jener Vernunft, die Menschen über Jahrhunderte in Unmündigkeit gehalten hatte, machte die Aufklärung zu einem unvermeidbaren Vorgang. Dieser historisch überfällige Befreiungsschlag soll deshalb hier auch nicht zur Debatte stehen. Vielmehr interessiert, was sich daraus ergab. Denn das Kind der Demaskierung abergläubischen Denkens wurde mit dem Bade ausgeschüttet.

Es geschah die schrittweise und konsequente Entzauberung der Welt, die umfassende Zerschlagung des mythischen Denkens als welterklärendem Denken. Die „Vernunft" also trat dem Transzendenzbewusstsein gegenüber, indem sie dieses als vernunftfremd diskriminierte. Und so war nicht Erhellung die Folge, sondern Verdunkelung.

Die Mächte eines solcherart reduzierten und zugleich verabsolutierten Vernunftbegriffs drängten im Verlauf der Aufklärung selbst in eine mythische Rolle. Auf das Gegenteil hin angetreten, vollzog sich ihr Sturz in ein

Stadium, das dem metaphysischen Heilswissen als befreiender Kraft so nie eigen war. Hervorstechend wurde die Gewalt, die der Einbindung der Aufklärung und der aus ihr gewachsenen Wissenschaft in die industrielle und politische Verwertung folgte. Statt der Friedenstaube wurden Gaskammern, die Atombombe, biologische und chemische Vernichtungsmaschinen zu ihren unübersehbaren Symbolen.[43] Das, was die moderne Wissenschaft mit einem kollektiven Tabu belegt hat, ja worauf bezogen sie keine Mühen scheut es wegzuerklären, das Böse, dazu wurde sie in Teilen nun selbst.[44]

Der Siegeszug eines kalten Rationalismus und einer spezialisierten Vernunft, die nur noch an instrumenteller Leistungsfähigkeit gemessen wurde, führten zum Verlust von Universitas, von Einheitsbewusstsein. Zugleich gerieten die Weisheitslehren und das damit verbundene Wesensbild des Menschen weitgehend in Vergessenheit. Wissen wurde fortschreitend parzelliert. Die Expertenwelt erschien und mit ihr eine neue Priesterkaste, der nun die Weltdeutung oblag. In dieser Deutung und der nüchternen, rationalisierten Sprache, derer sie sich bedient, kamen das nichtmanifeste, nichtmaterielle und nichtphysikalische schlichtweg nicht mehr vor, genauso wenig wie ein Verständnis des Kosmos, in dem Leben als beseelende Kraft erkannt wird. Existent darf danach nur genannt werden, was messbar ist. Zeit ist messbar, die Ewigkeit nicht. Dinge sind vermessbar, das Heilige nicht. Geschichte ist in Jahren bestimmbar, der zeitlose Wesensurgrund und die in ihm verborgenen Geheimnisse sind es nicht. Kosmische Energien und biologische Prozesse sind messbar, die sich in ihnen in materialisierende und verwirklichende kosmische Intelligenz ist es nicht.

Dieses von der Wissenschaft so prägend beeinflusste Zeitalter wird auch szientistisch genannt. In ihm geschah um einer weltfremden Eindeutigkeit willen die Abwendung von der Liebe zum „Gegenstand" der Forschung, der Verlust von Vertrauen in das Unsichtbare und die Trennung von dem Wissen um die finale Verwiesenheit allen Erkennens und Tuns auf den göttlichen Ursprung und Horizont. Der Missbrauch durch fremde Mächte, solche des Geldes, des Marktes und der herrschaftlichen Gewalt waren ebenso eine zwangsläufige Folge wie die Entseelung der universitären und

---

[43] Vgl. Picht 1981, S. 113
[44] Über Ursprung, Wesen und Bedeutung des Bösen vgl. Eurich 2010

akademischen Orte. Studierende, Auszubildende und der wissenschaftliche Nachwuchs werden hier weniger als Zukunftshoffnung für den Lebensraum Erde oder gar als Weisheitsschüler gesehen und behandelt, sondern eher als willfährige Verfügungsmasse für die Mächte des Gegenwärtigen. Was für eine evolutionäre, im suchenden Menschen ruhende Energie wird hier durch ein verklemmtes und zugleich zwangsläufig brüchiges Wissenschaftssystem unterdrückt!

Die Häuser der Wissenschaft sind vielerorts zu Warenhäusern für unterschiedlichste Spezialinteressen geworden. Die Zusammenführung von Spezialisierung mit dem Ideal des Dienstes am Lebenden und Werdenden sowie dem Ideal des universal gebildeten Menschen wurde nicht geleistet, ja es wurde nicht einmal darum gerungen. Das Leistungs- und Herrschaftswissen ließ keinen Raum mehr für die Versöhnung mit dem Wesens-, dem Lebens- und dem Bildungswissen. Beides ließ sich wohl, realistisch betrachtet, auch nicht miteinander vereinbaren, waren und sind doch die Grundanliegen und die Grundausrichtung zu unterschiedlich. Und so hat, was sich heute noch ‚Universität' nennt, ihre Bedeutung als Hort und Schutzraum der Wissenschaft, ihre Universalität und damit ihr Selbstverständnis weitgehend verloren. Ihr fehlen Begriff und Bewusstsein von ihrem eigentlichen Selbst.

Dass es soweit kommen konnte, hat vielfältige Gründe, und Vorsicht ist geboten vor einfachen Antworten. Eines jedoch scheint sicher: An dieser Entwicklung haben die Entmythisierung von Sein und Zeit, der Verlust der Ehrfurcht vor allem Leben und die konsequente Verdrängung des Göttlichen einen entscheidenden Anteil. Der wissenschaftliche Mensch in seinem Machbarkeits- und Allmachtswahn ist sich selbst zum letzten Maßstab geworden; er hat die Macht der instrumentellen Vernunft zum Mythos seiner Seins-Orientierung erhoben und damit auch den instrumentell bewirkten und wesenhaft instrumentellen Fortschritt mythisiert. Dem Leben in seinen vielfältigen Erscheinungsformen blieb die bloße Opferrolle; Opfer für die experimentellen Riten der Wissenschaftspriester, Opfer für den vergötzten Fortschritt. War zunächst noch der Mensch in einer humanistisch sich verstehenden Wissenschaft absolut gesetzt – mit den bekannten Folgen für Tierwelt und Natur, macht die instrumentalisierte Wissenschaft nun auch vor ihm und dem verdinglichten Blick auf sein Leben nicht mehr halt, wie Entwicklungen im Bereich der Bio- und Gentechnologie zeigen.

Mehr und mehr enthüllt sich die westliche Wissenschaft, und hier vor allem die so genannten Naturwissenschaften, in ihrer Lebensfeindlichkeit und in ihrer Reduktion von Leben auf experimentelle Spielmasse als eine moderne Form der schwarzen Magie. Denken wir an dieser Stelle etwa noch einmal an die medizinische Wissenschaft, die um der Optimierung menschlicher Körperfunktionen willen vor keinem Horror des Verbrauchs und der Vernutzung anderer Lebensformen halt macht.

Mittlerweile hat – vom Abendland ausgehend – diese Weise des Umgangs mit Welt das kulturelle Gesamt auf dieser Erde erreicht. Nie war, global betrachtet, die instrumentelle Gewalt größer. Nie waren Inquisitoren eines universalistischen Geltungsanspruchs mit solch universaler Macht ausgestattet. Gegenüber Andersdenkenden maskiert sich diese Macht perfiderweise als Bewahrung der „Wertneutralität".

Ich-Sucht als das Gift unserer Zeit

Mit dem Ich-Bewusstsein beginnen gattungsgeschichtlich und biografisch unser Aufstieg und unser Verhängnis. Das Ich-Bewusstsein eröffnete dem Menschen großartige neue Potentiale, vor allem auf der Ebene der Begegnung mit anderen Menschen und anderem Leben. Es führte zu einer gesteigerten Form von Vernunft und Rationalität und einer neuen Weise der reflexiven Verarbeitung von Wahrnehmungen auf jeglicher Ebene. Zugleich löste es Existenzangst aus und stieß in die Trennung. Auch davon erzählt der Mythos von Eden, auch davon kündet die Tragödie des Verlustes paradiesischer Einheit und der Verbundenheit mit dem Ganzen und mit Gott.

Das Ich-Bewusstsein prägt den Menschen auf der gegenwärtigen Evolutionsstufe. Insofern kann es als notwendiger Teil unserer Wesenheit und des Menschseins an sich gesehen werden. Es lässt, wie oben ausgeführt, erst das entstehen, was Selbst und Identität genannt wird. Es gehört ganz zweifellos zur Schönheit und zum Mysterium des Lebens.

Die entwicklungs- und bewusstseinsgeschichtlich bewundernswerte Herausbildung einer sich in ihren Grenzen bewegenden und einrichtenden Ich-Gestalt kippt ins Destruktive mit ihrer im Bewusstsein vollzogenen

Verabsolutierung, die sich in Egoismus und in narzisstischer Verblendung zu erkennen gibt. Es entsteht eine Verzerrung und eine Verkümmerung des Ich. In der Egomanie gehen das Wissen und die Empfindung vom Leben als einem kosmischen Geschenk, das immer in Verbundenheit mit allem anderen Leben steht, verloren. Die sich von der Einheit lossagende Selbstsucht[45] begeht den vielleicht verständlichen, aber doch auch tollkühnen Versuch, sich ganz auf sich selbst zu gründen und darauf alles zu beziehen. Dann glaubt der Mensch, dass sein Körper, seine Bedürfnisse und das, was er als seine Persönlichkeit wahrnimmt und was er als Bilder des Selbst in sich entwirft, auch sein ganzes Wesen seien. Jetzt wird die Person allein durch diese Lebenstäuschung und diesen Selbstbetrug angreifbar, verletzbar und verwundbar. Sie wird vom Urvertrauen in das Unvertrauen gezogen. Individuation als Entwicklung und Entfaltung der Persönlichkeit kommt zum Stillstand. Angstbesetzt meint der Einzelne dann sich und seine selbst definierten Grenzen schützen zu müssen, wobei dieser Zweck bald alle Mittel heiligt. Die Schädigung und Vernichtung anderer Menschen und anderen Lebens wird in Kauf genommen, um der möglichen eigenen Schädigung vorzubeugen. Der endliche Mensch bläht sich in der giftigen Mischung aus Existenzangst, Selbstsucht und Selbstvergottung zur Quasiunendlichkeit auf und verliert alle Maßstäbe. Dies gilt in der Überschreitung der Person hin zu Kultur auch für Kollektive auf den unterschiedlichsten Ebenen. Zu diesem Verlust der wahren Lebenskoordinaten gehört die Umwertung der Begriffe. Gut ist, was mir, meiner Familie, meinem Unternehmen, meinem Volk dient, böse, was andere aufbaut – und umgekehrt.

In der Ich-Struktur und der narzisstischen Verblendung liegt das Samenkorn der Polarisierung, das sich schnell auch zu den großen Unterschiedlichkeiten hin öffnet. Alles, was anders ist, als politisches oder wirtschaftliches System, als Rasse, Kultur oder Religion, steht mir dann feindlich gegenüber. Aus dem Du der universalen Verbundenheit und der dialogischen Öffnung und Partnerschaft wird ein Dualismus als Gegnerschaft, die sich oft als hass- und neidbesetzt zugleich zu erkennen gibt.[46]

---

[45] Vgl. Weischedel 1998, S. 236
[46] Ich möchte an dieser Stelle betonen, dass der Dualismus in frühen Phasen der personalen und der gattungsgeschichtlichen Genese wichtig und unvermeidbar

Der Freund-Feind-Dualismus erstarkt ausgerechnet in einer Epoche, in der personale und kollektive Identitäten dem Anderen und Fremden im Strom der globalisierten Bewegungen vermehrt begegnen und mit ihm zusammentreffen. Die Identität des Eigenen, die von Kindesbeinen an gelernt hat, sich durch Abgrenzung zu finden und zu stabilisieren, sieht in dieser Begegnung nun die Herausforderung, sich bewahrend zu schützen. Die Projektion der eigenen Schatten auf das nicht gerufene, aber doch gekommene Andere gehört zu diesem Prozess. Oft wird es noch verstärkt durch einen Hochmut, der letztlich in Angst gründet.

Identität durch Abgrenzung und Abkapselung ist ein Spaltprodukt, das sich unentwegt neu behaupten und neu grenzen muss. Sie folgt auf eine unvollkommene und zugleich absolut gesetzte Wahrnehmung von Ich, natürlicher Umwelt, sozialer Mitwelt und Kosmos. Sie beruht auf Selbsttäuschung. Das macht sie unwahr, und wenn sie sich dann gar noch als Wahrheit rechtfertigt, auch in der Intention falsch.

Die sich selbst verzerrende Persönlichkeit verschlingt auf dem Weg der Aufrechterhaltung und der fortwährenden Begründung ihrer Selbstbilder, die nicht selten in eine metaphysische Überhöhung umschlagen, eine enorme Energie. Es ist Energie, die sich an etwas verschwendet, das im Letzten nur eine Illusion darstellt – eine Täuschung gleichwohl, die durch ihre Intervention in die Prozesse des Lebens gravierende Folgen hat. Diese zeigen sich als unangemessene und unrealistische Erwartungen zur sozialen Mitwelt hin und münden, wenn sie nicht befriedigt werden, in Unverständnis, Frustration, Aggression und in der Folge noch verstärkter Abgrenzungen. Nach innen richten sie sich gegen sich selbst. Sie verzehren die Kraft der Liebe, vergiften das Gemüt bis zum Selbsthass und machen krank, ist Gesundheit doch ein integraler Prozess, der sich durch jede Form der Vereinseitigung und Spaltung gestört und blockiert sieht. Nun auch

---

ist. Er stellt die Voraussetzung für eine kontinuierliche Entwicklung dar, in welcher der Mensch sich unter dem Eindruck oft nicht zu verarbeitender Eindrücke und Begegnungen immer wieder abgrenzen muss, um sich nicht zu verlieren. In den späteren Lebensphasen, um die es hier geht, bildet er die Voraussetzung zur Transzendierung der ichhaften Strukturen. Doch muss er dann zunächst überhaupt erst einmal entsprechend erkannt und identifiziert werden, damit er schrittweise zur Seite treten kann.

zeigt sich, dass all das, was die auf Abgrenzung sich begründende Identität an anderen stört und sie an ihnen kritisiert, auf sie selbst zurückweist. Zugleich führt die Missachtung der anderen Persönlichkeit in die Missachtung der eigenen.

Beides verstärkt die Isolation und vergrößert die Einsamkeit. Dem Du, dem ich mich durch sein Anderssein entfremde und mich von ihm abstoße, steht das desillusionierte Ich gegenüber, das mir auch keine wirkliche Heimat geben kann; denn ohne Du kann das Ich sich nicht erkennen und nicht finden. Da dieser Prozess nicht singulär ist, sondern eine Kultur- und Zivilisationserscheinung darstellt, führt er in eine doppelte Spiralbewegung: Wachsende Vereinzelung und Vereinsamung treiben eine wachsende Vermassung voran. Der Philosoph Günter Anders (1902–1992) sprach diesbezüglich von der Erscheinung des Masseneremiten.[47] Er verliert sich in seiner Unbehaustheit in den Phantomräumen der Bildschirmwelten.

Die Ich-Sucht, die sich eigentlich nur selber sucht und ohne das Du auf allen Ebenen des Lebens doch nie finden kann, verhärtet den einzelnen Menschen und die Kultur, in der er lebt. Ihre Exzessivität und Ungezügeltheit bedrohen das Ganze. Und sie verdunkeln selbst das göttliche Licht. Martin Buber (1878–1965) sprach diesbezüglich von Gottesfinsternis:

„Das Ich ... ein alles habendes, alles machendes, mit allem zurechtkommendes Ich, das unfähig ist, Du zu sprechen, unfähig, einem Wesen wesenhaft zu begegnen, ist der Herr der Stunde. Diese allgewaltig gewordene Ichheit ... kann naturgemäß weder Gott noch irgendein echtes, dem Menschen sich als nichtmenschlichen Ursprungs manifestierendes Absolutes anerkennen. Sie tritt dazwischen und verstellt uns das Himmelslicht."[48]

Doch gibt es überhaupt *das* Ich? Sprechen wir nicht, wenn vom Ich die Rede ist, von unterschiedlichen Teilpersönlichkeiten, die sich in unterschiedlicher Weise zeigen und verhalten?

In jedem Menschen, vor allem in den modernen westlichen Kulturen, ringen die unterschiedlichsten Rollen, Rollenerfordernisse und Rollenerwartungen kontinuierlich miteinander bzw. nehmen unterschiedlichen und

---

[47] Vgl. Anders 1980
[48] Buber 1994, S. 131

wechselnden Raum ein. Als Elternteil, in der Berufstätigkeit, als Lebenspartner, Freund oder Freundin, als Vereinsmitglied oder Homo Politicus – nie bin ich stets derselbe. Jeweils auch operiere ich mit voneinander abweichenden Selbstkonzepten, die sich nicht selten sogar grundlegend widersprechen. Da steht der Perfektionist dem liebenden und großzügigen Vater gegenüber, positioniert sich der Rationalist gegenüber der Sehnsuchtsgestalt und der Zweifler gegenüber dem Glaubenden. Der Anpasser und Unterwürfige sieht sich durch den inneren Diktator in Frage gestellt, der Harmonie suchende durch die eigene unberechenbare Emotionalität. Situationsbezogene geistige, körperliche, seelische und gefühlsmäßige Befindlichkeiten tun ein Übriges, um das Ich nicht nur nach Außen, sondern auch in der Selbstwahrnehmung als Gebrochenes erscheinen zu lassen. Je stärker das Ich sich in seiner Rollenwahrnehmung mit seiner Teilpersönlichkeit identifiziert, umso spezifischer ist die Weltwahrnehmung durch genau deren Brille.[49] Folgen diesen Identifikationen Entscheidungen, die den Entscheidungen anderer Identifikationen widersprechen, verstärken sich die inneren Spaltungen, werden die Gräben, in denen ich mir selbst gegenüberstehe, tiefer. Und so bleibt die Vorstellung vom eigenen, vollständigen und in sich stimmigen Sein letztlich nur eine Idee und Illusion. Sie trägt zwar einen, den mir von meinen Eltern zugewiesenen Namen, doch hinter ihm verbergen sich mannigfache Teilidentitäten. Sie können sich innerhalb der Grenzen, die gesellschaftliche Anpassungsnotwendigkeiten und Konformitätsdruck abverlangen, solange in ihrem Eigensinn ausleben, wie sie nicht in einem Prozess der Selbstthematisierung und Selbstreflexion als solche erkannt, aufeinander bezogen und angemessen um den Kern des Selbst herum integriert sind.

Es mag an dieser Stelle deutlich werden, wie die in uns lebenden Teilpersönlichkeiten den Prozess der Kommunikation mit anderen Menschen erschweren und oft in hyperkomplexe, von den Kommunikationspartnern kaum zu verstehende paradoxe Situationen führen. Denn genau genommen, stehen sich in der Begegnung zweier Menschen oft deutlich mehr „Personen" mit höchst unterschiedlichen Interessen gegenüber.[50]

---

[49] Vgl. Piron 2007, S. 178 ff.
[50] Vgl. Bauer 2006, S. 87

Das Ich in der Gegenwart also bewegt sich auf einem unsicheren Terrain. Es muß ständig die Positionen wechseln und findet keine Sicherheit in einer ungespaltenen Identität. Vielmehr schaffen die schnell wechselnden Lebensformen und Lebensanforderungen auf allen Gesellschaftsebenen ständige Legitimationsprobleme – bezogen auf sich selbst und auch bezogen auf die soziale Mitwelt. Dieser Bedrohung der Selbst-Sicherheit steht die kulturelle Anforderung gegenüber, sich als Person einzig zu sehen, als einzig zu stilisieren und zu kommunizieren, sich also in den Kampf um Aufmerksamkeit zu begeben und sich darin zu halten. Das ist die wesentliche Botschaft einer Warengesellschaft, die dem Menschen suggeriert, sein Wesen in Konsumgütern und der darauf bezogenen Stilisierung sichtbar und erkennbar zu machen. Dieser Druck, der auf dem Einzelnen lastet, richtet sich somit sowohl auf ihn selbst als auch auf die Milieus, in denen er sich bewegt. Das Bild dessen, das ich als Selbst von mir entwerfe, muss meinen eigenen, zumeist medial und außengesteuerten Ansprüchen standhalten; zugleich lebt es von der Anerkennung der sozialen Mitwelt, kann nur dadurch bestehen und überleben. Die Freiheit, die an sich durch den Wegfall alter Orientierungs- und Bindungsmuster hätte entstehen können, verliert sich im Labyrinth einer zwanghaften Stilisierung. Das Innere des Menschen und sein Äußeres bereichern sich nicht mehr in wechselseitiger Spannung auf der Suche nach Komplementarität, nach gegenseitiger Ergänzung. Sie fallen durch die Verdinglichungskraft des Äußeren deckungsgleich zusammen, oder besser: Im Sog des Äußeren entfernt das Innere sich von seiner möglichen Tiefe.

Diese Tiefe und damit die Quelle einer nicht entfremdeten Identität gehen im Sog der Verdinglichung zwar nicht verloren. Aber ihr Zugang kann bis zur Unauffindbarkeit verschüttet werden. Brechen Ahnungen vom wahren Selbst auf, laufen sie Gefahr, nicht verstanden oder als leer und mir nicht zugehörig erfahren zu werden. Die Stilisierung nach Außen durch von Außen gelieferte Bilder und mediale Botschaften führt in eine Bewegung, an deren Ende nicht mehr das steht, was wir Identität nennen, sondern die bloße Identifikation mit etwas anderem, Äußerem. Doch auch sie kann als Versuch einer Kopie nie umfassend gelingen. Immer verbleiben Defizite, entstehen allenfalls Ähnlichkeiten, an deren Unzulänglichkeit der Einzelne fortwährend leidet.⁵¹ Als Fluchtpunkt aus dem Sinn-Abgrund und aus der unzureichenden Erfahrungswirklichkeit heraus, stehen dann wiederum die allseits verfügbaren Konsum- und massenmedialen Bilderparadiese zur Verfügung, in denen es sich durchaus behaglich einrichten lässt. Das, was wesentlich das Leiden verursacht, dient somit zugleich seiner scheinbaren Linderung – scheinbar, weil es eher einer viralen Apathie gleicht als einer kollektiven Therapie.

Der in so unzähligen personalen Lebenswelten fließende und rauschende Strom der Texte, Töne und optischen Reize saugt das Individuum in eine eigene Wirklichkeit, mit der es sozial losgelöst „kommuniziert". Diese imaginäre Welt ist zwar ein Phantom und doch repräsentiert sie in dem, was sie bewirkt und in der Art und Weise, wie sie Wahrnehmung, Sehnsüchte und Alltagsträume bindet und gesellschaftlich weitgehend losgelöst bündelt, eine ganz eigene Wirklichkeit mit einem grundlegend gewandelten Wertesystem. Sie schafft soziale Räume ohne leibliche Präsenz, kreiert globale Gegenwärtigkeit mit virtueller Authentizität und Verbindlichkeit. Soziale Netzwerke wie Facebook stehen für diese parasoziale Interaktion an den Nicht-Orten einer Kultur, die Gefahr läuft, weiter zu vereinsamen und sich weiter zu entsolidarisieren.

Die medialen Apparate und vernetzten Systeme richten die Aufmerksamkeit großer Bevölkerungsgruppen kontinuierlich auf sich aus und saugen Aufmerksamkeitspotentiale in sich hinein. Sie sind, bei allen großartigen Angeboten, die sie selbstredend auch offerieren, im Mainstream zu Kognitionsmaschinen geworden, die Sinnverlust und Sinnleere kompensieren und die das individuelle Bewusstsein sehr weitgehend programmieren und in seiner Ich-Verhaftetheit festkleben. Das betrifft nicht nur Inhalte und vermittelte Leitbilder, sondern auch geweckte und geführte Affekte. Diese wiederum haben einen nicht unerheblichen Einfluss darauf, welche Inhalte verbunden mit welchen Bedeutungen überhaupt ins Bewusstsein vordringen.

Die Kernwirkung der Kognitionsmaschinen liegt in einer Ablenkung, die mit Gedankenlosigkeit hinsichtlich dessen einhergeht, was das Wahrnehmen, das Empfinden und vor allem das Verhalten betrifft. Diese sich viel-

---

[51] Vgl. Junge 2006, S. 84–96

leicht als naiv oder unwissend entschuldigende Gedankenlosigkeit ist in ihren Konsequenzen gefährlicher als eine sich bekennende und damit klar eingrenzbare Böswilligkeit. Die medialen Kognitionsmaschinen erreichen die einzelne Person in einer Wahlfreiheit vorspiegelnden quasi vormundschaftlichen Rolle, und gleichzeitig synchronisieren sie individuelle Bewegungen zu einem Massenverhalten, das als solches kaum auffällt.[52] Allgemeine Wunschenthemmung und Massenkonsum um des Konsums willen sind die augenfälligsten Beispiele. Durch ihre Anstiftung zur Gleichgültigkeit haben sich, wenige herausragende Qualitätsprodukte ausgenommen, die Massenmedien zu einem Ärgernis entwickelt.

Der medial gepushte Lifestyle, den die Gegenwartskultur fordert und der sie prägt, sollte trotz aller Verdinglichungs- und Entfremdungstendenzen gleichwohl nicht grundlegend als Identitätsblocker stigmatisiert werden. Er kann auch als eine Art „Zwischenantwort" gesehen werden auf Bindungsverlust, den Anstieg der Verfügung über das eigene Leben, auch durch rasante Fortschritte in der Medizin, die Befreiung von Sehnsuchtspotentialen und die mit allem einhergehende Unsicherheit und Angst. So birgt etwa die Suche nach der idealen Körperlichkeit, nach als ästhetisch empfundenem körperlichem Selbstausdruck, nach Beherrschung des Körpers und nach seinem gezielten Einsatz als Medium der Kommunikation mit der Umwelt zwar einerseits die Gefahr narzisstischer Selbstverblendung. In ihr kann sich aber auch die tiefere Suche nach Einheit mit meinem auch körperlichen Selbst zeigen, ein neuer Versuch, Geist, Seele und Körper zu integrieren. Körperbewusstsein würde dann, über sich selbst hinaus gedacht, sogar zu einem Vorboten der Integration von „Natur" in das menschliche Bewusstseins- und Verfügungsfeld. Über die Annahme und Gestaltung unserer eigenen Natur, jenes Cartesianischen ‚Außen', könnte auch die Beziehung zum Außen der Umwelt eine Wandlung hin zur Integration erfahren. Doch bis dahin muss noch eine weite evolutionäre Wegstrecke bewältigt werden.

Die ich-zentrierte und ego-gesteuerte Suche nach einer Identität zerreibt sich im Druck gesellschaftlicher Anforderungen und Rollenerfordernisse. Sie verliert sich im Labyrinth der wechselnden Selbst- und Fremdbilder. Gleichwohl hat sie in der Intensität und Leidenschaft, in der sie betrieben

---

[52] Vgl. Stiegler 2008, S. 33f.

wird, durchaus etwas von Pilgerschaft. Doch der säkulare Pilger folgt auf dem Weg der Dinge, Stile und Idole keinem wahren Ziel. Hat er etwas erreicht, was kurzfristig Befriedigung verspricht, wartet bereits die nächste Verlockung, zu der es ihn zieht. Auch zu ihr wird er aufbrechen, schneller vielleicht sogar als zuvor, um immer schneller und immer weiter von seinem wahren Selbst davonzueilen. Dass alte Moralvorstellungen oft nur noch als unverbindliche Fragmente existieren und überindividuelle, idealisierte Werte sich weitestgehend aufgelöst haben, verstärkt die Halt- und Orientierungslosigkeit. Eine solche Destabilisierung als ein breites gesellschaftliches Phänomen kann zunächst in nichts anderem münden als in Erschöpfung und Schwermut. Sie befallen nicht nur den Einzelnen, sondern infizieren Kollektive, Staaten und Kulturen. Die Jagd nach Sein, Sinn und Identität ist pathologisch geworden, mit pathologischen Folgen. Es gibt in allen westlichen Ländern Anzeichen einer kollektiven Erschöpfungsdepression. Joachim Galuska spricht von einem „massenhaften Seeleninfarkt". [53]

An den Grenzen der in der Aufklärung so gefeierten und durch den Kapitalismus so ausgebeuteten Individualisierung ist der Abgrund unübersehbar geworden.

Kultur als Behinderung

Die Irrwege des Ich auf der Suche nach Sinn sind gebunden an die Vergänglichkeit alles Zeitlichen. Sie bewegen den Menschen vom unbedingten, unwandelbaren und klaren Gut hin zum bedingten und wandelbaren. Hängt das Herz erst einmal am Ding, kann es beliebig manipuliert werden. Und zerbricht eine verdinglichte Sehnsucht, Erwartung oder Hoffnung, so hält die Schatztruhe der Verführung zahllose glitzernde Ersatzstoffe und Sinnplacebos parat.

---

[53] Vgl. den „Aufruf zur psychosozialen Lage in Deutschland" aus dem Frühjahr 2011, in dem führende Psychiater und Psychotherapeuten unterschiedlichster Orientierungen darauf hinweisen, dass in Deutschland nahezu jeder Dritte im Verlauf eines Jahres an psychischen Störungen leidet. Quelle: www.psychosoziale-lage.de/. Vgl. dazu auch das Interview mit Joachim Galuska in „Connection": www.connection.de/artikel/interviews/interview-mit-dr-joachim-galuska-ueber-die-psychosoziale-lage-in-deutschland.html

Um von der Tiefe und dem Unwandelbaren abzulenken, tritt die Begehrlichkeit ins Spiel. Sie führt in die Versuchung und wenn sie dieser nachgibt in die Verfehlung. Begehrlichkeit als maßloses Wollen trägt und verhärtet die Ich-Struktur. Sie streckt sich nach einem Gut, das sie im guten Handeln nicht erlangen kann. Denn Gutes zu tun, meint gemeinschaftsorientiert zu wirken. Und das geht nicht ohne zu geben, ohne loszulassen, ohne sich hinzugeben. Das Ich aber will haben, immer mehr und wenn möglich einzigartig. So lautet auch das Gesetz des Kapitalismus. Er hat die Begierde zwar nicht hervorgebracht, aber sich mit ihr identifiziert. Und sein Credo gilt, wenn auch in krassen Abstufungen, grundsätzlich sowohl für Kapitalisten als auch ihren innergeschichtlichen und systemimmanenten Konterpart, die Arbeiterbewegung. Im Letzten geht es um Konsum, um Befriedigung, die aus Anhäufung und/oder Verbrauch besteht.[54]

Die verbrauchsorientierte Grundhaltung ist der Eckpfeiler der Ordnungspolitik des Kapitals. Und überraschend erscheint in diesem Kontext lediglich, wie die Rationalität des auf Massenkonsum hin gerichteten Denkens sich der banalen Einsicht verweigert, dass das progressive privatisierende Verbrauchen sich strukturell selber bedroht. Denn mit ihm wächst die Knappheit der Ressourcen, derer die Produktion der Konsumgüter zugleich in wachsendem Maße bedarf. Das in so manchem unternehmerischen Selbstverständnis existierende und vor allem in der Werbung verklärte Schlaraffenland ist materiell endlich, und es verliert täglich an Ausdehnung. Unendlich sind demgegenüber die virtuellen Konsumobjekte, die in den Medienwelten und der Internetgalaxis jederzeit und finanziell leicht erschwinglich bereitgehalten werden. Es kann vermutet werden, dass der Konsum mit der Erosion der materiellen Ressourcen sich noch mehr in diese Ablenkungsmaschinerie hinein verlagert und damit in den Sog der Augen. Mit der Begierde der Augen schaffen wir uns eine Welt

---

[54] Wie anders ist es zu erklären, dass keine Tarifverhandlung seitens der Gewerkschaften ohne die ökologisch groteske Aussage auskommt, mehr Verdienst steigere den Konsum und kurbele so die Wirtschaft an. Es soll mit diesem Hinweis nicht die turbokapitalistische Ausbeutung und Profitmaximierung relativiert oder gar verharmlost werden. Aber es ist notwendig, dass wir auch die systemtragende Begehrlichkeit, die von ihrem Wesen her unersättlich ist, im Ruf nach sozialer und nach Verteilungsgerechtigkeit durchscheinen sehen.

nach dem Bild, das alles unersättliche Begehren zeichnet. Es ist eine Fassadenwelt, hinter deren Schein kahl, trostlos und gespenstisch das Nichts liegt.

Im Massenkonsum hat die Gesellschaft einerseits einen Weg gefunden, die persönliche Begehrens- und Neidspirale bedingt zu entschärfen. Der Kreislauf der permanenten Produkterneuerung hält das Begehren jedoch im selben Atemzug auf einem kontinuierlich hohen Niveau. Den Neid und das Begehren stillen und beide immer wieder neu entfachen, werden eins. Moralische Gesetze und Appelle, die sich einer Erblindung der Vernunft entgegenstellen, erscheinen nur noch als Gängelei und Unterdrückung. Ökonomische Rationalität führt sich in dieser Todesspirale selbst ad absurdum. Mit den medialen Technologien und massenmedialen Botschaften steht für die Proklamation der Begehrensmaschine heute ein die Erde umspannendes Netzwerk zur Verfügung.

Das ich-hafte Begehren ist seiner Natur nach ein Zwitter. Auf ein Immer-Mehr ausgerichtet, will es doch auch Behalten, nicht aufgeben müssen. Es sehnt sich nach Sicherheit, strebt nach Ewigkeit im Vergänglichen. Und so geht die Furcht vor Verlust immer mit ihm einher. Der Drang nach Dauer und Beständigkeit, der Haben und Identität aneinander schweißt, lässt das Individuum erstarren, innerlich und äußerlich. Denn er widersetzt sich dem ursprünglichen und an sich unendlichen Lebensdrang, der doch nichts weiter als zum Wesen stürmen will.

Paradoxerweise wurzelt die Jagd nach den verschiedensten Formen des äußerlichen (Materie) und innerlichen (Identität) Besitzes im Freiheitsstreben des Menschen und in seiner Suche nach Unabhängigkeit. Gerade dadurch aber gewinnt die Welt Gewalt über ihn. Er missversteht Freiheit als Sicherheit, sucht, statt dem Zauber des Ungewissen und der Lebensdynamik zu folgen, seine „Freiheit" in fester Orientierung, in festen Koordinaten und im Ding. So sperrt er in seinem zugestellten und zugesperrten Selbstgehäuse den Lebensfluss aus. Dieser zieht an ihm vorbei, während er die Aufmerksamkeit auf seine Routinen seine eingespielten Rituale und auf den Glanz der Materie fokussiert. Der Magnetismus und die Schwerkraft der Welt haben die Durchlässigkeit der Transzendenz auf dem Weg vom Leben zum Tod besiegt. Unermüdlich, bis Leib oder Seele oder beide erkranken, geht der Schritt im Hamsterrad. Und mit jedem Schritt wird der

Einzelne sich selbst immer ähnlicher, gleicht sich immer mehr dem an, was er sich als Orientierungs- und Verhaltensrahmen gezimmert hat. Die Hoffnung, nicht die Kontrolle über die eigene Existenz zu verlieren, endet in Kurzsichtigkeit, Verhärtung und Versteinerung: Selbstmord durch Selbstangleichung. Der biologische Tod als die schlussendliche Kollision mit der Vergänglichkeit konfrontiert dann irgendwann ultimativ mit der Vergeblichkeit aller Absicherung im Korsett des Systems. Seine Schrecken und sein Stachel bestehen darin, dass das, was ich jetzt verliere, nicht mehr ersetzbar, nicht mehr austauschbar, nicht mehr neu zu erwerben ist. Alles, wohin ich in vielen Jahren meine Lebensenergie verströmt habe, hat nun ihren Endpunkt erreicht – nicht als Vollendung, sondern als Abbruch, nicht als Erlösung, sondern als die Vernichtung des so mühsam aufrechterhaltenen Sinns, der bei aller Geschäftigkeit doch nie wirklich von der Gleich-Gültigkeit seiner Zielpunkte ablenken konnte.

Der vergebliche Kampf darum, auf der Ich- und Besitz-Spirale zur Gesamtpersönlichkeit zu finden, stärkt die Emotionsanfälligkeit. Die Emotion ersetzt selbstreflexive Annäherungen an Tun und Streben. Ihre Impulsivität widersetzt sich einer integralen Vernunft und fordert zugleich immer neue Nahrung und neue Problempunkte, an denen sie sich abarbeiten kann. Aus der Frustration geborene Emotionen agieren schneller als jedes Denken, was es so schwer macht, sie zu kontrollieren und ggf. zu sublimieren. Sie stammen aus der Ego-Struktur und den darauf bezogenen Gewohnheiten und nähren durch Wiederholung wiederum genau diese.[55]

Negativ streifende Emotionen richten sich immer nur auf ein Partielles und begnügen sich mit der Befriedigung im Moment. Ihre Wirkung ist destruktiv, akzeptieren sie doch als Maßstab nur sich selbst und die Launen, in denen sie sich herumtreiben. Als Ursache erkennt der von ihnen Heimgesuchte selten seine eigenen Anteile, vielmehr projiziert er diese auf den anderen und auf die so genannten Verhältnisse. In der Reinigung der Gefühlswelt und der Befreiung von destruktiven Affekten bzw. ihrer konstruktiven Steuerung liegt deshalb der Ausgangspunkt dafür, dass sich kostbare und edle Empfindungen und Eigenschaften, wie Freundschaft, Liebe, Empathie, Güte und Dankbarkeit im Raum eines klaren Denkens

---

[55] Vgl. Tronconi 2009, S. 52 ff.

ausbreiten können. Wo ihnen dies möglich ist, schaffen sie die Voraussetzung für eine Selbstwahrnehmung und Selbstreflexion, die den Verlockungen der Kontroll- und Haben-Mächte widersetzt.

Das ganz auf seine Eigen-Wahrnehmung und seine Ego-Bedürfnisse fixierte Individuum hat sich nicht nur von sich selbst, sondern auch von seiner Um- und Mitwelt getrennt. Von tieferen Gefühlen abgeschnitten, lebt es in der Selbst- und in der Weltentzweiung. Diese Trennung vom Lebensquell und von einer lebensbejahenden Grundenergie hält im Leiden und verursacht fortwährend neues Leiden. Eine Antwort auf die Frage: „Warum das Alles?" aber gibt es nicht mehr, solange der Grund der Trennung und Abspaltung nicht erkannt und vor allem auch empfunden wird.

Hier nun gilt es den Blick auf die Trägheit zu lenken. Diese Gegenkraft im Menschen widersetzt sich aller Bewegung und lähmt. Acedia nannte man sie in der Sprache der alten Theologie. Dort war sie die siebte der Todsünden.[56] Gemeint ist jene tiefe Traurigkeit eines Menschen, die ihn seinen göttlichen Kern nicht mehr sehen lässt. Die Acedia lähmt jeden Aufbruch, macht den Menschen schwer, geistig unstet, rastlos und handlungsunfähig. Acedia zeigt sich nicht unbedingt im Nicht-Tun. Bürgerlicher Fleiß steht ihr genauso wenig entgegen wie die Unfähigkeit zur Muße. Vielmehr gibt sie sich in der Verweigerung des Spirituellen und des Wachstumsauftrags, zu dem wir fähig sind, zu erkennen. Der Mensch mutet sich das nicht zu, was er sein könnte, erschöpft die Suche im Endlichen und Bedingten. Er will in der satten und bequemen Unmündigkeit bleiben, in der Langweile eines verfehlten Lebens, in der Unwürdigkeit eines billigen Behagens. Nun ist es leicht für andere Menschen, aber auch für negative Kräfte und Energien, sich als Vormund aufzuspielen und sich dieses Menschen zu bemächtigen. In der Acedia wollen wir nicht wir selbst sein. Josef Pieper (1904–1997) bezeichnet sie als den „freudlosen und verdrießlichen borniert selbstsüchtigen Verzicht des Menschen auf den verpflichtenden Adel der Gotteskindschaft."[57]

Die Acedia bedroht die ethische Existenz des Menschen. Die Unstetheit, die aus ihr folgt, die Gleichgültigkeit, der Kleinmut und nicht zuletzt die

---

[56] Vgl. Eurich 2010, S. 25 f.
[57] Pieper 1935, S. 59

blinde Hochmütigkeit können letztlich in die Verzweiflung und den Würde- und Selbstbestimmungsverlust des Menschen führen. Ihr depressives Endstadium vermögen dann selbst die perfektionierten Ablenkungs- und Fluchttechniken der Gegenwart kaum noch zu überspielen oder gar zu verdecken. Denn was bleibt, wenn der Mensch seine wahre Sehnsucht, die nach dem Absoluten verloren hat oder sie konsequent verneint? Was bleibt, wenn mit der Sehnsucht sich die Hoffnung aufgelöst hat? Die in der Acedia zum Ausbruch kommende Anfechtung ist das wohl gefährlichste Einfallstor der Selbstentmündigung und auch der Bosheit.[58] Man kann sie kaum benennen und oft gar nicht erkennen. Hinter den überraschendsten Masken vermag sie sich zu verbergen und wirkt in der mitmenschlichen Wahrnehmung bieder, spießig und harmlos. Als kulturelles Phänomen bereitet die Trägheit des Herzens, das die Kraft der Liebe verloren hat, Volksverführern und Potentaten den Weg. Hinwegschauen bestimmt dann die Wahrnehmung, Verharmlosen die Argumentationsweise, Umwertung der Werte die Ethik.

In den Jahrzehnten seit dem Zweiten Weltkrieg wurden die Produktivkraft und die Effizienz von Maschinen, die Zerstörungskraft und Präzision von Waffen, die Vermehrung und Verbreitung von Information, die Vernichtung von Boden und Natur, die Ausrottung von Arten genauso exorbitant gesteigert wie die Gifte der Verdrängung, des Vergessens, der Dummheit und Trägheit in die Gesellschaften eingedrungen sind. Gewiss, auch die Medizin hat großartige Fortschritte gemacht, und doch breiten sich vor allem seelische Erkrankungen wie ein Flächenbrand aus. Gewiss, das Wissen hat in unglaublichem Maße zugenommen, doch es erstickt den Klang der Weisheit. Es stieße wohl auf wenig Widerspruch, würden wir all das als den Normalfall bezeichnen, so wie das Leben nun mal ist in der fortgeschrittenen Zivilisation. Doch sehen wir in dieser Entwicklung wirklich noch die Normalität am Werk, was verstehen wir dann unter Irrsinn und Behinderung? Liegt hier noch das Bild gesunden Wachstums zugrunde, was meinen dann Fäulnis und Krebs?

Die strukturelle Behinderung der kulturellen Formationen, die den Erdball beherrschen, ist vergleichbar offensichtlich wie die Verworfenheit des

---

[58] Vgl. Eurich 2010, S. 76 f.

Einzelnen, dem nicht nur der Sinn entglitten ist, sondern der auch noch sehen muss, wie er alleine mit seinem Leid und seiner Unfähigkeit zum Handeln klarkommen muss. Doch die Empörung über den ganzen Schwindel und die haltlosen Heilsversprechen einer Placebopolitik wird sich genauso wenig auf Dauer unterdrücken lassen wie die Einsicht in all jene Selbsttäuschungen, die den Humus für das herrschende Bewusstsein bieten. Mehr und mehr wird nicht nur erkennbar, sondern fühlbar, dass das bei mir wahrgenommene Defizit nur der Ausdruck eines allgemeinen, die Menschheit auf ihrer gegenwärtigen Entwicklungsstufe verbindenden Mangels ist. Das hebt dann auch das persönliche Aufbegehren in eine kollektive Bedeutung, stellt den oft sich so einsam fühlenden Kämpfenden in die Gemeinschaft seiner Gattung. Bewusst oder unbewusst steht der sich auflehnende Mensch in Kommunikation mit der Menschheit insgesamt. Er kann dabei nicht anders, als sich in der Schwebe zu halten zwischen Sinn und Nichtigkeit. Aus der Versklavung heraus wird seine Existenz zu einer offenen Frage. Die nun im Raume stehende Herausforderung weicht nicht mehr aus, sie flieht nicht durch den Versuch der Integration dessen, das nur auf Kosten unserer Würde und der Entwertung höchster Werte integriert werden kann. Albert Camus:

„Die Geschichte ist zweifellos eine der Grenzen des Menschen ... Aber der Mensch setzt in seiner Revolte seinerseits der Geschichte eine Grenze. An dieser Grenze steigt das Versprechen eines Werts auf."[59]

Im Widerstehen und der Neuaufrichtung stellt sich der erwachende Mensch gegen das Lebens- und Entwicklungsfeindliche. Und er tut dies ungerührt von der Wahrscheinlichkeit, dass er nach den Gesetzen dieser Welt eigentlich nur verlieren kann. Er widersteht damit nicht nur den als absurd empfundenen Zügen des Seins, sondern er setzt auch jenem Dogma, das vorgibt, so zu handeln, als wenn es kein Morgen gäbe, das Trotzdem als Wegbereitung für die nach ihm Kommenden gegenüber. So mag er als Einzelner letztlich immer wieder scheitern, doch sein Impuls bleibt unwiderlegbar.

---

[59] Camus 2001/1953, S. 281

3 Wandlung des Bewusstseins — Auf dem Weg zum integralen Menschen

Der Punkt, an dem unsere Gattung auf ihrem viele Jahrtausende währenden Weg nun steht, liegt am Ende einer Sackgasse. Zurück können wir nicht, das sieht das Gesetz der Zeit, der Entwicklung und des Werdens nicht vor. Also hindurch. Doch an der Seite sind die Mauern zu hoch und vor uns zu massiv. Zudem ahnen wir, dass jenseits dieser Mauern der Abgrund lauert. Was bleibt dann an Optionen? Wie kann sich die nächste Menschheitsmutation, so wir uns in ihre Entwicklung mit aller Entschiedenheit hineinbegeben, ausbreiten? Wie kann sie in den Prozess des Lebens treten und neue Wirklichkeiten schaffen? Wie können wir vom toten und dunklen Ende der Sackgasse in das Land gelangen, in dem wir Licht atmen und all das in Entfaltung bringen, was doch von unserem Ursprung, also seit jeher als Anlage und Potentialität in uns ruht?

Wir müssen wohl fliegen lernen und bei aller Einsicht und allem Bemühen auf ein Wunder hoffen. Wunder allerdings sind sicher, wenn der Mensch sie anstößt und dem Weg vertraut, und wenn er vor allem seine Wahrnehmung so schult, dass er das Wunder überhaupt erkennt.

In den großen spirituellen Lehren und Weisheitsschulen dieser Erde ist alles Wissen, das wir benötigen und alles Wohin des Weges bereits geborgen, wenn auch oft für unsere Tiefeneinsicht noch verborgen. Dass diese Erkenntnisse und dieses Wissen allerdings nun neue Früchte tragen, nämlich jene, welche die Medizin für unsere Heilung enthalten, setzt voraus, sie neu zu gebären, neu zu erkennen, neu auf das Gegenwärtige zu übertragen.

Überzeitliche Wahrheit und überzeitlicher Sinn können nicht verloren gehen und müssen doch immer wieder neu erschaffen werden. Da wir kontinuierlich Sinn produzieren, dürfte diese Herausforderung an sich zu meistern sein, vorausgesetzt, die versklavende Macht einmal gewonnener und verbissen verteidigter Einsichten und bequemer Weltdeutungen wird gebrochen. Für diese Sinngenese und die aus ihr erwachsende Weltgestaltung sind wir alleine verantwortlich: Jeder für sich und zugleich für das Ganze; die Menschheitsfamilie für sich und ihr Überleben und zugleich für das Leben an sich. Niemand kann diesen Sinn diktieren, sein gefördertes Erwachen bedarf der Freiheit. In Freiheit erkenne ich mein wahres Wesen und wie es mit allen wesenhaften Fragen des Daseins verbunden ist. Nur was bei aller drängenden Not der Weltzeitstunde als Kind der Freiheit neu geboren wird, kann den Versuchungen und den Ohnmachtsempfindungen widerstehen und kann das Scheitern, das immer am Wegesrand wartet, möglicherweise vermeiden.

Unstillbare Sehnsucht

> „Aus unendlichen Sehnsüchten steigen
> endliche Taten wie schwache Fontänen,
> die sich zeitig und zitternd neigen.
> Aber, die sich uns sonst verschweigen,
> unsere fröhlichen Kräfte – zeigen
> sich in diesen tanzenden Tränen."
>
> Rainer Maria Rilke

Die Führerin auf der Suche des Menschen nach seinem tiefen und wahren Wesen trägt den Namen Sehnsucht.

In der Sehnsucht lebt der Mensch in seiner stärksten Kraft und seinem wohl authentischsten Zustand. Schon die antiken hellenistischen Denker lehrten, dass das Streben nach Erfüllung, die ewige Suche nach der Einheit im tiefsten Grunde, die Triebkraft des Seins schlechthin sei. Diese Triebkraft ist im letzten unstillbar. Als ontologischer Hunger kann sie sich nie mit dem Gegebenen und Vorgefundenen zufrieden geben. Ihr Streben zielt auf das Mehr, das Darüberhinaus. Menschen aber wären nicht Menschen, würde sich nicht ihr Unendlichkeitsdrang, die sich streckende Bewegung hin zum Unbedingten, immer auch Identifikationsziele schon im Bedingten suchen. Und so hat die Triebkraft der Sehnsucht Stufungen. Sie reicht von der Gottergriffenheit und einem sich ins Paradies, nach Hause Sehnen über die bedingungslose Identifikation mit einem Ideal oder dem sich vollständig Verlieren an eine geliebte Person bis hin zur Ausbeutung der Sehnsuchtskräfte durch die Illusionen der materiellen Welt.

Noch nahe an der Absolutheitssehnsucht liegt die Liebe in ihren zahllosen Äußerungsformen. Schnell erlangt sie selbst absoluten Charakter, wenn der Mensch in dem geliebten Du und durch dieses Du hindurch den Atem des Göttlichen spürt, Täuschungen und Projektionen inbegriffen. Mit dem Scheitern oder dem Verlust auf dieser Ebene verbindet sich dann zumeist auch mehr als der bloße Verstand fassen und verarbeiten kann. Die Verwundung, die der Mensch hier erleidet, kann zeitlebens bluten. Sie korrespondiert mit dem Leiden, das in jeder heiligen Sehnsucht steckt und wartet, wenn die Seele immer wieder spüren muss, dass sie selbst in den vom Verstand gezimmerten Grenzen ein Hindernis auf dem Weg hin zur Vereinigung darstellt und die Sehnsucht gerade dadurch sich noch verstärkt.

Den Gesetzen der Warengesellschaft folgend, missbrauchen dagegen die dinglichen Götzen den edlen Sehnsuchtsdrang schamlos. Mit greifbaren Dingen soll sich der Gejagte und Jagende zufrieden geben. Wo kein Sinn mehr erkannt wird und die großen Ideale an der Ohnmacht zerbrechen, versprechen Produkte Erlösung. Automobile stehen für Freiheit, Mode und Kosmetika für Schönheit, Pharmaprodukte offerieren Gesundheit, Körperpflegemittel erfüllte Partnerbeziehungen, ja Liebe. Waren suggerieren die Verfügungsmacht über Raum und Zeit, über Natur und Kreatur, Affekte und Gefühl. Kontinuierliche Neuerungen und Erneuerungskäufe sichern den „Ewigkeits"-Charakter dessen, was die Ware an Sehnsuchtswert verspricht. Es ist den Sehnsuchtsprodukten eigen, dass sie die Nachfrage nach sich selber fördern. Sie locken immer neue Wünsche hervor, offerieren ständig neue Möglichkeiten, und der in Produkten seine Identität Suchende läuft so immer weiter von sich und dem, was ihn trägt, davon.

In dieser verdinglichten, sekundären Sehnsucht, bewahrheitet sich, dass prinzipiell alle Ursprünge der Verfremdung unterliegen können, wenn vor das Eigentliche sich das Anscheinende schiebt, die Erscheinung vorgibt, das Wesen zu sein und vor dem Licht das Irrlicht blendet. Die sekundäre Sehnsucht beherrscht unsere Zeit. Sie saugt die unerschöpflichen Kräfte des menschlichen Sehnsuchtspotentials auf, lenkt sie in Ströme der Ablenkung, des Vergessens und der Hoffnungslosigkeit. Gleichwohl wird auch sie getrieben von dem Durst nach Andersartigkeit, nach dem Ungewöhnlichen und Neuen, und entsprechend kennt sie kein Maß. Doch ihr Durst erschöpft sich in dem, was der Mensch sich selbst bereitzustellen vermag bzw. was Dealer mit der Droge Sehnsucht ihm allenthalben anzubieten bemüht sind. Die sekundäre Sehnsucht täuscht wie eine Fata Morgana an den Quellen vorbei.

Sehnsucht hält in Bewegung. Sie zieht und treibt je nach Bewusstseinsstand auf die unterschiedlichsten Bühnen des Lebens, führt von freudig wahrgenommenem hellem Licht ins undurchdringliche Dunkel. Sie wirkt als roter Faden in der Existenz, als Leuchtturm für den sich orientierenden Seemann, als Nordstern für den, der der Verlorenheit entrinnen will. In der Sehnsucht zu leben heißt, selbst im Schmerz des Noch-Nicht getragen und auf eine sonderbare Weise verzaubert zu sein. Da immer, auch in der Verformungsweise eines profanen Wunsches, ein Absolutheits- und Erlösungsdrang in ihr wohnt, existiert sie, Vergangenheit, Gegenwart und Zukunft transzendierend, als besondere Zeitform. Unablässig entwirft sie eigene Wirklichkeitsräume und entsprechende Wahrnehmungsweisen. Sie zieht ihre Energie aus der Erkenntnisdifferenz zwischen dem Erahnten/Erhofften und dem Erreichten. Sehnsucht ist konsequente Realitätskritik, und sie schlägt Freiheitsnischen in jede blockierende oder versklavende Wirklichkeit. Dieser Freiheitsimpuls, auch wenn er manipulativ zu missbrauchen ist, quillt doch als Eigensinn immer wieder nach. Er lässt sich nicht dauerhaft unterdrücken.

Der Freiheitssog, in den die Sehnsucht führt und in dem sie hält, führt an die Grenze von Ichheit und Subjektivität und deren Wahrnehmung. Sehnsucht will zum Überschreiten führen. Darin liegt sie nahe am Traum, dieser wohl ursprünglichsten Freiheitsbewegung des Menschen. Wie in der Sehnsucht enthüllt der Traum, gerade auch in seinen bedrängendsten und bedrohendsten Äußerungsformen die Fesseln der Freiheit, in Verbindung mit dem Antrieb sie zu sprengen. Der Traum stellt das Wesen des Menschen ins Licht, nämlich Gehaltener und Gezogener zu sein, ein Kind der Freiheit und der Vater der Beharrung und der Bindung. In diesem Beziehungsdrama bewegt sich der Traum auf die Seite des Kindes, bricht er mit aus Konventionen geborenen Kontinuitäten. Auch aus dem Traum ersteigen eigene Wirklichkeitsräume und Zeitdimensionen wie in der Sehnsucht, und es gehört zu den größten und verhängnisvollsten Irrtümern der Geistesgeschichte, diesem Sosein das Wirklichsein, das Realitätsein abzusprechen. Letztlich entspringen doch aus dieser nicht entfremdeten Wirklichkeitsform, aus dieser sich uns immer wieder und immer wieder anders öffnenden Heimat die Quellen und der Farbenreichtum unserer Vorstellungskräfte. Im Tagtraum bewegen sich diese Kräfte in die Zielhorizonte des Alltags, nehmen sie die Gestalt des uns lebensweltlich Vertrauten an. Der Tagtraum führt auf den Weg des Wollens. In ihm verbinden sich Traum und Sehnsucht, ohne vollends eins zu werden. Der Tagtraum steht durch seinen lebensweltlichen Bezug auch der Tragik entgegen, die im tiefen Traum und in der reinen Sehnsucht immer präsent sind, nämlich an der gedeckten Tafel zu verhungern, weil ich das, was greifbar vor mir liegt, einfach nicht mehr sehe.

Das Leben in der Sehnsucht zeichnet den Menschen als Menschen aus. Durch sie wird er zu dem, was er ist – und vor allem zu dem, was er noch werden kann. Das Leben in der Sehnsucht schenkt die Identität wachsen zu können. Ohne diese Erfahrung wartet nur die Erstarrung zum Ding unter Dingen und die Verstrickung in sinnlose bzw. selbstgenügsame Aktivitäten. Auf dem Erfahrungsweg der Sehnsucht drängt der Mensch über sich und seine Sesshaftigkeit hinaus. Das Verbleiben bei sich selbst, so, wie er es für sich erfuhr und kennenlernte, immer in Abgrenzung vom anderen Leben, erweist sich als entwicklungsphasenbezogen zwar verständlich, gleichwohl defizitär. Die wahre Menschheitsfülle und -tiefe wird nun sichtbar als Hingabe an das Größere und Höhere, als die dauerhafte Suche nach dem, was über die Grenzen des Ich hinaus in den Heimatraum des Ewigen und Unsterblichen führt. War da nicht ein Urerlebnis hinter allen Erlebnissen? War da nicht, bevor wir Zweiheit wurden als Frau und Mann und Vielheit im Kosmos der Schöpfung, einmal Einheit? War da nicht, so wie im Leib der Mutter einstens eine „Paradies"-Erfahrung im Garten der Fülle, die nach Suche und Wiedervereinigung ruft?

Wir spüren diese Ursprungserfahrung. Und auch, wenn sie in einem für den rationalen Geist verhüllten Raum liegt, verborgen und noch unentdeckt – durch die Augen der Seele gelangen wir zu der Gewissheit, keiner Täuschung zu unterliegen. Dieses Geheimnisvolle zieht uns unwiderstehlich an, aus ihm strömt der Zauber einer noch unbestimmten Verheißung, der offen gehaltenen größten Möglichkeit. Heute ist sie natürlich mehr als das ursprüngliche Eingekerkertsein in einem umzäunten Garten der Unmündigkeit, von dem der Paradies-Mythos spricht.

An dieser Stelle nun wird eines der Mysterien der Sehnsucht offenbar. Es liegt in der Offenheit im Raum des Unerfüllten, im Griff nach dem Schlüssel des Rätsels, das doch nie ganz enträtselt sein will. Es lebt in der Spannung zwischen dem Schon-Jetzt und dem Noch-Nicht, und die Spannung selbst macht den Zauber aus, der stille halten lässt im Verzaubertsein. Der Drang nach dem Fernen versetzt die Frage nach der Erreichbarkeit in den Hintergrund. Als zu entsagungsreich wurden die schmerzhaft erfahrenen Grenzlinien des Lebens wahrgenommen, als dass der Ruf nach Unterwegs-Sein und Wandlung dadurch wesentlich und dauerhaft beeinflusst werden könnte, kurzfristige Ernüchterungen inbegriffen. Dem aus Grenzerfahrungen entspringenden Zauber verdankt sich auch, von Grenzüberschreitungen abgehalten zu werden, die nicht in die Nähe des großen Geheimnisses, sondern die des Abgrundes führen – den der Verabsolutierung und Vergöttlichung des Ichs.

Der Sehnsuchtsweg als Balanceakt zwischen dem Schon-Jetzt und dem Noch-Nicht macht angreifbar und verwundbar, zumal in einer Gesellschaft, deren Blicke von anderem angezogen werden als dem verhüllten Absoluten. Dieser Weg schenkt jedoch gegenüber den unzähligen, sich in der Beliebig- und Austauschbarkeit verlierenden Regungen der Welt auch Klarheit und Stärke. Er schärft den Blick für das Wesentliche und widersetzt sich damit der Macht der Verhältnisse. Einfachheit liegt auf dieser Strecke. Vergleiche werden nebensächlich. Größer und Kleiner stellen keine herausragenden Kategorien dar. Erfolg und Misserfolg sind ein Windhauch. Der gewaltsam umgekommene frühere UNO-Generalsekretär Dag Hammarskjöld (1905–1961) schrieb im August 1959 in sein Tagebuch:

„Einfachheit heißt, die Wirklichkeit nicht in Beziehung auf uns zu erleben, sondern in ihrer heiligen Unabhängigkeit. Einfachheit heißt sehen, urteilen und handeln von dem Punkt her, in welchem wir in uns selber ruhen. Wie vieles fällt da weg! Und wie fällt alles andere in die rechte Lage! Im Zentrum unseres Wesens ruhend, begegnen wir einer Welt, in der alles auf gleiche Art in sich ruht. Dadurch wird der Baum zu einem Mysterium, die Wolke zu einer Offenbarung und der Mensch zu einem Kosmos, dessen Reichtum wir nur in Bruchteilen erfassen."[60]

---

[60] Hammarskjöld 1965, S. 93 f.

Solche Einfachheit birgt in sich grenzenlose Fülle. Einfachheit im Sehnsuchtsdrang schafft dem Wesentlichen Luft und befreit hinein in den Raum des Unbedingten und Absoluten. Und sie wirkt als Gegengift gegen die selbstzerstörerischen Irrwege der Sehnsucht, die in Todessehnsucht enden.

Die Sehnsucht bleibt – auch in Epochen wie der gegenwärtigen, wo im Zuge gesellschaftlicher, ökonomischer, kultureller und technologischer Beschleunigungen Orte beginnen, sich als Identifikationsstätten aufzulösen; wo Raum sich verliert durch Raumgewinn; wo Zeit als Zeit-Raum der Geborgenheit digitalisiert wird in ein Stakkato immer kürzerer Phasen. Hier wird die Sehnsucht zum vertrauten Lebensraum, erweist sie sich als Befreiung in einer Welt, die aus den Fugen geriet und zugleich an ihrer Biederkeit erstickt. Sie ermöglicht ein unverhaftetes Dasein im Kraftstrom der Zuwendung aus dem Unendlichen. In ihr bricht sich die ahnende Gewissheit kraftvoll Bahn, dass auch das Niederste das Höchste in sich eint. Jetzt betritt der suchende und wachsende Mensch den unentfremdeten Heimatraum, in dem das unfassbare Du als Gegenüber in jeder, auch der extremsten Lebenssituation wartet.

„Was du suchst, ist das, was sucht."
(Franz von Assisi)

Woher kommt des Menschen Sehnsucht, und wo zielt sie hin? Was zündete das Feuer an, das nie verlöschen will, weil seine Energiereserven unerschöpflich scheinen?

Wir können Sehnsucht als reine Gnade verstehen, die von dort kommt, wohin sie uns führen will. Als Sehnsucht nach dem Absoluten, nach dem, was im Vergänglichen und in der Bedeutungslosigkeit nie Genüge finden kann, danach also, etwas als notwendig Erkanntes schmerzhaft zu entbehren, ist sie dem Menschen zusammen mit seinem überzeitlichen und grenzenlosen Geist ins Wesen gelegt. Sie lässt sich auch als Sehnsucht nach dem Ursprung begreifen, der über allem empirischem Sein und aller zeitlichen Vorstellung hinaus liegt und der doch aus einer, wenn auch unfasslichen Erinnerung stammt.[61] Dieses Verlangen ist die in uns beheimatete Lebens-

---

[61] Vgl. hierzu auch Karl Jaspers 1948/1963, S. 19 ff.

kraft, sind wir doch bei aller uns prägenden Zeitlichkeit Geschöpfe dieses Absoluten. Dass wir als bewusster Geist geschaffen sind, der sich auf das ausrichtet, was ihn transzendiert, lässt erahnen, dass es neben der Sehnsucht des Menschen nach dem Absoluten, nach Gott, noch eine andere gibt, die wohl am Anfang stand: die Sehnsucht des Göttlichen nach dem Menschen, oder wie Augustinus es in seinen Bekenntnissen formuliert: Der Mensch sei die Sehnsucht Gottes, zu ihm hin geschaffen.[62] In dieser Deutung klingt das wie der Ruf nach Hause zu kommen, die Länder, die dazwischen liegen, erkennend durchschreitend. Doch Menschen zögern leicht, lassen sich verunsichern, geben Bequemlichkeiten nach und richten sich dann schnell auf halber Wegstrecke im Vorläufigen und Bedingten selbstzufrieden, wenn auch im Letzten unerfüllt, ein. So geht es wohl nicht anders mit uns, als dass aus dem göttlichen Raum Selbstmitteilungen die Sehnsucht wach und das Suchen am Leben halten.

Im Sehnsuchtstrieb des Menschen bewegen sich beide Sehnsüchte, die des Göttlichen nach dem Menschen und die des Menschen nach dem Absoluten aufeinander zu. Sie ziehen sich gegenseitig an, stehen in einer energetisch geladenen Resonanzbeziehung. Die unendliche Ferne wird so zur spürbaren Nähe, paradox und wunderbar geheimnishaft zugleich. Doch diese doppelte Sehnsucht als Sehnsucht des Lebens nach sich selbst und seinem Ursprung wäre nicht lebensfähig, könnte sie sich nicht selbst reflektieren, sich nicht selbst als Geist und durch den Geist erkennen. Dass Gott Geist sei, steht schon im Evangelium des Johannes.[63] Geist bewirkt den Sehnsuchtsimpuls als reflektierte Suchbewegung. Er konfrontiert aber auch mit der unweigerlichen Spannung zwischen dem Schon-Jetzt und dem Noch-Nicht. Er spiegelt uns die Differenz zwischen dem ergriffenen Zipfel des Ewigen und dem Verbleiben in dieser Welt als Erdenbürger. In der Sehnsucht als Resonanz manifestiert sich der Wille, dem Göttlichen und damit dem ganzen Kosmos eine Antwort zu geben und sich wechselseitig selbst darin zu erkennen. Ermöglicht wird dies durch den bewussten und sich auf den Ruf des Absoluten ausrichtenden Geist sowie durch die Seele, die als unendliches Feld auf Resonanz hin angelegt ist.

---

[62] Vgl. Augustinus 1950, S. 31
[63] Vgl. Johannes 4,24

Der Ruf, der meine Sehnsucht weckt, und die Antwort, die ich durch meine gelebte Sehnsucht gebe, stellen mich ins Verhältnis und in Beziehung. Sie mindern mich in meinen narzisstischen und selbstbezogenen Regungen. Sie lassen mich hin auf das Absolute, als dessen Teil ich mich verstehen lerne, wachsen. Sie zeigen mir jederzeit, dass dieses Wachsen zwar einem Verlangen entspringt, zugleich aber auch ins Ankommen führt. In der Sehnsucht nach dem Göttlichen lebend, spüre ich seine Existenz und seine Präsenz. Wäre es nicht, trüge ich nicht das Verlangen in mir. So hat diese Sehnsucht also kein festes Ziel, sondern sie ist das Ziel als vitaler Lebensimpuls und sich ausrichtende Energie selbst. Deshalb auch kennt sie kein Maß, kann sie durch keine Anstrengung ganz befriedigt werden. Deshalb sind Grenzen ihr nicht vorstellbar und nicht auferlegbar. Das Verlangen nach dem ganz Anderen, nach der blauen Blume hinter allen Horizonten, nach dem göttlichen Lichtstrahl aus der Tiefe des Universums verlischt nicht wie ein Bedürfnis im Moment seiner Befriedigung. Der Sehnsüchtige behält immer Durst, so wie es bei Jesaja heißt:

„Meine Seele sehnt sich nach dir in der Nacht, auch mein Geist ist voll Sehnsucht nach dir."[64]

Der Weg der Sehnsucht erfordert Mut, und er widerstrebt jeder irdischen Vernunft. Es erfordert Mut und Ausdauer, die Sehnsucht und die durch sie ausgelösten Verwundungen und Infragestellungen des Selbst zu ertragen und sich nicht ausschließlich mit den Glücksgefühlen, die viele Momente bereitzuhalten in der Lage sind, zu bescheiden. Sehnsucht und erkennendes Wachsen benötigen einander wie das Ich das Du. Beide verbindet, dass sie aufeinander verwiesen sind in einem Prozess der kontinuierlichen Veränderung und der gegenseitigen Ermöglichung – so, wie das für jede Beziehung und Partnerschaft gilt, die diesen Namen verdient.

Der Weg der Sehnsucht erfordert Mut und Vertrauen, weil die Wegstrecke immer wieder auch durch die Dunkelheit der Nacht und des Nichterkennens führt, vorbei an Bedrohungen und auch Zerstörungen. Das Vertrauen benötigt der Gehende, um in der Gewissheit zu bleiben, dass die Nacht zugleich der Schoß des Numinosen ist. Er darf, vom sonnenüberfluteten Hügel her kommend, den dunklen Wald nicht meiden. Den Ursprung, die

---

[64] Jesaja 26,9

Quelle und die Tiefe des Lichts zu spüren und zu erkennen braucht den Gang durch die Ganzheit der Existenz, selbst wenn die Schritte in das Dunkle etwas zu zerstören scheinen, das noch keine wirkliche Chance hatte, in die Verwirklichung zu treten. Vielleicht benötigte es ja gerade jetzt diesen Licht- und Erfahrungswechsel, um aus einer bloßen Möglichkeit zur Wahrscheinlichkeit zu wachsen. Im Prozess dieses Wandels bleibt die Sehnsucht die rufende und führende Stimme. Sie verstummt nicht.

In der Sehnsucht bricht der Mensch mit dem Zustand, von seiner wahren Tiefe und der kosmischen Verbundenheit tragisch entfremdet zu sein. Er drängt aus der Gottesfinsternis und gibt dem ewig Utopischen in sich Raum. Er erschließt seine ergiebigste Quelle, die Unendlichkeitsdynamik. Getragen von dem Speer, den er selbst über sich hinaus geworfen hat, sprengt er die gleichfalls durch ihn selbst verantwortete Enge seiner an sich grenzenlosen Seele und verschafft sich dadurch den Zugang zum Himmel. Er entweicht nicht dem Scheitern, dem Leiden und der Verzweiflung und verdrängt diese nicht, aber er lässt sich durch sie auf dem Flug zu seinem wahren und großen Selbst auch nicht mehr lähmen.

Die Sehnsucht lebt in uns als vitaler Lebensdrang. Sie wirkt zugleich aber auch als reines Licht des Erkennens hinsichtlich des Impulses, als ganzer Mensch zu seinen verborgenen Dimensionen und seiner schönsten Verwirklichung zu finden. So finster kann es niemals in uns sein, dass diese Energie sich nicht doch jederzeit Bahn brechen und zu neuen Möglichkeiten führen könnte – und zwar für den Einzelnen und die Gemeinschaft, für Person und die Gattung schlechthin.

Synthese des Gespaltenen

Indem, was uns die Sehnsucht lehrt und wohin sie uns zieht, geben sich auch die Stationen auf dem Weg zum integralen Menschen zu erkennen: Vom Ich kommend, nähert sich der wachsende Mensch dem Wir und schreitet fort in die Richtung einer als universal erlebten Einheit. Integral, das meint die Transformation der in uns lebenden Teilpersönlichkeiten und des gespaltenen Bewusstseins und die folgende Synthese all unserer

Schichten und Dimensionen.[65] Auf der integralen Stufenleiter lösen sich die Schritte von dem, was in Trennung hielt, und sie bewegen sich über das Sein als Brücke hin zum Vereinen. Es geht demnach um keinen Akt der Selbstaufgabe, sondern um ein Wirken in der Welt, in dem das Selbst seinem entgrenzten Wesen und dem Ganzen dient. Es vermag dies allerdings erst, wenn es sich von der Vorstellung, ein getrenntes Ich zu haben und sich damit zu identifizieren, gelöst hat und zugleich erkennt, dass alle Ansprüche bei aller Gemeinschaftsorientierung doch immer nur personal verwirklicht werden können. In der gelebten Beziehung des einzelnen zum Du des Mitmenschen, zum Du der Mitlebewesen, zum Du des Selbst und zum göttlichen Du überwinden wir das Fremdsein gegenüber dem so genannten Anderen. Der Dienst am Leben tritt ins Sein. Ihm eingegeben ist der Respekt gegenüber den unterschiedlichen Entwicklungsniveaus, auf denen sich die Menschheit insgesamt und jeder einzelne Mensch befinden. An dieser Stelle liegt ein Ausdruck höchster Kultur in der Fähigkeit, zum einen diese Differenzen zu sehen, zu verstehen und zu achten und zum anderen doch an dem Prozess ihrer Förderung und Höherentwicklung mitzuwirken. Tragende ethische Säulen sind dabei die Ehrfurcht vor allem Leben, der daraus resultierende Geist des Nichtverletzens, die Liebe und die Klarheit. In der Ausrichtung am Du in seinen unterschiedlichen Seinsformen, das Göttliche inbegriffen, berührt und vereinigt der integrale Weg Dimensionen des Sozialen, des Ökologischen, des Psychischen und des Religiösen. Er führt in das Land einer Geschwisterlichkeit, in dem alles Heimat finden kann. Hier erkennen wir uns als organischen Teil eines in sich identischen Universums, als Teil einer Realität, die immer größer ist als unsere Vorstellung und die in einem infiniten Prozess der Entwicklung eingebettet ist. Vor allem lernen wir in diesem Land, dass wir niemals alleine sind.[66] Das Erkennen unserer kosmischen Teilhaftigkeit ist von seinem Wesen her ein Wiedererkennen, die Erinnerung an unsere überzeitliche Wesenheit seit je. Im neuen Gewand und in einem dem Universum angemessenen Geist kehren wir zu uns selbst zurück.

Freiheit geht auf jener Reise nicht verloren, doch sie entdeckt sich neu. Sie löst sich von der Versklavung an die Bedürfnisse des Ich, hin zur Entfal-

---

[65] Vgl. Gebser 1978, S. 76; vgl. auch Wilber 2007, S. 52 f.
[66] Vgl. Laszlo 2002, S. 116

tung im Spiel des universalen Reigens. Die Position, die wir in diesem Spiel ausfüllen, muss sich dabei immer wieder neu finden, denn unsere Fähigkeiten, unsere Möglichkeiten und vor allem unser Bewusstsein unterliegen genauso kontinuierlicher Wandlung wie das Universum selbst.

Bei der Suche nach unserem Platz und unserer Aufgabe im Universum sollte gleichwohl bei aller Einheitserkenntnis ein letzter Skeptizismus nie aufgegeben werden. Er beginnt an der Stelle, wo es Vorsicht braucht, das Universum immer nur vom Menschen her als zielbestimmt zu denken. Leicht wird dann die Zielbestimmung unserer Gattung zu einer, die auf alles Leben übertragen wird. Albert Schweitzer hat in seiner Lebensethik immer wieder auf das Problem dieses Fehlschlusses hingewiesen. Die Natur „... ist wunderbar schöpferische und zugleich sinnlos zerstörende Kraft. Ratlos stehen wir ihr gegenüber. Sinnvolles in Sinnlosem, Sinnloses in Sinnvollem: Dies ist das Wesen des Universums."[67] Er regte deshalb an, zwischen Weltanschauung, die das Ganze verstehbar macht und Lebensanschauung, die dem Leben Priorität gibt, zu unterscheiden. Die Lebensanschauung sei dabei über die Weltanschauung zu stellen, denn das „in unserem Willen zum Leben gegebene Wollen geht über unser Erkennen der Welt hinaus."[68]

Im integralen Weltbewusstsein als Einklang mit der universalen Einheit bricht der Mensch zu sich selbst als unbegrenzter Möglichkeit auf. In seinem gattungsmäßigen Selbstbezug überwindet er jene Phase des Anthropozentrismus, die ihm zur Macht verhalf und ihn zugleich erblinden und vereinsamen ließ. Nun können er und das Lebensnetz, das ihn trägt und das er doch so verwundete, gesunden.

Im integralen Weltbewusstsein erkennen wir uns in unserer ganzen Unterschiedlichkeit doch als identisch und ungeschieden, erfahren wir die Weseneinheit unseres erkennenden Geistes mit dem Erkannten. Die Spaltung in Subjekt und Objekt kann nun transzendiert bzw. als Akt des Bewusstseins identifiziert werden, den wir immer wieder benötigen, um Unterscheidungen innerhalb der großen Einheit vorzunehmen. Diese Unterscheidungen bleiben trotz aller Einheitserfahrung und Einheitserkenntnis unverzichtbar. Sie stellen sicher, dass die Differenz innerhalb des Ganzen

---

[67] Schweitzer 1923, S. 336
[68] Ebenda, S. 107

nicht als Negatives, sondern im Gegenteil als Motor der Evolution und als Basis der Schönheit gesehen werden kann.

Erst die Differenz führt uns zur Toleranz, die wir benötigen, um anderem Leben, und sei es uns noch so fremd, in Respekt gegenüberzutreten. Es ist jener Respekt, der auch der Vorsicht hinsichtlich der Frage geschuldet ist, was bewusstes Leben meint und wie weit es reicht. Gefahr lauert an dieser Stelle bereits darin, das Bewusstsein am menschlichen Einzelwesen festzumachen und damit auszuschließen, dass es kollektive, gattungsbezogene Felder des Empfindens, der Wahrnehmung und der Reflexion geben kann.[69] Vorsicht sei auch da angeraten, wo die Entwicklungsdynamik des Menschen in eins mit der Entwicklung an sich gesetzt wird und der Rest des Lebens und der Lebensformen sich dem bloßen Kreisen in wiederkehrenden Zyklen zugeordnet sieht. Wenn auch in unterschiedlicher Geschwindigkeit, so besteht doch alles Leben aus Kreislauf *und* Entwicklung, aus zyklischer Wiederkehr *und* Fortschritt. Und niemand kennt die Entwicklungsmöglichkeiten, die auch im Reich der Pflanzen und der Tiere ruhen. Die Anerkennung des Eigenseins in seiner Besonderheit und Einzigartigkeit, auch unter den Menschen, ist somit das Eine; diese Anerkennung auch in anderen Lebensformen, bei gleichzeitiger Ehrfurcht vor den ungewussten Möglichkeiten der Entwicklung, ist das Zweite; das Dritte liegt in der Respektierung der Totalität und des Seinszusammenhangs schlechthin, ohne dabei das Besondere des Eigenseins aufzulösen. Aus diesem Dreischritt vermag im Menschen eine Lebenshaltung erstehen, welche die Andersheit der Mitlebewesen als Voraussetzung zur Entwicklung erkennend und liebend annimmt.[70]

Erst die Differenz weist uns bei uns selbst auf den Integrationsbedarf von Bewusstem und Unbewusstem hin, bzw. sie erinnert uns, die unbewusste Psyche an das Bewusstsein anzudocken.[71] Sie ermutigt sowohl zum Erken-

---

[69] Vgl. hierzu die Bahnbrechenden Arbeiten von Rupert Sheldrake. Angaben im Literaturverzeichnis.
[70] Das Klonen von Tier und Mensch erscheint vor dieser Haltung als wesensfremde Tabuverletzung, als Fehlverständnis des Entwicklungsgedankens.
[71] Roman Lesmeister weist hinsichtlich der fortschreitenden Integration von Bewusstem und Unbewusstem auf ein gravierendes Folgeproblem hin. So erzeuge dieser Prozess „selbst wieder einen Gegenaspekt oder Schatten, der umso größer wird, je weiter die Integration voranschreitet. Die Ganzheit ... wird selbst von ei-

nen der Freiheitspotentiale, aber mahnt auch, die Macht der Gewohnheiten und das Anhaften an der Sinneswelt nicht zu ignorieren. Sie drängt zum Durchschauen unserer Lichthaftigkeit, aber eben auch der Schatten.

Die Begegnung mit den Schatten unseres Wesens erfordert unzweifelhaft Mut, genau wie der Schritt, die eigene Unvollkommenheit anzunehmen. Doch wie soll ich ohne diesen Schritt den Unvollkommenheiten anderer Lebewesen verstehend oder versöhnlich gegenübertreten? Wie gar soll ich sie lieben können wie mich selbst? Der moralische Blick kategorisiert die Schatten schnell als ungut oder böse. Das Auge der Freiheit sieht in ihnen zunächst reine Energie, die so oder so ausgerichtet werden kann und die damit den wesentlichen Beitrag zur Heilung und Überwindung so mancher innerer Grenzen zu leisten vermag. Die Arbeit an den eigenen Schatten ist genau wie die Arbeit an der eigenen Triebstruktur und ihrer Veredlung eine wichtige Basis nicht nur für das Erkennen, sondern auch das Erstarken des integralen Selbst.

In der Synthese des durch den Menschengeist zunächst Gespaltenen und dann Beherrschten bzw. Unterworfenen verstehen wir auf eine neue Weise die Solidarität des Lebens mit sich selbst, von der Max Scheler in beeindruckender Weise als der „Solidarität des Weltprozesses mit dem Werdeschicksal ihres obersten Grundes" sprach.[72] Was ist das für ein gewaltiger Satz! Er verweist auf die unbedingte, Wirklichkeit schaffende Kraft des menschlichen Geistes, der in seiner Reichweite unbegrenzt scheint. Weit reicht er über die Person und weit über das Hirn hinaus, fließt ein in unser Gattungsbewusstsein und verschmilzt mit ihm. Im ganzen Universum hinterlässt er seine Spuren, das All-Eine zu sich selbst führend.[73]

---

ner Dunkelheit kontrastiert, von deren Art und Ausmaß wir uns keine Vorstellung machen." So tue sich „hinter jeder Synthese, auch der vermeintlich letzten, wieder ein Abgrund auf, nämlich der Abgrund eben jener Synthese." (Lesmeister 2009, S. 25) Der Prozess der Integration kann danach kein natürliches Ende finden. Er ist infinit. Immer verbleiben wir in einer letzten Differenz.

[72] Scheler 1954, S. 108
[73] Dieses entgrenzte Bewusstsein bildet auch die Voraussetzung dafür, Leiden und Hilfsbedürftigkeit fern von den uns vertrauten Sozial- und Lebensräumen wahrzunehmen und von der Nächstenliebe endlich auch zur Fernstenliebe zu finden.

Eine vergleichbare Bedeutung wie der Differenz kommt im Prozess der Synthese auch den uns als Menschen gesetzten Grenzen zu. Überall begegnen sie uns: Im Denken, in der Wahrnehmung, im Erkennen, in der raumzeitlichen Bewegung, in der Liebesfähigkeit, im Schmerz, ja selbst im Glauben. Die Grenze stellt eine Einschränkung dar. Demjenigen, der seine kosmische Eingebundenheit nicht versteht und der seinen ihm zugewiesenen Platz in diesem Netzwerk des Seins nicht liebt, dem mag die Grenze eine narzisstische Kränkung sein. Doch wer ihr Wesen erkennt, dem ist sie Segen und Basis der Freiheit. Das hört sich zunächst paradox an. Wo liegt bei dem mich Einschränkenden das Freiheitsmoment?

Die Grenze umschließt den Raum, in dem ich mich bewege, geistig oder körperlich. Sie weist mich damit zunächst auf den Bereich hin, in dem ich mich entfalten, in dem ich zu Diensten sein und in dem ich wirken kann. Daneben bildet sie die Voraussetzung dafür, das wahrzunehmen, zu erahnen oder zu ersehnen, was jenseits von ihr liegt. Sie führt zur Vorstellung von Ganzheit und Komplementarität. Sie setzt damit auch die Kräfte frei, die in das Bewusstsein der Ganzheit führen, aber auch jene, die ständig weiter über das noch Einschränkende im Rahmen der Ganzheit streben wollen. Im Blick über die Mauer entkapselt sie das Potential, das ohne Mangelerfahrung eingeschlossen bliebe.

Erst die Grenze macht die Weite bewusst. Sie schärft die Sinne für das Unbekannte. Sie stellt den Kontakt her zu dem Land jenseits von ihr und bereitet damit die Schritte vor, die mich eines Tages vielleicht in dieses Land tragen können, zumindest aber mit ihm in Berührung halten. Ohne die Grenzen des Raums trügen wir nicht die Sehnsucht nach Unendlichkeit in uns, ohne die Grenzen der Zeit gäbe es keine Vorstellung von Ewigkeit. Das also, was uns so oft nur als ärgerliches Hindernis erscheint, ist zugleich der Motor zu dessen potentieller Überwindung, zu unserem Wachstum und jeglicher Form von Transformation und Transzendenz.

Das Respektieren der Grenzen als Voraussetzung für ihre bewusste Überwindung meint also etwas grundlegend anderes als die selbstverschuldete ohnmächtige Auslieferung an das, was mich behindert und blockiert und in der Folge versklavt.

Der ganze Kosmos ist unser Leib

Der Gedanke einer universalen Wirklichkeit als Einheit in Unterschiedlichkeit tauchte in den großen Weisheitstraditionen der zurückliegenden Jahrtausende immer wieder auf. Exemplarisch sei das apokryphe Thomas-Evangelium genannt, das auch eine schlichte und zugleich grandiose Synthese westlicher und östlicher Spiritualität darstellt.[74] Die Überwindung aller Dualismen und dem menschlichen Geist entspringender Trennungen findet sich dort als durchgehendes Motiv.

„Jesus sprach: Wer das All erkennt und sich selbst verfehlt, verfehlt das Ganze." (Spruch 67)

„Jesus sprach: Ich bin das Licht, das über allem ist. Ich bin das All. Das All ist aus mir hervorgegangen, und das All ist zu mir gelangt. Spaltet das Holz – und ich bin da. Hebt den Stein auf – und ihr werdet mich dort finden." (Spruch 77)

„Jesus sprach: Wenn ihr die Zwei eins macht, werdet ihr Söhne des Menschen werden ..." (Spruch 106)

Dass die ganze Erde, ja der Kosmos uns nicht gegenüber steht, sondern unser Leib ist, zeigt sich hier als tragender Gedanke. Die Grenzen der Haut ermöglichen „nach innen" die Gestaltwerdung der Personalität, „nach außen" bilden sie die Membrane, die uns in Resonanz mit unserem Feld des universalen Selbst hält. So wie der menschliche Geist weit über sein Gehirn hinausgeht, sich gleichsam selbst transzendiert, können wir dies auch von unserem Körper als Teil des universalen Leibes annehmen.[75] Im Umkehrschluss bedeutet dies, dass wir nicht nur Teil des Ganzen sind, sondern auch das Ganze in uns lebt und damit erfahren werden kann.

---

[74] Der Korpus an Literatur über das 1945 im ägyptische Nag Hâmmadi gefundene und aus dem 2. Jhdt. n.Chr. stammende Papyrus ist umfangreich. Ich zitiere im Folgenden aus Schmidt 1977

[75] Entsprechende Überlegungen finden sich in Ausführlichkeit und der angemessenen wissenschaftlichen Reflexion in den Schriften von Rupert Sheldrake und der darin entwickelten Theorie der morphischen oder morphogenetischen Resonanz.

Dieses ineinander Verwoben-Sein tritt uns zunächst in der vertrauten Form der Begegnung zwischen Ich und Du ins Bewusstsein. Paul Watzlawick weist darauf in seinen Anmerkungen zur zwischenmenschlichen Kommunikation mit der Feststellung hin, dass wir nicht wissen, was wir gesagt haben, bevor wir nicht die Antwort des Gegenübers gehört haben. Wir spiegeln uns in der Wahrnehmung der anderen. Erst dieser Spiegel führt uns in ein integrationsfähiges Selbstbild, das auch die immer mitschwingende Selbstfremdheit in Grenzen hält und uns durch die Zustimmung anderer Menschen zugleich das nötige Vertrauen in uns selbst schenkt. In der achtsamen und offenen Begegnung entsteht das Verständnis für das Teilhaben der Person am Ganzen und die Identifikation von diesem Ganzen her. Hier beginnen wir zu verstehen, dass nicht nur wir im anderen Menschen Resonanz erzeugen und in ihm aufgehen, sondern der Andere auch in uns – wenn wir es zulassen. Ist dies verstanden und ist die Ermöglichung, die wir erst durch den Anderen erfahren, in aller Tiefe verstanden, dann kann der bewusste Schritt gegangen werden, meinen Beitrag zur Ermöglichung des Du zu erbringen. Auch dieser Beitrag wird dann wieder auf mich selbst zurückwirken. Fremdermöglichung wird Selbstverwirklichung, in der Fernstenliebe verwirklicht sich die Liebe zu mir selbst.

Für den integralen Menschen wird die Reflexion darüber, auf das menschliche Du umfassend verwiesen zu sein, zum Ausgangspunkt dafür, sich dem Leben an sich in neuer Verbundenheit zuzuwenden und es rückhaltlos anzunehmen und zu bejahen. Es steht damit der Entwicklungsschritt an, der uns zu dem grandiosen Erkennen führt, dass sich in Allem die eine Wirklichkeit „wie die Sonne in den Splittern eines zerbrochenen Spiegels" enthüllt.[76] Die Tür zur universalen Versöhnung und zum universalen Frieden ist aufgestoßen.

Rückhaltlose Bejahung und eine qualitativ neue Toleranz dem anderen Leben gegenüber verbindet sich mit tiefer Ehrfurcht vor dem Lebensprozess an sich. Sie zeigt sich in der Bereitschaft, das täglich neue Wunder des Entstehens, Werdens und Vergehens in Erkenntnis zu begleiten und ihm in Hingabe zu dienen. Sittliche Vollendung darf nicht vor der Tür des nichtmenschlichen Lebens enden. In der Lebensethik Albert Schweitzers (1875–1965) tritt

---

[76] Vgl. Teilhard 1962, S. 128

dies für den westlichen Kulturkreis erstmals in aller Dringlichkeit und zugleich Ästhetik des Anspruchs ans Licht:

„Wird der Mensch denkend über das Geheimnisvolle seines Lebens und der Beziehungen, die zwischen ihm und dem die Welt erfüllenden Leben bestehen, so kann er nicht anders, als daraufhin seinem eigenen Leben und allem Leben, das in seinen Bereich tritt, Ehrfurcht vor dem Leben entgegenzubringen und diese in ethischer Welt- und Lebensbejahung zu betätigen. Sein Dasein wird dadurch in jeder Hinsicht schwerer, als wenn er für sich lebte, zugleich aber auch reicher, schöner und glücklicher. Aus Dahinleben wird es jetzt wirkliches Erleben des Lebens."[77]

Indem er sich aus dem Geist einer ins Grenzenlose ausgedehnten Liebe zu allem neigt, was ist und lebt, erweitert sich Humanismus zum Universalismus und zur ethischen Mystik. Schweitzer betont, wie unverzichtbar die innere Haltung ist, alles Leben als heilig anzuerkennen, auch das, was uns zunächst vom Menschenstandpunkt aus als niedriger erscheinen mag. Schädigung von Leben kann danach nur gebilligt werden, wenn es als Opfer dem Erhalt anderen Lebens dient – eine Entscheidung, die niemals aus Gedankenlosigkeit, sondern in hoher Verantwortlichkeit und nur von Fall zu Fall zu treffen ist.[78]

So entfremdet von den naturhaften Lebensprozessen, wie die gegenwärtige Kultur blind vor sich hin lebt, wird zunächst eine Transzendierung des Gewissens nötig sein und damit eine neue Empfindsamkeit, die das Lebensschädigende in den alltäglichen indirekten Handlungen zu erkennen vermag. Das beginnt beim Gang zur Fleischtheke und dem Verbrauch von Gütern, für deren Herstellung anderes Leben leiden musste, es führt über alle Formen des Verhaltens und Verbrauchs, die Leben gefährden und vernutzen, und es endet bei der maßlosen Vermehrung und Ausdehnung des Menschen auf diesem Planeten und der damit verbundenen Vernichtung von Lebensraum für nichtmenschliches Leben.

In der ethischen Tat erst wird die Ehrfurcht vor dem Leben substantiell. Das Handeln aus Liebe führt in die wahre und tiefe Verbundenheit, von der ein bloß inneres Empfinden nur unzureichend Kunde geben kann.

---

[77] Schweitzer 1980, S. 191 f.
[78] Vgl. ebenda

Doch auch an dieser Stelle sollte im Blick bleiben, dass wir den Schatten der Selbstentzweiung des Lebens, von der Schweitzer spricht, auch durch ein noch so bewusstes Handeln nie ganz werden entrinnen können. Und so werden ethischer Anspruch und ethische Praxis keine letzte sittliche Formvollendung erfahren. Vielmehr sehen sie sich in ihrem Ringen um den geistigen Aufstieg getragen im Prozess der kulturellen Evolution. Dieses Ringen zu erkennen, es zu erstreben, sich selbstbestimmt und selbstgewiss im Prozess zu halten, ahnend und wissend, dass die Verantwortung, die ich trage, im Letzten auf das Ganze gerichtet ist, darin allerdings liegt schon eine Größe des Menschen, die Hinweis gibt von seinen wahren und schönen Möglichkeiten.

Die Suche nach der Tugend um des anderen Lebens und der Veredlung des Ganzen willen, und nicht bloß den des eigenen Seelenheils, bezeugt zweifellos eine außerordentliche Aufrichtung des Menschen. Zugleich weist sie über ihn hinaus, ist der Mensch als Teil des Ganzen doch immer auch Natur und von ihr nicht fremd zu denken. Insofern mag sich im Streben des Menschen Natur selbst auf ihrer Reise zur Vollendung, derer es des menschlichen Geistes bedarf, ausdrücken. Doch diese Einsicht entbehrt zunächst nicht einer gewissen Ambivalenz. Man mag in ihr die fortgesetzte und gleichzeitig neuerliche Vereinnahmung der Natur durch den Menschen sehen, nun verbunden mit dem Versuch, sie ganz in unsere Zielbestimmung einzubinden. Diese Ambivalenz lässt sich nur auflösen, wenn wir die existentielle Trennung von Mensch und Natur in unserem Bewusstsein auflösen und in das Verständnis des Einsseins in Differenz und Unterschiedlichkeit überführen. Die „erhabene Gleichgültigkeit", die nach Rainer Maria Rilke[79] die Beziehung der Natur zum Menschen charakterisiert, ist dann eine Form von zweckfreier Schönheit, derer wir selbst zugehören. Wir leben in und mit ihr, ja wir sind sie in gewissem Maße. Aus dieser Wahrnehmung des Naturhaften als Teil von mir kann und wird sich dann die Empfindung lösen, in der Menschen fühlen, dass alles, was sie der Natur antun, sie sich selbst antun. So mag sich mehr Umsicht, Vorsicht und Rücksicht in uns ausbreiten, so vor allem wächst die Selbstliebe zu einer wahrhaft universalen Liebe. Das jesuanische Gebot, unseren Nächs-

---

[79] Rilke 1987, S. 23

ten zu lieben wie uns selbst[80] erhält damit eine uns selbst transzendierende Bedeutung.

Existentielle Trennung also, gerade die zwischen Mensch und Natur, hält in einer dualistischen Illusion. Sie hält im Schein und damit in der Empfindungslosigkeit. Das Bewusstsein von Unterschiedlichkeit und Gegensätzlichkeit im größeren Feld der Verbundenheit stellt demgegenüber in eine Wirklichkeit, in der sich alles in ein größeres Geschehen sinnhaft eingebettet sieht. Statt Spaltungen erkennen wir die Zusammengehörigkeit der Pole, statt konstruierter Gleichheit, etwa der von Menschen, die Differenz auf allen Ebenen als Motor der Bewegung, der Vielgestaltetheit, Buntheit und Entwicklung. Die Welt der Gegensätze als Einheit in Unterschiedlichkeit liegt als Prinzip der Schöpfung zugrunde. Endliches und Unendliches bedingen sich und sind aufeinander verwiesen. Kein als gut Benanntes wäre ohne das als böse Erkannte.[81] Teilhard de Chardin wählt dafür eine schöne Formulierung: „Die Bergzinne kann nur durch den Abgrund, über dem sie aufragt, recht gemessen werden."[82]

Selbstredend verhindert die Anerkennung dieser Coincidentia Oppositorum, die auch für das Göttliche selbst gilt, nicht deren immer wieder zu konstatierende Unvereinbarkeit mit spirituellen, ethischen und moralischen Vorstellungen des Menschen. Umso deutlicher wird das, je weiter vor allem die spirituellen Vorstellungsgebäude im Universum menschlicher Sinndeutungen von der Idee und der Empfindung einer kosmischen Einheit entfernt liegen. Und das tun vor allem jene religiösen Gedankensysteme, die ihre Identität noch immer durch Abgrenzung zu finden glauben, nicht nur zwischen Mensch, Gott, Kosmos und Natur, sondern auch unter den Menschen selbst.

Integralität als kosmisches Prinzip auf der einen und menschliche Deutungen und Empfindungen, die sie als paradox wahrnehmen auf der anderen Seite, liegen allerdings auf völlig unterschiedlichen Ebenen der Betrachtung und resultieren aus unterschiedlichen menschlichen Entwicklungsniveaus. Sie schließen sich deshalb auch nicht aus. Ins Leben treten allerdings

---

[80] Matthäus 22, 39
[81] Vgl. Eurich 2010, S. 43 f.
[82] Teilhard 1962, S. 184

kann die Einsicht der großen Einheit erst dann, wenn sie jenseits eines trennenden Bewusstseins auch gelebt wird. Durch Praxis wird sie wahr. Und diese hängt immer an der einzelnen Person, die sich in einem zweifellos gewaltigen Willens- und Bewusstseinsakt von so manchen Selbstverständlichkeiten ihres Selbstverständnisses lösen und befreien muss, will sie vor allem im unmittelbaren Erleben nicht mehr der Wahrnehmung von Zweiheit und damit der Täuschung begegnen. Ohne das personale Werden hin zu einem integralen Selbst bleibt der Übergang zu transpersonalen Erfahrungen und einer neuen Lebenskultur verbaut. Es gehört zu jenen Erfahrungen, die wir transpersonal nennen, dass sie sich über das Gefühl von individueller Identität hinaus in Wahrnehmungen des Menschseins dehnen, die einer überzeitlichen und den Raum transzendierenden Feldenergie zugehören. In diesem Feld sehen Geist und Seele sich verbunden mit der kollektiven Geschichte und deren Gestalten, mit den die Gegenwart prägenden und die Zukunft beschreibenden Kräften, mit transrationalen Phänomenen sowie mit dem kosmischen und göttlichen Bewusstsein selbst. Es geschieht die Annäherung an eine Wissensdimension, die alles Sein und Werden und die potentiell den gesamten Kosmos umfasst.[83]

Alles Werden und jede Wandlung beginnt und geschieht bei uns selbst

Bewusst zu leben und sich als entwicklungs- und wandlungsfähig zu erkennen, das ist ein außerordentliches Geschenk. Wenn wir uns ihm würdig erweisen wollen, gibt keine andere Wahl als die Aufbietung der uns möglichen Kräfte. Dann allerdings wartet mühsame und schmerzhafte Arbeit. Es ist die Arbeit an uns selbst. Keine Weltverbesserung erwächst ohne Selbstverbesserung. Jean Gebser spricht diesbezüglich von einer „... Vorausnahme jener Schmerzen und Qualen, die, nehmen wir sie nicht freiwillig voraus, uns in dem sonst notwendigen Zusammenbruch persönlichen und universellen Charakters auferlegt würden. Wer sich ... seinem Auftrag, der ein geistiges Ansinnen ist, entzieht, handelt gegen den Ursprung. Wer gegen ihn handelt, hat keine Gegenwart, heute so wenig wie morgen ... Ein

---

[83] Vgl. Grof 2008, S. 19–26; vgl. auch Laszlo 2002

jeder ist frei es zu leisten. Wer diese Freiheit verspielt, verspielt sein Leben und seinen Tod."[84]

Auch wenn es immer Menschen gibt, die ein Voraus an Einsicht, Willen und Erfahrung haben und von denen wir lernen können – finden und gehen muss jeder seinen eigenen Weg mit eigenem Denken und eigenem Gefühl. Nahezu alles an Potentialität ruht in unserer Gattung und in jeder Person. Wir brauchen unsere Grenzen also nicht zu eng zu ziehen.[85] Gleichwohl entstehen die neuen Wirklichkeiten immer nur dadurch, dass wir sie als Personen schaffen. Und mit den Wirklichkeiten eröffnen sich dann wiederum neue Potentiale hin zu der Ganzheit des Seins, die das An-sich-sein und das Für-sich-sein integrieren. Das Ringen, das jene Lebenshaltung des Werdens trägt, erkennt sich als Ringen darum, nicht nur Mensch zu bleiben im Angesicht der Entzweiung des Lebens, sondern vor allem über die Einsicht in die eigenen Schwächen, die eigenen inneren Widersprüche und Gegensätze hinaus fortwährend neu Mensch zu werden, sich umzuschmelzen, zu integrieren und zu transformieren. Das Leben wird dadurch zu einem schöpferischen Akt, zu einer dynamischen Skulptur, deren äußere Erscheinung sich wandelt, während das Innere und Seelische sich reinigt und klärt. Versäumen wir diese innere Klärung und Reinigung, so werden uns, darauf hat C.G. Jung eindringlich hingewiesen, die nicht bewussten inneren Tatbestände weiterhin als äußeres Schicksal gegenübertreten.[86] Denn einem Grundgesetz des menschlichen Seins können wir nicht entrinnen, nämlich dass alles, was uns geschieht, immer auch ein Echo dessen ist, was und wie wir selber waren und sind.

Es wird nicht verwundern, dass die Arbeit am integralen Selbst und die damit verbundenen Gewinne für Person und Gattung viel damit zu tun haben, frei zu geben, loszulassen und zu überwinden. Größeres ist ohne

---

[84] Gebser 1995, S. 138 f.
[85] Hermann Hesse schreibt dazu: „Wir bestehen aus dem ganzen Bestand der Welt, jeder von uns, und ebenso wie unser Körper die Stammtafeln der Entwicklung bis zum Fisch und noch viel weiter zurück in sich trägt, so haben wir in der Seele alles, was je in Menschenseelen gelebt hat. Alle Götter und Teufel, die je gewesen sind ... alle sind mit in uns, sind da, als Möglichkeiten, als Wünsche, als Auswege." (Hesse 1986, S. 192 f.)
[86] Vgl. Jung 1976, S. 80

Preisgabe des Gewohnten und Bindenden nicht zu erlangen. Das Ich steht nun auf dem Prüfstand, und das in sehr grundsätzlicher Weise. Denn das Ich, das verstrickt im selbstischen Kampf in dem Bewusstsein lebt, zwar nur Teil, aber trotzdem hinreichend zu sein, kann nie zum Ganzen führen. Es gibt sich mit dem ihm Vertrauten zufrieden, die Täuschung pflegend, schon das höchste Gut erreicht zu haben. Es leugnet vor sich, dass einer neuen Geburt das Sterben des Alten und damit verbundene Trauerprozesse vorausgehen. Und es will dem Wissen ausweichen, dass jede Geburt mit Schmerzen verbunden ist.

In der Selbstprüfung stehend, bereit zum höheren Selbst zu wachsen, müssen sich die alten Selbstbilder und Selbstideale verabschieden, die sich als egoistische Lebensregeln von allem abgekapselt haben, was sie in Frage stellen könnte. Mit den Selbstbildern lösen sich auch die Rollen und Masken auf, die wir pflegen, um unser Nacktsein vor uns selbst und anderen zu verbergen. Die Ichhaftigkeit überwindend und dem Trugschluss ausweichend, es gäbe eine Ichlosigkeit, entsteht Ichfreiheit. Als Bewusstsein in Zeugenschaft überwindet und integriert sie Anhaftung am Ich und zwanghafte Ichlosigkeit.[87] Sie ist also nicht das Resultat von Gewalt gegenüber dem Ichhaften. Sie tötet nicht ab, wie es in alter religiöser Sprache, den Ich-Mord heroisierend, gefordert wurde. Vielmehr weicht das egoistische Gen, das als kastrierte Liebe selbstgenügsam vor sich hindöste, ergriffen zurück vor der unermesslichen Weite universeller Wirklichkeit. Es beginnt das Leben im Einen und Allen, das neben der Tiefe von Erkenntnis vor allem ein zutiefst spirituelles Gefühl beheimatet. Nun ordnet und strukturiert sich in der neu gewonnenen Freiheit vom Ich und damit dessen bewusster Gestaltbarkeit alles neu, das Verhältnis von Sein und Zeit und von Raum und Zeit einbegriffen.

Die zur Ichfreiheit und reifen Selbstgestaltung wachsende Personalität steht in einem unbegrenzten Raum. Überall will sie ermöglichen und zum Gelingen beitragen, vor allem, indem sie Verhärtungen und Versklavungen in Zeit und Raum auflöst – bei sich selbst und durch Resonanz bei allem, zu dem sie in Begegnung tritt. Anstelle der narzisstischen Selbstsuche und Selbstgestaltung verwirklicht sich so der Dienst am Ganzen und

---

[87] Vgl. Gebser 1995, S. 139 ff. und Gebser 1986/1999, S. 169

am Größeren. Dienst gestaltet die Ichfreiheit, indem er das Bewusstsein universaler Verbundenheit ins Leben inkarniert.

Den Weg zur Ichfreiheit und einem Sein im Geist der Verbundenheit können wir als das große Erwachen bezeichnen. Es trägt wunderbare Züge allein schon dadurch, dass es als Ausdruck des Unbedingten im Bedingten überhaupt geschieht. Wunderbar aber zeigt es sich auch für den Menschen selbst, der bewusst in diesem Prozess steht und ihn an sich erfährt. Denn ihm offenbart sich reine Gnade. Der Preis dafür jedoch scheint nicht unerheblich.

Der Abschied von der egohaften Ichbindung wird begleitet von Verlustangst, konkreten Verlusterfahrungen und der Empfindung von Verlassenheit im alten Leben. Das gefestigt scheinende Identitätsgefühl zerbricht. Es scheinen nur noch Wunden geschlagen zu werden. Der Gang durch das, was Mystiker verschiedener Traditionen als die dunkle Nacht der Sinne und des Geistes bezeugen, ist, auch wenn jeder Mensch ihn anders erlebt, unausweichlich. Er will durchlebt sein, so wie die Freude, die wartet und wie die Rückschläge, die auch dem Erwachen wiederum folgen. Denn die Differenz zwischen der inneren geistigen Erfahrung und dem Herzgefühl auf der einen Seite sowie der nachhinkenden Verwirklichung in Haltung, Verhalten und Tun auf der anderen Seite löst sich nur langsam auf, ja vielleicht nie ganz. In unserer irdischen Endlichkeit bleiben wir unvollendbar.[88] Fehler und Irrtümer gehören zu dem Prozess. Sie sind die natürliche Kehrseite des Vollkommenheitsbildes und zugleich Zeichen für notwendige Korrekturen. Zur Geburtshilfe werden sie allerdings nur, wenn sie als Ratgeber erkannt, zugestanden, angenommen und verstanden werden. Das gilt auch für die Schuld, die ich anderen Menschen oder anderem Leben gegenüber bewusst oder unbewusst auf mich lade. Schuldigwerden lässt sich in der Endlichkeit unseres Handelns nicht vermeiden. Und nahezu zwangsläufig schaut es uns an, wenn Leidenschaft ins Spiel kommt und damit Glanz und Schatten, Eros und Thanatos in einer Gestalt.

---

[88] Vgl. zum Gedanken der Unvollendbarkeit als Basis der Freiheit die Ausführungen von Karl Jaspers in seiner Schrift „Der philosophische Glaube" (1948/1963), S. 62–66

Nun ist es sicherlich so, dass Menschen selten ganz alleine oder alleinverschuldet in Verfehlungen geraten. Doch in der Anerkennung der eigenen Anteile und in der vorbehaltlosen Akzeptanz der Tatsache, dass diese Anteile nicht übertragen werden können, wartet der Ausgangspunkt der Heilung. An dieser Stelle beginnt die Rückgewinnung der Freiheit, und es blüht große Schönheit sogar überall da, wo Schuld in Freiheit angenommen und, wo möglich, ausgeglichen wurde.

Noch schmerzhafter als die Einsicht in Endlichkeit, Verfehlung und Schuld kann den in der Entpuppung Kämpfenden der Schrecken treffen, den das Gefühl auslöst, dass inmitten des Zusammenbruchs der gewohnten Gewissheiten nun auch Gott selbst sich abgewandt hat. Als Leere und Ausgesetztsein mag am Treffendsten die Nachwirkung dieser spirituellen Krise umschrieben werden. Und als wäre das nicht schon genug, folgen ihm so manche kleine und große persönliche Desaster, die dem als umfassende Bindungslosigkeit wahrgenommenen Verlust bisheriger Identitäten und der bisherigen Religio geschuldet sind. Die einzige Botschaft, die dieser wiederkehrenden dunklen Wegstrecke mit ihren Zweifeln und Selbstzweifeln gegenüberzustellen ist, lautet: Hindurch in aufrechter Haltung und einem sich um Klarheit bemühenden Geist.

Diese Selbstermutigung ist sich der Mensch schon allein deshalb schuldig, weil zur Endlichkeit die Täuschung gehört. Nicht nur die äußeren Dinge erfassen wir zunächst nur als Erscheinungen oder Ideen, sondern auch die uns im Wachsen und Werden begleitenden Defizienzgefühle kommen aus einer Selbstwahrnehmung, die im Trauma des Abschiednehmens von dem wurzeln, was mir bislang Sicherheit und Heimat zu geben schien. Beide entstammen einer Schattenwelt, in der ich heranwuchs und bislang lebte; beide haben Anteil daran, dass das Scheinhafte, aber vermeintlich Reale schnell die Weltwahrnehmung beherrscht; beide tragen schließlich eine Energie in sich, die zur Regression und damit Selbstentmündigung verführen will. Betrübt und klagend hält der Mensch sich dann in seiner Scheinwelt auf, die ihm den Boden unter den Füßen zu entziehen droht, statt mit der Reinheit und der Urgewalt seiner unhintergehbaren und unzerstörbaren Seele das Scheinhafte zu durchschauen und an der Verwirklichung der ihm gegebenen Möglichkeiten zu arbeiten. Es ist diese Arbeit, unermüdlich, zuversichtlich und vertrauend, in der wir das einzig wahre und zu vertretende Opfer für die Zukünftigkeit darbringen. Denn das meint

Selbstaufopferung: Überwindung aller Illusionen und aller äußeren und inneren illusionären Behausungen, bei gleichzeitiger Entfaltung der bislang unerkannten oder verdrängten Potentiale.

Im Abschied von jenen Gewissheiten, die doch nur Täuschungen waren und im Aufbruch zu meinem tiefen Selbst werden wir der Freiheit gerecht, auf der jedes menschliche Wesen gründet. Sie erweist sich vor allem in der inneren Lösung von den kulturellen, gesellschaftlichen und geistigen Institutionen, die den Anspruch erheben, für die Sinndeutung des Menschen zuständig zu sein. Und sie bewährt sich im Respekt vor der Einsicht, dass Freiheit nur von Wert in Bezug auf jene Optionen ist, welche die Freiheit nicht selbst gefährden oder dadurch aufheben, dass sie die Seins- und Entwicklungsmöglichkeiten des Menschen schlechthin gefährden. Diese Freiheit kann somit zwar einerseits als absolutes Gut gesehen werden, und sie ist doch relativ hinsichtlich des Entwicklungsstandes der einzelnen Person. Mit deren Wachstum verfeinern sich auch die inneren Anforderungen an sie; und es differenziert und veredelt sich das Gewissen als die innere Instanz für das freiheitliche Handeln. Das Gewissen reift von einem psychologischen und gesellschaftlichen Faktor zu einer raumzeitlich nicht begrenzten Gütekraft. Diese orientiert sich am Leben und seinen Erfordernissen und favorisiert damit Entscheidungen, die jenen Erfordernissen zugewandt sind. Bestimmte Optionen, die sich in ihren Nah- und Fernwirkungen als lebens- und entwicklungsfeindlich zu erkennen geben, stehen damit nicht mehr zur Verfügung, ja erst der Verzicht auf sie macht im eigentlichen Sinne frei.

Freiheit kann nicht wachsen, ohne dass Abhängigkeitshaltungen erkannt und überwunden werden. Sie entstehen gegenüber Dingen, Gütern, äußeren Werten und Strukturen, die gleichsam ein Eigenleben führen und Zuwendung abfordern. In Abhängigkeitshaltungen führen Zeitgeiststömungen, Moden, öffentliche Moral und Gewohnheiten genauso wie geistige Schulen, die eine Engführung des Wissens und der Weisheit bewirken. Abhängigkeitshaltungen entwickeln sich schließlich gegenüber Personen, vor allem dann, wenn Beziehungen von Projektionen, Erwartungen, Anhaften oder Abstoßung und nicht vom Sein-Lassen geprägt sind. Den Anderen sein-lassen kann allerdings nur der, der von sich selber und den damit verbundenen geistigen Anhaftungen und Erwartungen lassen kann, der sich loszusagen vermag von einer Selbstheit, die sich immer fremd bleiben muss, weil ihre Maßstäbe fremdbestimmt sind. Die Freiheit des Lassens fördert Seele und Bewusstsein als entwicklungs- und ganzheitsfähig. Sie führt in die Haltung des Vorübergehens, und sie hält das Ungewisse als einzig Verheißungsvolles nicht nur aus, sondern wendet sich ihm vertrauend zu. Denn es ist das Streben nach Sicherheit, Festhalten und eine darauf gründende Selbstzufriedenheit, die immer in die Krise führen, weil sie den natürlichen Lebensdrang mit dem ihm innewohnenden Unendlichkeitsbezug unterlaufen. Ausdruck des Krisenhaften sind dabei nicht zuletzt ungereinigt freigesetzte Emotionen und Affekte, die in unerfüllten Erwartungen gründen – und zwar jenen, die sich auf alle Bilder beziehen, in denen wir unserem Leben eine fixe Form und Gestalt geben wollen. In zumeist unhinterfragten Gewohnheiten und Routinen finden diese Selbstbilder einen Verhaltensausdruck. Er endet nicht selten in einer Spirale, in der wir dem immer ähnlicher werden und uns ihm angleichen, was wir uns an Lebens- und Bedeutungsrahmen selbst gezimmert haben. Man könnte von einem schleichenden Selbstmord sprechen, der verharren lässt und der verhärtet. Er raubt Zukunft durch Entzug von Möglichkeiten.

Aus der Freiheit des Lassens, also auch der Selbstwiederholungen, Selbstangleichungen und der sich selbst bestätigenden Routinen und Rituale wird die Gelassenheit geboren, die an den Windungen des Schicksals nicht verzweifelt. Sie stellt die inneren Ordnungen auf den Prüfstand und stellt sie in Frage, lässt sie zwar neu und verändert wieder entstehen, doch hält sie im Übergang.[89] Damit wird sie zu einer Freiheit, die sich schrittweise in ein nichtlokales Bewusstsein entwickelt. Die Heimat, in die sie führen möchte, hat keinen festen Ort und keinen festen Namen mehr.

Es muss nicht gesondert betont werden, dass der in der Freiheit des Lassens sich manifestierende freie Wille gravierenden Einschränkungen und Widerborstigkeiten unterlegen ist. Den in unserem Gehirn gespeicherten Programmen für das Denken, das Empfinden und das Handeln lässt sich

---

[89] Wilhelm Weischedel hat in seiner „Grundlegung einer Philosophischen Theologie im Zeitalter des Nihilismus" den Abschied als die wesentliche Grundhaltung des Menschen und Voraussetzung für seine Freiheit bezeichnet. Im Abschied realisiert sich die notwendige Distanz gegenüber einer Welt, die sich Gewalt über uns anmaßt. Das bedeutet nach ihm aber auch, „den Mut zur Selbstaufgabe" in sich zu erwecken. (Weischedel 1998, Bd. 2., S. 256 f.; vgl. auch Dürckheim 1958/2, S. 204–211)

vollständig nur schwer und nur in stetem Ringen entkommen. Vergleichbares gilt für die sozialen Rollenmuster und unsere diversen Teilpersönlichkeiten mit ihren nicht selten konträren Ansprüchen. Gleichwohl bestehen immer unterschiedlichste Optionen für das Denken, Deuten und Tun, die der „Macht der Replikation"[90] ein normalerweise hinreichendes Freiheitspotential gegenüberstellen.[91] Vorausgesetzt, wir wollen diese Optionen in ihrer Vielfalt und ihren unterschiedlichen Handlungskonsequenzen auch wirklich sehen.

Stets also sind Wahlmöglichkeiten, die uns aus der Rolle der Marionette oder des Komparsen herausholen und uns zum Gestalter und Schöpfer aufwerten wollen, vorhanden. Womit wir in Resonanz treten, welchem Gefühl, welcher inneren Ausrichtung, welchem anderen Leben, welcher Energie, das bestimmen wir letztlich selbst. Und nur wir sind auch dafür verantwortlich. Die Wegweisung und Führung übernimmt dabei jene Instanz, die wir den inneren Meister nennen. In ihm zeigt das Göttliche im Menschen seine Präsenz. Er vereinigt alle Kräfte in uns. Zu ihm zu befreien, ist der eigentliche Auftrag aller spirituellen Wege und aller ethischen Konzepte.[92]

Befindlichkeiten und Tugenden des Menschen

Die Selbstgestaltung in Freiheit lässt keine Ebene der Personalität, keine Wahrnehmung, keine innere Haltung und kein Verhalten unberührt. Manches, das die philosophische und spirituelle Selbstreflexion über das Wesen des Menschen und den Sinn des Seins seit jeher anspricht, will in unserem Zusammenhang neu gesehen oder doch zumindest mit einem veränderten Akzent versehen sein. Darauf soll nun der Blick gerichtet werden. Als übergeordnete Leitfrage steht dabei die Verbindung von Sinnstiftung und Wirklichkeitsgestaltung im Vordergrund.

---

[90] Vgl. Blackmore 2005, S. 371.
[91] Vgl. dazu ausführlich Bauer 2006, S. 160 ff.
[92] Vgl. ausführlich Eurich 2003, S. 117 ff.

Liebe, Sünde, Reue

In dem Bemühen, die evolutionäre Stufe egozentrischer Weltaneignung schrittweise hinter uns zu lassen, um uns in der integralen Mutation fließend zu beheimaten, begegnen wir der Liebe neu. Still wartet sie auf einer Insel im Meer der Verlassenheit. Sie ermutigt dazu, dem Ich-Panzer doch endlich zu entwachsen und damit auch jener ihrer Erscheinungsformen zu entgleiten, die uns immer nur bei uns selbst und unseren Bedürfnissen hielt. Sie möchte uns stattdessen den Reichtum zeigen, der im Gefühl universaler Verbundenheit und All-Empathie wartet.

Liebe will sich finden, will verschmelzen. Sie sagt Ja. In der Liebe tritt das große und universale Gesetz der Resonanz ins Leben. Denn zu sich kommt das bewusste Leben nur durch Begegnung. Die Liebe führt zusammen und hält zusammen, was in Trennung und Isolation lebt. Durch die Liebe werden wir zu einer uns selbst übersteigenden Empfindungsfähigkeit erweckt, die in Resonanz mit allem führt, was uns begegnet. Die Liebe rettet uns. Nur ihr Licht dringt in die letzten Abgründe des Scheiterns und der Ohnmacht. In ihr darfst du dich zeigen wie du bist, deine Schwachheit inbegriffen. Als die wahre Fülle unserer Existenz können wir die Liebe betrachten. Wo sie erscheint, durchscheint sie alles und verwandelt es. Liebe ist kein Denkvorgang, keine Sache des Kopfes; sie ist elementare Befindlichkeit. Was sie uns an Einsicht eröffnet, geschieht über Erleben. Es erschüttert die Seele und legt damit unbekannte Kräfte frei. Zugleich macht sie und hält sie verwundbar. In der Liebe leben heißt, sich verletzbar zu halten.

Liebe lebt als Demut und nicht als Mächtigkeit. Die Bereitschaft zur Hingabe hebt sie aus allen anderen Eigenschaften und Regungen des Menschen, ja des Kosmos einsam hervor. Sie gibt, weil sie geben will, weil sie anerkennt, weil sie das andere Leben unbedingt achtet, ihm Respekt erbietet, es nimmt, wie es ist. Wer aus der Tiefe seines Herzens liebt, befreit sich aus der Enge des Ichs. Liebe erlöst aus einer versklavten Persönlichkeit hinein in das, worauf sich meine Liebe richtet. Um Augustinus leicht abzuwandeln: Das, wohin unsere Liebe sich erstreckt, wird in uns erweckt und entsteht in uns – sei es die Erde, sei es der Mensch, sei es das Göttliche.[93]

Das Ideal der Liebe kann von dem Ideal der Selbstvergessenheit und der Selbsthingabe nicht getrennt werden. Doch es gilt auch, dass wahrhaftige und unbedingte Liebe zum anderen Leben zunächst der wahrhaftigen und unbedingten Annahme der eigenen Existenz bedarf. Radikalisiert besteht dieser Zusammenhang für die Begegnungen, wo ein Ich ein Du als komplementären Teil erkannt hat. Selbstverkennen hieße in diesem Fall, den Anderen zu verkennen; sich selbst zu verachten, auch dem Anderen damit den Respekt zu entziehen. Selbstannahme beugt schließlich dem Verhängnis vor, anderes Leben zu missbrauchen als Flucht vor sich selbst und der Empfindung eigener Nichtigkeit – und dies als Liebe zu maskieren.

Liebe fragt nicht nach Gegenleistung, fordert nicht und erstickt sich nicht in Erwartungen. Sie wächst aus sich selbst heraus und bewahrt darin dem Liebenden und dem, worauf die Liebe sich richtet, ihre Autonomie. Sie will also nicht haben und nicht brauchen. Das unterscheidet sie von der Eigenliebe und der Sucht danach, anderes Leben ganz auf sich zu beziehen oder es gar zu besitzen, es zu einem Teil von sich zu kolonisieren. Die machtfreie sich verströmende und nicht vereinnahmende Liebe sieht mit den Augen des Herzens. Das ist es, was sie aus dem Nichts der unentrinnbaren Vergänglichkeit holt. Mit dem Anspruch des Unvergänglichen, mit der Gewissheit des „Über-den-Tod-Hinaus", die aus der Erfahrung der Verbundenheit, ja des Einsseins erwuchs, stellt sie sich dem Vergehenden entgegen. Den Überschreitungscharakter der Mystik, der darin besteht, die Endlichkeit, wenn auch nicht zu überwinden, so doch zu transzendieren, gestehen wir auch der Liebe in ihren unterschiedlichen Facetten zu. Auf ihre Weise führt sie an ewige Wahrheiten heran, auf ihre Weise nähert sie sich der Unio Mystica.

Liebe, das meint hier das Ineinandergehen von Philia, Eros und Agape – von freundschaftlicher Zuwendung, dem Drang zur Verwirklichung und

---

[93] „Jeder ist so, wie seine Liebe ist. Liebst du die Erde? Dann wirst du Erde sein. Liebst du Gott? – Was soll ich sagen? – Du wirst Gott sein. Aus mir selbst wage ich nicht, dies zu sagen, doch die Schrift sagt es." (Predigten zum ersten Johannesbrief 2,14; www.augustiner-werden.at/augustines_von.php) Vgl. auch Augustinus 1950, I, 1

der auf Befreiung zielenden Hingabe. Die Grundsubstanz dieser Liebe umgibt uns immer schon, sie durchwebt als schöpferische Energie die geistigen Felder unseres Planeten. Und insofern kann der anstehende universale menschliche Liebes- und Bewusstseinsimpuls als überfällige Antwort auf die schöpferische Liebe gesehen werden, die seit je ist und der wir selbst entstammen. Die Ehrfurcht vor dem Leben gelangt damit zu ihrer größten Reife und höchsten ethischen Ausformung. Endlich beginnen wir einem Anspruch auf Liebe und des in ihr wartenden Weltbezugs gerecht zu werden, den jede Person grundsätzlich hat und einlösen kann. Endlich erweist sich der Mensch der Idee und Wirklichkeit von Liebe würdig, die Albert Schweitzer als den geistigen Lichtstrahl bezeichnete, „der aus der Unendlichkeit zu uns gelangt."[94] Das Leben an sich strebt zur Liebe als letztem Wort. Als Richtung gebend hin zum Leben lässt Liebe sich so verstehen. Als Impuls der ganzen Seele wirkt sie und ist so unteilbar. Im Handeln schließt sie selbst die Kräfte mit ein, mit denen das Böse hätte begangen werden können, und veredelt sie dadurch.

Diese universale Liebe musste den mühseligen Weg durch die Wandlungen unseres Bewusstseins gehen, bevor sie jetzt ins schöpferische und schaffende Dasein treten kann. Mit diesem Schritt in die Verwirklichung steht sie dem Bewusstsein selbst allerdings nun auch als außerordentlicher Erkenntnisfaktor zu Diensten. Liebeskraft wird zur Erkenntniskraft, ein Gedanke, dem wir uns später ausführlich zuwenden werden, wenn das integrale Erkennen im Fokus steht.

Die Liebe zu veredeln, wird von dem, was „Sünde" genannt wird, nicht grundsätzlich befreien. Sie bleibt dem endlichen Wesen als jederzeitige Möglichkeit eingegeben, als Mahnung des Endlichen, des Bedingten und Vorläufigen, als Erinnerung an unsere Unvollkommenheit trotz aller Schritte, Sprünge und Verwandlungen. Sünde, das meint, dass der Mensch sich in eine existentielle Trennung von Gott begeben hat bzw. ihr nicht mit aller Energie zu entfliegen trachtet. Diese Gottesferne stellt zugleich außerhalb des göttlichen Gesetzes und des in ihm mitbedachten Guten. In der Sünde verweigert sich eine Person der Selbstbestimmung aus Gott und auf Gott zu. Sie markiert das Verbleiben in dem grundlegenden Missverständ-

---

[94] Schweitzer 1980, S. 198

nis personaler und sich abgrenzender Autonomie. Damit verfehlt sich der Mensch in der ihm möglichen entgrenzten Gestalt.[95]

Sünde wird real nicht erst in der sündhaften Tat, sondern sie entsteht bereits in der im Geistigen gereiften und sodann willentlich getroffenen Entscheidung. Das Geistige erscheint als infiltriert, verunreinigt und abgewendet von dem Lichtstrahl einer Liebe um ihrer selbst willen. In der Verabsolutierung des Endlichen tritt dies zutage. Die Herrschaft der Triebe, der Affekte und der Sinnlichkeit stehen dafür. Zwar darf Sinnlichkeit an sich als wunderbares Geschenk der Schöpfung gesehen werden. Doch sie kippt zur Triebsteuerung, wenn sie als Zielpunkt das Unbedingte und Ewige überragt und die Liebe instrumentalisiert. In den sieben Todsünden – Hochmut/Stolz, Geiz, Völlerei, Neid, Unzucht, Zorn und Trägheit/Acedia – wird die Vergötzung des Endlichen theologisch zum Ausdruck gebracht. Jeder Mensch trägt die Anlagen dazu in sich. Doch zur Todsünde werden sie erst, wenn sie aus Erkenntnis um das zu Tuende und überlegter Zustimmung ins Leben und das Verhalten treten. „Selbstverschuldete Unwissenheit und Verhärtung des Herzens mindern die Freiwilligkeit der Sünde nicht, sondern steigern sie."[96]

Beispielhaft verdeutlicht das die literarische Gestalt des Don Juan, dem Inbegriff des narzisstisch verblendeten Frauenhelden. Sein auf selbstsüchtige Lust gerichteter Befriedigungszwang degradiert jedes ihm in Intimität begegnende Du zum Objekt seiner Begierde. In dieser Haltung des Missbrauchs kommt es zu einer tiefliegenden Störung und Verletzung des Zusammenlebens, welche die Würde des anderen und damit auch die eigene verwundet. Don Juan produziert Opfer. Er steht für die Deformation eines Charakters, die aus unreflektierter Gewöhnung an seine Eigenschaften erwächst. Indem er den Sog der Endlichkeit, die ihn im Griff hat, verkennt, seine Vergänglichkeit negiert, erniedrigt er sich selbst zur tragischlächerlichen Gestalt, die an dem zerbricht, was sie sich als höchstes Gut erwählte.

Sünden bereiten sich langsam und schleichend im Menschen vor, ergreifen Schritt um Schritt den inneren Raum. Sie machen sich Affekte dienstbar,

---

[95] Vgl. dazu ausführlich Eurich 2010, S. 21 ff. und die dort angegebene Literatur
[96] Vgl. Katechismus der Katholischen Kirche 1993, S. 488

die noch immer tief im Menschen ruhen und die entfesselt und verroht bleiben, solange sie nicht von Kultur und Wachstumsstreben sublimiert werden. Doch bei allem Streben, allem Wachstum und aller Verwirklichung – die Sünde verlässt, wie gesagt, den Menschen nicht. Und so sollte sie als Anreiz und Erinnerung gesehen werden, ja als Ermutigung, immer wieder neu zu beginnen und sich in die innere Ausrichtung zu begeben, die in Resonanz mit der Energie unerschöpflicher Liebe stellt. Dann offenbart die Sünde eine heilende Qualität, welche selbst den Anstoß zu ihrer Überwindung gibt.

Selbstreflexion weist auch hier den Weg. Das Erkennen des unangemessenen Denkens und Handelns geht dem Verstehen und dem schlussfolgernden Reflektieren voraus. Vorbehaltlos, offen und mit dem Impetus heilender Zuwendung will die eigene Geschichte betrachtet werden. Die Position überpersönlicher Zeugenschaft hilft bei diesem Ansinnen. Sie lenkt die Einsicht in mein Fehlverhalten zu einer Weise der Reue, die einsichtsvoll tätig verändert und nicht als tränentriefende Selbstkasteiung zusätzlich Wunden reißt und die notwendige Klarheit sentimental vertrübt.

Demut und Hingabe

Demut als innere Haltung wird als tiefer Respekt vor der unermesslichen Größe der Seinswirklichkeit geboren. Durch die Empfindung der universalen Verbundenheit und die Einsicht in die eigene Rolle, die der Mensch im kosmischen Reigen spielt, widerstrebt sie der Selbstüberschätzung, der Selbstüberhöhung und damit einhergehender Ich-Verhärtungen. Demut wird kraftvoll in der mutigen Anerkennung und Akzeptanz der eigenen Grenzen und in der gelebten Einsicht, dass immer eine Differenz zwischen dem als Ideal Erkannten und den eigenen Möglichkeiten besteht. Doch wahre Demut stellt nicht das im Menschen strahlende Licht unter den Scheffel, und sie blockiert nicht die in ihm ruhende und auf Befreiung wartende Potentialität. Sie sollte nicht mit Sklavenbewusstsein verwechselt werden.

Demut heißt, im Dienst am Ganzen zu stehen. In der Demut verbleibt der Mensch deshalb nicht unterwürfig bei sich selbst, wendet sich vielmehr aktiv dem anderen Leben zu, ermutigt, baut auf, ermöglicht. Er stellt sich seiner Verantwortung, stärkt seine Handlungsbereitschaft und arbeitet an der Überwindung erkannter Schwächen. Er nimmt sich da zurück, wo dies die Chancen auf Befreiung und Verwirklichung des Anderen stärkt. So wird die eigene Demut zur Energie des Du. Gleichwohl kann auch Demut in Hochmut und Stolz führen. Verhärtet sie zu einem Prinzip und verleitet in der Folge dazu, die eigene Demutshaltung mit der anderer Menschen zu vergleichen, dann kann ausgerechnet die Selbstzurücknahme den Ausschlag dafür geben, sich über den anderen zu erheben.

In der Hingabe findet die Demut ihre Vollendung. Nichts wahrhaft Großes entsteht ohne sie. Sie ist der Humus, der das Wachstum des Neuen im betreffenden Menschen und weit über ihn hinaus ermöglicht. Als Willensakt setzt sie jedoch das Bewusstsein, zumindest aber eine ahnende Gewissheit für den universalen Zusammenhang allen Seins voraus. Wie die Zelle eines Körpers, die ihrem Auftrag nachkommt, der Entwicklung und dem Erhalt des Ganzen um den Preis des eigenen Seins zu dienen, nimmt sich ein Mensch im Akt der Hingabe von seinem Urtrieb nach bloßer Selbsterhaltung zurück.

In der Hingabe bricht ein Mensch mit der Fehlsicht, sein Leben ganz aus seinen Kräften heraus gestalten und bewältigen zu können. Die Leidenschaft, die in der Hingabe als momenthafte Selbstvergessenheit lebt, hebt für Blitze der Empfindung und Erfahrung jene Grenzlinien auf, die der Geist längst als konstruiert durchschaut hat – es sind die Grenzlinien zwischen Liebe, Leid und Vergänglichkeit. Die spirituelle Bedeutung der Hingabe ist unermesslich. Sie erst macht dem, was Erlösung genannt wird, würdig. Denn im Grunde richtet sich alles Hingeben, durch den Erdenlauf hindurch, auf das Göttliche, das den Menschen zu seiner Sehnsucht erwählte und dadurch erst erweckte. Nur in ihm findet der Mensch das Vertrauen und den Halt, derer er im Überfluss bedarf im Angesicht der Entscheidung, bedingungslos Ja zu sagen und sich in schutzloser Offenheit zu verschenken.

Neben den unzähligen Menschen, die in den unterschiedlichsten Traditionen auf dieser Erde den Dienst am Größeren und Ganzen hingebungsvoll wählten, findet in der Gestalt und dem Leben Jesu die Hingabe ihren überzeitlichen Ausdruck. Alfons Rosenberg bezeichnet ihn deshalb als den „Archetypus des freien, Gott und den Menschen in gleicher Weise unverstellt und liebevoll zugewandten Menschen, in dessen Prägestempel ein neues Menschengeschlecht geprägt wurde."[97]

Die Hingabe und das ihr vorausgehende Vertrauen geleiten in die Begegnung. Sie verbinden den Fluss unseres Seins mit der unerschöpflichen Quelle, verbinden die Seele mit der Welt- und Allseele und das Herz mit der Schöpfungs- und Eroskraft. Sie erheben Schönheit aus dem Rang des Zufälligen in das Wesenhafte des Universums. Durch die Hingabe nimmt im Menschen das Göttliche seine befreiende Gestalt an. Sie ist die Antwort auf das, was wir als Endlichkeit erfahren.

Geist des Nichtverletzens

Wie sehr Gewalthaftigkeit das Leben auf Erden prägt, ist allenthalben spürbar. Der Planet ist bedeckt mit einer Blutspur menschlicher Opfer, wie viel mehr aber auch derer aus dem Reich der Tiere. Das Maß an Gewalt folgt wie alles dem Gesetz der Resonanz. Gewalt ruft Gewalt hervor. Bleiben Denken und Empfinden gewalthaft, werden auch die Taten gewalthaft sein. Dies gilt im sozialen Mikrokosmos genau wie in der Weltpolitik.

Auch die Gewalt findet ihre zwar nicht alleinige, doch wesentliche Ursache im Geist der Abgrenzung und der unterschiedlichsten Zentrismen. Der Egozentrismus steht hierbei am Ausgangspunkt. Er schränkt die Weltwahrnehmung durch die Ich-Perspektive dramatisch ein. Mit ihm geht aber auch Verlustangst einher und ein ausgeprägter, nach „außen" gerichteter Kontrollzwang. Durch die aus eingeschränkter Wahrnehmung, Angst und Kontrollwahn hervorgerufenen Angriffsgedanken verharrt der Mensch in einer wahrhaft (selbst)mörderischen Spirale. Die angestrebte Entwicklung hin zum integralen Wahrnehmen, Denken und Empfinden muss deshalb hier ansetzen. Wir befinden uns an dem Punkt, der die Ursache für die Welt ist, wie wir sie wahrnehmen, indem wir sie selber mit schaffen und fortwährend bestätigen.

Wenn Welt sich wandeln soll, beginnt diese Wandlung in unserem Geist. Verändert sich der Geist, so verändert sich die Wahrnehmung der Welt.

---

[97] Rosenberg 1990, S. 78

Nehme ich sie nicht mehr als grundsätzlich bedrohlich wahr, weil ich mich nicht abgrenzen, nichts verteidigen und nichts kontrollieren muss, dann kann ich auch meine inneren Widerstände und meine Angriffs- und Abwehrgedanken beiseite legen. So beginnen sich durch mich die Ursachen zu verändern. Stattdessen zu versuchen, die Wirkungen zu verändern, wie das der Sisyphos-Komplex der herrschenden Politik meint tun zu müssen, ist sinnlos, wie die Geschichte der letzten Jahrtausende zeigt.

Sowohl in der Ethik der Ehrfurcht vor dem Leben, wie sie Albert Schweitzer entwickelte und verkörperte als auch in dem Konzept der Gewaltlosigkeit, wie Mahatma Gandhi es lebte, finden sich hierfür Ausgangspunkte. Beide lassen sich in einer Haltung integrieren, die ich „Geist des Nichtverletzens" nennen möchte.[98] Wir betreten damit den Boden einer universalen Ethik und einer ins Grenzenlose erweiterten Verantwortung. Dem Leben an sich teilhaftig zu werden, es mitzuerleben und es, wo immer möglich, zu erhalten, das meint Geist des Nichtverletzens. Das Gebot „Du sollst nicht töten" findet hierin seine entscheidende Erweiterung. Es bezieht sich nun auf alles Leben, nicht nur das menschliche und es schließt den Erhalt, die Pflege und die Fürsorge mit ein. Sicher, Leben lebt trotzdem von Leben und einer gewissen Selbstentzweiung können wir damit gar nicht entrinnen. Gandhi, der zutiefst geprägt war von dem Gedanken der „Ahimsa", der im Hinduismus, im Buddhismus und im Jainismus für Gewaltfreiheit, Nichtverletzen, Nichtschädigen, Nichttöten steht, spricht diese Selbstentzweiung an:

„Ahimsa ist ein umfassendes Prinzip. Wir sind hilflose Sterbliche, gefangen im Brand der himsa (Gewalt, C.E.) ... Der Mensch kann nicht einen Augenblick leben, ohne bewusst oder unbewusst nach außen hin himsa zu verüben. Die bloße Tatsache seines Lebens – Essen, Trinken, Umhergehen – ist mit einer bestimmten himsa verbunden, mit Zerstörung von Leben, auch wenn sie noch so geringfügig ist. Ein Anhänger von Ahimsa bleibt seiner Überzeugung treu, wenn die Triebkraft aller seiner Handlungen Mitleid ist, wenn er, so gut er kann, die Vernichtung auch des kleinsten Geschöpfes vermeidet."[99]

---

[98] Vgl. Eurich 2000, S. 72 ff. und Eurich 2003, S. 62–66 und die dort jeweils angegebene Literatur
[99] Gandhi 1968, S. 146

Leben darf also nur aus unvermeidbarer Notwendigkeit geschädigt werden, nie aus Gedankenlosigkeit, Sport oder gar Lust am Schädigen oder Töten. Und über allem thront die Suche nach der Gelegenheit, „Leben beistehen zu können und Leid und Vernichtung von ihm abzuwenden."[100] Von anderen Lebewesen unterscheidet den Menschen in diesem Zusammenhang, dass er die Selbstentzweiung des Lebens denkend erkennt, durchschaut und ihm die Solidarität gegenübersetzen kann.

Im Geist des Nichtverletzens mindert sich das Nützlichkeitsdenken. Nicht seine Nützlichkeit, sondern seine Einmaligkeit und sein Selbstzweck prägen die Beurteilung eines Lebewesens und seiner Handlungen und die Haltung, mit der wir beidem begegnen. So erfährt die Tatsache Respekt, dass jede Existenz ihr Geheimnis und ihre Unergründlichkeit hat.

Geist des Nichtverletzens – harmlos und defensiv klingt dieses Wort im ersten Hören. Weitergedacht jedoch werden die Zumutungen deutlich, mit denen wir uns konfrontiert sehen, vor allem was das Loslassen, das Seinlassen und das Aufgeben von Optionen, über die wir an sich verfügen, anbelangt. Der Geist des Nichtverletzens mutiert so zum radikalen Wagnis und einer Empfindungs- und Entscheidungsqualität, die nur mit der ganzen und eins gewordenen Seele erreicht werden kann.

Vergebung

In einer von Selbstentzweiung, Schuld und Sünde – bei allem Ringen – nicht zu befreienden Welt, kommt der Vergebung ein herausragender Stellenwert zu. In allen Weltreligionen steht sie deshalb im Zentrum der ethischen Ausrichtung.[101] Was der Mensch aus dem Raum des Göttlichen auf sich selbst gerichtet erhofft, ist er in der Vergebung bereit, auch allen anderen Lebewesen zu gewähren. „... wie auch wir vergeben unseren Schuldigern."[102] Wo nicht fraglos vergeben wird, verbreiten sich Unsicherheit und Angst, erstickt die Liebe.

---

[100] Schweitzer 1980, S. 194
[101] Vgl. Henderson 2007, S. 17 ff.
[102] Matthäus 6, 12

„Der Geist, der nicht vergibt, ist traurig, ohne Hoffnung auf eine Ruhepause und Erleichterung aus dem Schmerz. Er leidet und verharrt im Elend, späht in der Dunkelheit umher, ohne zu sehen, doch überzeugt von der dort lauernden Gefahr ... Er schaut die Welt mit Augen an, die nicht sehen, und er schreit auf, wenn er sieht, wie seine eigenen Projektionen sich erheben, um seine elende Parodie des Lebens anzugreifen ... Der Geist, der nicht vergibt, ist verzweifelt, ohne Aussicht auf eine Zukunft, die irgendetwas anderes als mehr Verzweiflung bieten könnte."[103]

In dieser Einsicht steckt eine tiefe Wahrheit. Der Geist, der nicht vergibt, kerkert sich selber ein und hält sich in dieser Gefangenschaft. Er ist eingekapselt in einer selbst gezimmerten Weltsicht voller Verschleierungen, Projektionen und selbstsüchtiger Erwartungen. Für sich und andere verzerrt er die Wirklichkeit und empfindet jeden Widerspruch als Kränkung. Fällt mir das Vergeben schwer, wie unerträglich muss dann erst das Verbleiben im Status des Hasses und der Verurteilung sein. Statt Erlösung wartet eine düstere und klebrige Schwere. Schnell besetzen negativ gestimmte Gedanken und Gefühle das Bewusstsein.

Vergebung spendet demgegenüber Licht in das Leben – für alle beteiligten Seiten. Sie lässt die unterschiedlichen Wahrheiten dieser Seiten zu ihrem Recht kommen. Vergebung wandelt das Denken über den, der uns Unrecht oder Leid zugefügt hat, und zugleich ereignet sich dadurch eine Wandlung im auf uns selbst gerichteten Denken und Empfinden. Sie reinigt, veredelt, ja verzaubert gelegentlich Menschen. Damit sie dies vermag, muss sie unteilbar und umfassend sein. Vor allem aber stellt sie keine Bedingungen.

Statt bloß von Hass und Wut zerfressen zu werden, richtet sich in der Vergebung der Blick auf das Schöne und Edle. In dem, der Schuld auf sich lud, kann allein dadurch das Schöne wieder zum Durchbruch gelangen. Ketten, die in Negativität erstarren ließen, fallen ab. Das Auge der Vergebung erkennt und respektiert die tiefe Unschuld, die im Herzen eines jeden Lebewesens liegt und es markiert davor die mindere Bedeutung von Auseinandersetzungen und damit verbundener Missverständnisse und Angriffe. Aus der Stille des Herzens kommend und in Stille wirkend, schenkt die Vergebung Frieden und das Gefühl der Geborgenheit in einer größeren

---

[103] Ein Kurs in Wundern 2004, S. 214

und erhabeneren Heimat als der ichbezogener Positionen und Projektionen. So schwindet das Leiden, das aus Ärger, Verlustangst und Angriff hervorging.

Zwischen dem Erkennen und der Annahme eigener Schuld und der Vergebung bestehen Wechselbeziehungen. Was ich mit mir selber klären und mir selber zubilligen konnte, führt in eine Weite, die auch dem Anderen seine Anteile zugestehen. In dem darauf folgenden Akt der Vergebung vergebe ich mir damit zugleich selbst und ermögliche dies auch dem Du. Sich selbst mit Nachsicht gegenüberzutreten, bildet also die Voraussetzung dafür, anderen Menschen aus der Tiefe des Herzens zu vergeben. Das Charisma der von mir ausgehenden Vergebung wendet sich so zu mir zurück. Das „Liebe deinen Nächsten wie dich selbst" gelangt zur Vollendung. Schwerer als zu vergeben, mag es sein, die Vergebung anderer mir gegenüber nicht nur hinzunehmen, sondern sie in Dankbarkeit als Wachstumshilfe anzunehmen. Doch erst dadurch wird die Befreiung wechselseitig.

Vergebung erlangt ihre Wirksamkeit, indem ich sie kommuniziere. Das schließt ein, notwendigen Klärungen nicht auszuweichen und sich nicht selbst oder andere der Verantwortung für Gesagtes oder Getanes zu entziehen. Das Gespräch, in dem auch Schuldzuweisungen offen ausgesprochen werden, wird durch den Akt der Vergebung nicht obsolet. Allerdings folgt dieser Akt dem Dreischritt des Erkennens, des Verstehens und des Aussprechens unmittelbar nach. Die Einbindung des Vergebens in die Kommunikationsprozesse, die in mir selber ablaufen und in die, die sich dem Du direkt zuwenden, verdeutlicht den Prozesscharakter des Verzeihens. Es ist ein Erkenntnisvorgang, in dem der Mensch von seinen so genannten Feinden mehr lernen kann als von den ihm vertrauten Personen, die in gleicher Resonanz schwingen.

Angst

Angst und die mit ihr einhergehende Sorge erscheinen vor dem Horizont des integralen Wachstums als ambivalente Lebensregung bzw. Seinsbefindlichkeit. Offen liegt das Noch-Nicht der großen Menschheitsvision als Erwartungshaltung vor uns. Dunkel und verhüllend bewegt es sich zugleich in der Erfahrung der Mangelhaftigkeit des sich Schon-Jetzt vollziehenden. Unausweichlich konfrontiert es deshalb mit der Erwartung des Lichts. Schnell tritt dann neben die Vision die Vermessenheit und mit ihr die Selbsttäuschung. Perversa securitas, seinswidrige Sicherheit, wurde sie von Augustinus genannt.[104] In dem Ansinnen, die Koordinaten des der Wirklichkeit noch Gemäßen zu ignorieren und zu überschreiten, schwingt das Pendel zwischen außergewöhnlicher, beflügelnder Ermöglichung und der Schwerkraft des Greifen-, Halten- und Sichern-Wollens. Viele der schönsten Aufbrüche und ausnahmslos alle durchkämpften Revolutionen sind dieser Schwerkraft letztendlich erlegen und damit der Zerstörung ihres eigenen Impulses.

Ursprung dieser Schwerkraft ist die Angst. Sie liegt vor uns als ein Zustand, der sich auf etwas Bedrohliches, aber trotz aller vorgeschobenen Konkretionen zugleich Unbestimmtes und Diffuses bezieht. Als eine Grundbefindlichkeit des Menschen können wir sie im Angesicht der Unbegreifbarkeit des Lebensgrundes Seinsangst nennen.[105] Sie ist nur dem zur Selbstreflexion fähigen Leben zu eigen, was sie von der Furcht vor konkreten Objekten oder Gegebenheiten, die auch Tiere empfinden können, unterscheidet. Seinsangst als Angst vor dem immer drohenden Nicht-Sein hängt tief mit dem Gefühl metaphysischer Einsamkeit und letztendlicher Verlorenheit des Ich zusammen, weshalb hier auch der Hebel zu ihrer Überwindung liegt.

Seinsangst macht feindselig gegenüber eigenen Wachstumspotentialen und der Akzeptanz des Naturgesetzes, dass nur das in Bewegung und Transformation sich Befindende noch lebt. Angst, die sich am potentiellen Verlust und am eigenen Nicht-Sein orientiert, lässt erstarren, und sie sucht die Erstarrung, sucht die feste und vermeintlich unvergängliche Form. Aus der Zeitlichkeit und Endlichkeit kommend, will sie Zeit anhalten und bewahren und versklavt sich in der Sorge darum an die endliche Existenz. Als „Liebe zum Leben" maskiert, führt sie in eine Dynamik des Scheiterns und schließlich in den Verlust all dessen, was das Leben ausmacht.

---

[104] Vgl. Pieper 1935, S. 68 ff.
[105] Vgl. dazu ausführlich Mynarek 1991, S. 263–278 und Heidegger 1929, §§ 40, 41

Doch diese Angst trägt wie gesagt ambivalente Züge. Als existentielle und vitale Regung erschließt sie die Welt auf ihre eigene Weise, zwingt sie in eine Auseinandersetzung mit Welt, Endlichkeit, Vergänglichkeit und Entwicklung, die tief und schmerzhaft in das Wesen des Lebens führt und darin hält. Die Seinsangst widerstrebt jeglicher alltäglicher Verharmlosung und Vergleichgültigung. Immer wieder holt sie in die existentielle Erschütterung zurück, der das reflektierte Leben kaum entrinnen kann.

„Ohne Angst haben wir kein Schicksal, denn dann läuft das Leben in konventionellen Selbstverständlichkeiten und oberflächlicher Selbstsicherheit ab. Angst in der ungesicherten Freiheit unserer Entscheidungsmöglichkeiten, Angst im Wagnis des Sprunges, den eine Entscheidung darstellt, die auch falsch sein kann und uns auf einen Irrweg unseres Lebens führen kann, diese Angst begründet Schicksal."[106]

Angst in dem hier dargelegten existentiellen Verständnis kann schließlich als ein Anzeichen dafür gesehen werden, dass eine bestimmte Entwicklungsstufe bezüglich Person oder Gattung sich zu erschöpfen beginnt und ihre Kraft einbüßt. Sie wird dann zum Indikator für sich anstauende Energien, die am Kulminationspunkt der Verunsicherung neue Wege zeigen und befreien.[107]

Die Angst geht mit uns auf dem Weg zum Werden, treu und verlässlich. Und so lange sie uns nicht in Bann zwingt oder in unserem Urvertrauen und Zukunftsvertrauen dramatisch mindert bzw. das Erkennen und Handeln lähmt, kommt auch ihr als ein besonderes Auge der Erkenntnis potentiell eine heilende Kraft zu.

Mangel

Noch prägt den gegenwärtigen Weltzustand eine paradoxe Dualität des Mangels. Auf der einen Seite zeigt sie sich als lebensbedrohliche materielle Armut. Sie hält im nackten Überlebenskampf und blockiert jegliches Streben nach einer Selbstverwirklichung, die geistig und handelnd den engen Rahmen der alltäglichen Daseinsvorsorge überschreitet. Zwar zeigt die

---

[106] Mynarek 1991, S. 272 f. in Bezug auf Sören Kierkegaard
[107] Vgl. dazu Gebser 1978, S. 199 ff.

Landkarte dieses durch existentielle Armut verursachten Mangels hervorgehobene Kontinente und Regionen auf unserem Planeten, doch zieht sich der entwürdigende Schrecken mittlerweile auch durch die so genannten reichen Länder und Regionen.

Dem steht der Mangel durch Überfluss, vor allem in den hoch industrialisierten Ländern, aber auch den Herrschafts- und Wirtschaftseliten der Entwicklungs- und Schwellenländern gegenüber. Die Haltung des Habens und Haltens ist hier in einer äußerst destruktiven Weise aggressiv und muss es sein, denn sie hat ständig etwas zu verteidigen – Geld, Güter, Status, „Sicherheit". Anhaften aber lässt leiden; nicht nur die Opfer von Habgier und Uneinsichtigkeit, sondern auch die, die nicht loslassen können. Ihre mit dem Dinghaften verklebte Seinsdeutung und ihre an den Besitz gebundene Identität sind nicht nur brüchig wie die Dinge selbst, sie hinterlassen auch Defizitgefühle im Raum des Lebenssinns.

Doch Mangel hat nicht nur die negativen und oft lebensverachtenden Seiten in der Form von Armut und Not oder der des Überflusses. Mangel kann auch als das Empfinden verstanden werden, das dem Entwicklungs- und Veränderungsdrang hinsichtlich einer als unzulänglich wahrgenommenen und empfundenen Gegenwart vorausgeht. Dieser Mangel ist der Stachel des Noch-Nicht. Ihn zu spüren, stellt den Zusammenhang her zu den Bedingungen, die ihn auslösen. Und er steht damit als Ausgangspunkt eines Bewusstseins, aus dem die Kraft fließen mag, an seiner Überwindung zu arbeiten.

Auf das Materielle bezogen ist dieser Gedanke banal, ihm liegen nicht zuletzt ein Großteil der Erfindungen und auch Reformen zugrunde. Not macht eben erfinderisch. Geistig stellt er für Kulturen, vor allem aber für den einzelnen Menschen, der sich als Entwicklungswesen sieht, eine weit reichende Herausforderung dar. Denn dieses Mangelempfinden will nicht abgestellt sein, es will am Leben gehalten werden. Es beugt der Selbstzufriedenheit und einer von der Verbundenheit fortführenden Selbstgenügsamkeit vor. Es hält in der Freiheit unterwegs zu sein. Dieser Mangel hat immer auch eine spirituelle Dimension. Und er braucht, um seine Energie als Freiheit zu entfalten, den bewusst gewählten materiellen Mangel als Genügsamkeit und Verzicht auf das, was es zu einem Leben in Würde nicht braucht genauso wie eine Selbstzurücknahme, die sich vor ein egozentriertes Machbarkeitsempfinden stellt.

Leid

Als einem Auge der Erkenntnis sprachen wir über die Angst. Das lässt sich gleichermaßen auf den Mangel übertragen und schließlich auf das Leid. Denn auch das Schlimmste gereicht zur Entwicklung, wenn wir in ihm das erkennen lernen, was über alle Unbegreiflichkeit und alles Unverständnis hinaus zur Selbst- und Welterkenntnis beitragen will. Manchem, der tief ins Leiden verstrickt ist, mag diese Aussage als Zumutung erscheinen. Und kaum ein anderer Begriff in unserer Kultur ist ja auch mit einer vergleichbar dunklen Aura umwoben. Leiden steht für das Negative im Leben schlechthin. Zweifellos mag man es so sehen, wenn es ausschließlich vor dem Horizont des Schmerzes, des Verlustes und des Nichtgelingens betrachtet wird. Wo gäbe es da etwas Positives hinzu zu konstruieren?

Wieder führt auch hier nur ein Weg aus der Sackgasse der Wahrnehmung, wenn das Leiden als schmerzhafter Eingriff in das Leben im Kontext der Seinsvielfalt und der Seinsfülle betrachtet wird, als Stufe im Prozess des Werdens und als Pfand für die höheren Güter, ohne die Menschsein nur ein Vegetieren wäre. Ein ununterbrochenes Vor-sich-Hinleben in wunschlosem Glückszustand stumpft ab, lässt die Sinne und Empfindungsfähigkeit, auch gegenüber dem Schmerz des anderen Lebens verkümmern. Das Leiden hält wach und offenbart auf seine Weise das Sein als eben nicht gleich-gültig.

Sowohl die körperlichen wie auch die seelischen Leidensempfindungen wollen als Rufe des Lebens nach einer größeren, seinsgesmäßen Existenz gesehen werden; vor allem dann, wenn sie sich wiederholen und wiederkehren.[108] Oft wird das Neue und noch Unbewusste erst vor der schmerzhaften Erfahrung des Defizitären als solches erkennbar; das Leiden zeigt sich dann als destruktiv und produktiv zugleich.

Seinen Ausgangspunkt nimmt die Neuorientierung von Sinn und von Handlungsmöglichkeiten bereits dann, wenn der Mensch anfängt am Leiden zu leiden und in der Folge neue Ziele bestimmt und innere Räume errichtet, diese Ziele zu erreichen. Das ist ein schöpferischer Prozess, in dem die ersten Schritte über die Unabänderlichkeit des Leidens hinaus und

---

[108] Vgl. Dürckheim 1958, S. 76 f.; vgl. auch Eurich 2010, S. 115 ff.

durch die von negativen Energien angegriffenen Lebensräume hindurch gegangen bzw. vorbereitet werden.[109] Dieser Prozess kommt aus der Freiheit und führt in weitere Freiheitsstufen, den Tod inbegriffen. In ihm bleiben die alten und morschen Brücken des Gewordenen hinter uns. Er meint damit ungleich mehr, als das Leiden in überkommener kultureller Form stolz und pflichtgemäß einfach auszuhalten. In solchem zeigt sich ohne Zweifel eine besondere Größe, doch liegt dieser heroische Akt auch nahe an der resignativen Verlorenheit.

Die Annahme des Leidens führt durch den Raum der Kommunikation. Gerade wenn wir den Sinn des Leidens in der wachsenden Bereitschaft erkennen, Überlebtes, das uns verwundet hat, aufzugeben, es hinter uns zu lassen, ja in ihm die Vorbereitung auf das Sterben in seinen vielfältigen Formen zu respektieren, fordert es sie ein – und zwar auf zwei Ebenen. Da ist einmal die Kommunikation mit dem Leiden selbst. Leiden führt ja den Menschen in die wohl größtmögliche Intimität mit sich selbst und mit dem, was ihm in diesem Inmitten als verwundender Feind gegenüberzustehen scheint. Mit ihm, diesem zunächst fremd erscheinenden, Leid verursachenden innerlichen Gegenüber gilt es in Kontakt zu treten. Dann wird Schritt um Schritt, im Dialog mit jeder inneren Einschätzung, jedem Urteil und jedem ausgelösten Gefühl offensichtlicher, wie ich das mir Zugehörige im Bewusstsein abgespalten habe, nur weil es mich verwundet. Erst wenn ich in der Kommunikation mit dem Leiden erkenne, dass ich es selber bin, dass der Beobachtende das ist, was er beobachtet und der Ertragende das, was er erträgt, kann die Heilung als schöpferische Bewältigung beginnen.

Zugleich fordert es die über mich hinausgehende Kommunikation. Schließlich verbleibt mein Leiden ja nicht bei mir, betrifft es direkt oder indirekt immer andere Menschen mit und erfährt so Resonanz. Das Zur-Sprache-Bringen des Leidens, vor allem bei den engsten Bezugspersonen, erweist sich als Voraussetzung, es durch die Wahrnehmungen des Du noch besser zu verstehen und in seinen Ursachen annehmen zu können. Zugleich vermag diese Kommunikation Belastungen und Missverständnissen vorzubeugen oder sie gar aufzulösen, die durch mich als den Träger des Leids im Mitmenschen ausgelöst werden. Oft sind es ja gerade solche Irritationen

---

[109] Vgl. Sauter 1982, S. 109 ff.

bei den uns nahestehendsten Menschen, die das Leiden verstärken, wenn ich mich unverstanden oder gar isoliert fühle.

Die existentielle auf das Wachstum des Menschen ausgerichtete Herausforderung des Leidens besteht darin, die Einkerkerung in der eigenen überkommenen Lebenswirklichkeit zu überwinden. Geschieht dies nicht, bleiben wir Opfer des nicht Verstandenen und vor allem auch der überkommenen erlernten und sozialisierten Weisen, mit dem Leiden umzugehen. Dann mögen wir vielleicht sogar dazu tendieren, das Leiden zu zementieren, ermöglicht es uns doch, die Verhältnisse, die wir schufen, ohne den Schmerz des Lassens und die Herausforderungen des Neuanfangs beizubehalten. So wird das Leiden zur alles beherrschenden Instanz. Vor allem aber bleibt dem Leidenden der Zugang zu der Erfahrung verstellt, dass uns an der Quelle des Seins, am Ursprung unseres Wesens und in der Tiefe des Selbst es nichts mehr gibt, das verwundet werden kann.

Scheitern und Verzweiflung

Wenn es eine Grunderfahrung im Sein des Menschen gibt, dann die des Scheiterns. Keine letzte Sicherheit, keine Verlässlichkeit erwartet als Wegstation den Wanderer und Suchenden. Ihm begegnet unterwegs, bei allem Schönen und Beglückenden, stets die Beimischung der Unberechenbarkeit. Ihr hält kein Dogma stand und keine Letztgewissheit. Aus diesem Blickwinkel gestaltet sich das Leben als eine Wegstrecke voller Enttäuschungen. Genau betrachtet aber sind es Ent-Täuschungen. Denn Täuschungen werden im Scheitern und im Irrtum entzogen. Was wir im Prozess des Scheiterns als schmerzvoll und leidgebunden erleben, will eigentlich nur heilen.[110]

Ein Problem, das sich vor uns aufbaut, können wir überwinden, aus dem Weg räumen, gelegentlich schlichtweg negieren. Krisen, derer wir teilhaftig werden, fordern ihr konstruktives Durchleben und ihre Bewältigung. Das Wesen des Scheiterns jedoch liegt in seiner Unwiderrufbarkeit. Mächtig setzt es seinen Grenzstein in die Existenz. Das Gescheiterte in meinem Leben, eine berufliche Karriere, eine Beziehung oder Ehe, die soziale Anerkennung einer

---

[110] Vgl. ausführlich mein Buch über „Die heilende Kraft des Scheiterns" 2006

Leistung, der Entwurf einer Seinsweise – ihr Zerbrechen ist nicht mehr umkehrbar, auf der Ebene des Bruchs nicht heilbar. Im Gegenüber der Verzweiflung scheitern in der Folge auch die gängigen Antworten und Lösungswege mit. Es sei denn, wir beginnen auch das Desaströse vom Standpunkt der Entwicklung, der Vollendung, der Erlösung und der existentiellen Heilung her zu betrachten. Es sei denn also, wir begännen endlich, den Makel abzustreifen, der am Scheitern und der folgenden Verzweiflung klebt. Dieser Kampf ist ganz gewiss kein leichter, denn er muss vor allem gegen die zensierten Gefühle bestanden werden, die in unserer Kultur auch dann noch nach Coolness rufen, wenn das Herz nur noch aus Tränen besteht.

Wie das Scheitern gehört die Verzweiflung zum menschlichen Sein als eine Grundmöglichkeit die jederzeit auf uns zutreten kann. Wohl jedem Menschen ist sie in einer ihrer vielfältigen Erscheinungsformen schon begegnet – und sei es nur als ihr Erahnen. Sie mag in bestimmten Kulturen einen besseren, in anderen einen unergiebigeren Nährboden finden, doch immer gehört sie zum Spiel des Lebens.

Die Verzweiflung übersteigt in ihrer Zertrümmerung von Lebensentwürfen so manche Erfahrung des Scheiterns. Wo sie auftritt, bricht nicht nur eine Kulisse zusammen, sondern stürzt das Gemüt eines Menschen ins tiefe Dunkle. Verzweiflung erschüttert den Menschen in seinem innersten Kern, an seinen intimsten Stellen, in seinen heiligsten Räumen. Wenn uns etwas existentiell ergreift oder besser in einer als unendlich gedehnt empfundenen Zeit angreift, dann sie.

Der verzweifelte Mensch lebt als Gefangener des Denkens und der Gefühle, eingekapselt in ein zur Außenwelt hin weitgehend immunisiertes Selbstbild, dem die Spiegelungen und die Selbstdistanz fehlen. Der Verzweifelte bleibt sich fremd, und damit bleibt ihm auch seine Mitwelt fremd. Er hat sich und die zentralen Lebenskoordinaten verloren. Alle Restenergie richtet sich gegen das Unerkannte und Bedrohende; als Selbsthass und als in sich gekehrte Anklage gegen das „Außen".

In dem Verzweifelten lebt kein positives Selbstwertgefühl, er wird lebensuntauglich. Selbst die an sich kaum unterzukriegende Hoffnung weicht der Hoffnungslosigkeit. So können Möglichkeiten denn auch nicht als solche erkannt werden bzw. sie werden umgangen in der Erwartung eines unvermeidbaren Scheiterns und der Angst davor. Es ist jene Angst, von der Karl Jaspers sagt, dass sie „sich für das Letzte hält, aus der kein Ausweg mehr ist."[111]

Das wahrhaft Dämonische an der Verzweiflung besteht darin, sich selbst zu nähren und sich als Aussichtslosigkeit und Ausweglosigkeit am Leben zu halten; als ein lähmender Sog, als die Vorwegnahme von Nicht-Erfüllung, als Untergangsgewissheit. Es bleibt nicht einmal mehr der Raum für Emotionen, die mit Unterscheidungen konfrontieren könnten und mit Differenzerfahrung. Die Verzweiflung lähmt das Bewusstsein, und sie verklebt das Unbewusste. Nagen Zweifel nur gedankenhaft am Menschen, betrifft die Verzweiflung die Person als Ganzes. Die Stimmen, die ich jetzt noch hören kann, sind die meines eigenen Nichts.

Verzweiflung tritt nicht in die Existenz eines Menschen als Gegner oder Gegenkraft, der gegenüber ich mich angemessen positionieren könnte. Sie tritt auf als unvorhersehbare Übermacht, die uns schicksalhaft überkommt. Die Zeit, die sie den Betroffenen in ihrer Umklammerung hält, mag vorübergehend sein, eine Betäubung des Lebens, aus der Erwachen möglich ist. Die Frage bleibt, wie das Aufwachen geschieht und mit welcher Konsequenz. Wahre Verzweiflung als Betroffensein von den dunklen Feldkräften der Schöpfung kann aus dem Endlichen heraus mit Endlichem nicht geheilt werden, auch wenn sich endliche „Auswege" anbieten – auf Kosten der Seelentiefe, ja der Seele selbst. Der Preis dafür hieße finale Verhärtung. In den Worten Sören Kierkegaards: „Dann hat er sich verschlossen, dann ist seine vernünftige Seele erstickt und er ist in ein Raubtier verwandelt, das kein Mittel scheuen wird, da ihm alles Notwehr ist."[112]

Die Auslöser, die in Verzweiflung führen können, werden für einzelne Menschen unterschiedlich sein. Der Verlust eines Kindes, das Zerbrechen einer Ehe und des familiären Rahmens, sich wiederholendes berufliches Scheitern mit der Folge des Entzugs der ökonomischen Lebensbasis, peinigende Krankheiten, deren Schmerzen alle Schönheiten des Lebens überdecken – das sind Beispiele. Und oft fallen diese Anlässe zusammen bzw. sie gehen in einer Art Kettenreaktion auseinander hervor.

---

[111] Jaspers 1956, S. 234
[112] Kierkegaard 1988, S. 781

Wer mit der Verzweiflung einmal in direkte Berührung kam, dem bleibt sie eine immerwährende Wahrscheinlichkeit. Die Tiefe des Abgrunds, in den ich blickte, gehört von jetzt an zur Wirklichkeit, zu einer Landschaft in der Topographie meines Lebens. Leicht können sich die Schritte dorthin verirren, denn kein Zaun warnt vor dem Übergang.

Im Makrokosmos des Universums, im Mesokosmos der Kulturen und im Mikrokosmos des einzelnen Menschen lebt das Scheitern, lebt der Untergang, leben der kleine und der große Bruch, lebt die Verzweiflung in Notwendigkeit und Gleichberechtigung neben dem Glanz und der Größe des Gelingens. Teil des Ganzen sind sie und Voraussetzung. Dies anzuerkennen und zu integrieren wird zur Basis dafür, sich dem Leben gestaltend zu stellen und es selbst zu entwerfen. Was uns eigentlich niederschmettern und dramatisch mindern müsste, wächst nun zur Voraussetzung dafür, dass das Leben sich selbst gerecht wird, indem es sich steigert.

Im Scheitern tritt die Grundambivalenz des Menschen zu Tage. Ihm wird es zur dauerhaften Prüfung, und doch liegt Gnade darin, es als dem Gesetz des Seins und Werdens zugehörig erkennen zu können und an mir selber spüren zu dürfen, dass das Werden des Vergehens bedarf. Wie sonst entstünde Bewegung? Wenn der biblische Prediger Kohelet selbst das uns als ewig erscheinende Universum als Windhauch, als Vorübergehendes offenbart[113] und wohl kein Argument bekannt ist, das als Widerspruch ernst genommen werden könnte, dann liegt wohl im Durchleben des Vergehens mit das Tiefste, das wir überhaupt erfahren können. Es offenbart sich als ein ganz eigener Ursprung von Lebendigkeit.

Die Polarität des Seins zeigt sich exemplarisch in diesem Widerspruch, der Vergehen und die Verzweiflung daran zugleich als Keimquelle der Lebendigkeit sieht. Jede Position ist an ihre Verneinung gebunden, jedes Negative an das Positive, keine Eigenschaft wird ohne ihr Gegenteil. Die ganze Kostbarkeit der Bindung erstrahlt nur angesichts des drohenden Verlusts. Das Licht des kosmischen Christus kann nur jene Seele erhellen, die sich in der Nacht des Zweifels und der Gottesfinsternis selber suchte. Vielleicht nimmt ja das dem Schrecklichen ein wenig das Schreckliche, wenn wir es auch als Daseinsgrund des Schönen erkennen, wie Nietzsche in seinem

---

[113] Vgl. Kohelet 12, 1–8

Vorwort zur Geburt der Tragödie so inständig betont,[114] und wenn wir es in der Folge in dieser Sinnhaftigkeit bejahen. Nur dann ja auch kann Trost sein. Und es kann die Erfahrung von Ganzheit erwachsen, selbst in dieser so zerrissenen Welt.

Die Annahme des Scheiterns holt aus dem Verfangensein in zentralen Lebensillusionen. Mehrdeutigkeiten verdrängen konstruierte Klarheiten. Der Blick auf das eigene Leben zeigt die ganze Ansammlung von Irrtümern, die wir einstmals für unsere Wahrheiten hielten. In der Annahme und im Durchleben des Scheiterns, im Wagnis des Durchschreitens der existentiellsten Räume wird das Sein offenbar. Was zunächst als Unfähigkeit gesehen wurde, etwas zu vollenden, zeigt sich nun als Voraussetzung, um zu vollenden. Die Jahre, die ich als die sieben Jahre der Dürre sah, wandeln ihr Antlitz. Sie sind nun auch als die sieben Jahre der Fülle zu erkennen. Der Mensch, der das durchlebend und durchleidend, sich vielmals häutend erfuhr, sieht sich neu beheimatet im Horizont metaphysischen Heilswissens. Im Widerstehen aller Fluchtrufe, im Verbleiben und Aushalten hat er sich scheiternd überwunden und an seinen wahrgenommenen und akzeptierten Grenzen bewahrheitet.

Das durchlebte und erfüllte Scheitern sollte also nicht mit passiver Hinnahme verwechselt werden. Man könnte eher von einem aktiven, wachen Dulden sprechen und einer Gelassenheit, die aus der Zeugenschaft mir selber gegenüber resultiert. Gleichwohl sind dieses Dulden und das damit verbundene Durchhalten existentiell. Sie halten im und am Sein, und das nicht nur auf sich selbst bezogen. In der durchhaltenden Annahme des Scheiterns und des damit verbundenen Leides wird der Mensch überhaupt erst leidensfähig, stellt er sich zu seinem Leiden in eine erkennende und fühlende Beziehung. Er bringt eine spezifische Sensibilität hervor, die das Leid auch bei anderen Menschen spüren lässt. Nur wer das Scheitern kennt und sich fühlend und wissend mit ihm vertraut gemacht hat, kann dem von ihm erkannten scheiternden Mitmenschen helfen.

Dulden führt in die Geduld und damit in die Kardinaltugend der sich wach und bewusst entwickelnden Seele. Die Geduld hebt mahnend die Hand, sowohl, wenn überstürztes Handeln droht, den Menschen zu Fall zu

---

[114] Vgl. Nietzsche 1990, S. 367–379

bringen, aber auch, wenn das Erlittene droht, ihn zu zerbrechen. Die Geduld bewahrt vor dem finalen Scheitern und dem passiv Sich-Schicken in eine vorgebliche Aussichtslosigkeit. Josef Pieper bezeichnet sie in Anlehnung an Thomas von Aquin und Hildegard von Bingen als den „strahlenden Inbegriff letzter Unverwundbarkeit".[115]

Im Durchleben und Aushalten bereiten sich schließlich die Energien vor, die zur rechten Zeit in eine neue Ausrichtung führen können. Sie werden geformt aus der Synthese von Akzeptanz und Erkennen. Auch das Erkennen, wenn es ein Erkennen nicht nur des Geistes, sondern eines in Fleisch und Blut sein soll, braucht seine Zeit, um die Verengungen unseres Erkenntnishorizontes, um die vielfältigen Wahrnehmungsblockaden aufzulösen. Es braucht sie, um präzise die Ursachen, die Bedingungen und Wechselwirkungen, die am Scheitern mitgewirkt haben, zu bestimmen. Diese Analyse wird dann nämlich zeigen, dass Fehlschläge zwar auch mit uns, aber nicht nur mit uns zu tun haben. Wir scheitern nie nur an uns selbst alleine und durch uns. Immer sind auch außerhalb von uns liegende Bedingungen beteiligt, genau wie das personale Scheitern immer auch andere Menschen und Bedingungskonstellationen mit betrifft. Das kulturelle Muster, das diese Wahrheit unterdrückt, indem es Scheitern konsequent individualisiert, festigt allein die Macht gesellschaftlicher Strukturen; und es verstärkt die Hilflosigkeit des Einzelnen.

Im Prozess des Scheiterns stehen wir in der Begegnung mit dem, was seit jeher als die dunkle Seite Gottes gilt. Es ist jene Zeit, in der das Göttliche sich zu entziehen scheint, es sind die Jahre des Zweifels und des Ringens um Licht, wie es das biblische Buch Ijob so wunderbar tief und beeindruckend beschreibt. Hier gibt es nichts mehr zu beschönigen, warten keine einfachen Lösungen, ist es Nacht. In dieser Nacht aber findet das Unvollendete der Schöpfung, finden ihre oft tragischen Brüche einen Platz, ja Heimat. In der Begegnung werden sie zu Korrekturzeichen für eine notwendige Lebensänderung und zum dramatischen Hinweis, nicht an der Ganzheit des Lebens und nicht an sich selbst vorbeizuleben. So bereitet sich das Neue vor. So verwandelt sich das Gebrochene in der Schöpfung, mutiert das jederzeit mögliche Tragische zu Evolution und Fortschritt, zu

---

[115] Pieper 1934, S. 60

der Fruchtbarkeit bewältigter und überlebter Niederlagen. So führt die Verzweiflung, in der ja „zwei" steckt und damit Spaltung, in die Einsicht und Erfahrung der Ganzheit, der im Letzten immer vorhandenen Einheit als dem Ungetrennten. Karlfried Graf von Dürckheim:

„Glücklich, wer die Kraft zur abgründigen Verzweiflung besitzt, denn nur im tiefsten Dunkel der Ausweglosigkeit wahrhaft durchschrittener Not vermag dem Verirrten das Licht aufzugehen, das ihm den Weg in die Freiheit erhellt ... Erst das Hineingestoßensein in die große Verzweiflung erzwingt die Bereitschaft, den Anspruch fallenzulassen, im Gefolge der alten Leitbilder das Leben beurteilen, ausrichten, sichern und formen zu können."[116]

Ohnmacht

Kraftlosigkeit, Unvermögen, das Bewusstsein, an Grenzen geworfen sein und die Ohnmacht stoßen uns unbarmherzig auf die Tatsache, dass es an dem Punkt, an dem wir angelangt sind, nicht weitergeht; nicht mit den bekannten Mitteln, nicht auf den vertrauten Wegen. Doch wäre es ja nur das. Oft aber heißt Ohnmacht, Willkür ausgeliefert zu sein, der anderer Menschen und der deutungsleerer Situationen und Ereignisse. Naturkatastrophen, die wahllos Menschenopfer fordern, gehören zu diesen Ereignissen, denen wir bezogen auf die Existenz eines Menschen allenfalls einen konstruierten „Sinn" beimessen können; zeigen sie uns doch überdeutlich, dass Sinn nur gesehen werden kann bezogen auf vom Menschen selbst geschaffene Vorstellungen. Auch Unglücke und manche Verbrechen, in denen es keine konkrete Opfer-Täter-Geschichte gibt, gehören dazu. Sie überrollen als Zufallsdesaster jede Berechenbarkeit, jede Planung, jeden perspektivischen Horizont. Nackter Hilflosigkeit ist ausgeliefert, wer die übermächtige Gewalt anderer Menschen erleiden muss. Ihm widerfährt etwas ohne Chance der Reaktion. Jede nachträgliche Sinnzuweisung wird dann nicht mehr als eine zitternde Geste der Hilflosigkeit. Und es schmeckt nur noch bitter, wenn Sinnzuweisungen dort probiert werden, wo der Faktor Sinn selbst ausgerottet wurde – wie bei den unzähligen Genoziden der Menschheitsgeschichte.

---

[116] Dürckheim 1958, S. 208

Bezogen auf das, was wir Ohnmacht nennen, ist es angemessen, diese Ebenen zu unterscheiden und von dem, was aus dem Dunkel heraus gewalthaft übermächtig sich ereignet und für alle Betroffenen im Dunkel des Verstehens verbleibt und zutiefst verstört, von Verhängnis zu sprechen. Einem Verhängnis kann ich aus eigener Kraft nicht entkommen. Ohnmacht als Grenzerfahrung hält demgegenüber Optionen der Entwicklung von Situation und Person.

Sich der Ohnmacht zu nähern, heißt Macht zu thematisieren, auch wenn es ein Trugschluss scheint, Macht allein aus der Existenz von Ohnmacht zu begründen und umgekehrt. Selbstredend gibt es diesen wechselseitigen Bezug. Doch es lebt auch die Nichtbeziehung, das Fremdsein zwischen beiden.

Die Erscheinungsweisen der Macht sind vielfältig. Sie reichen von systematischem Entzug der Lebenschancen durch strukturelle Gewalt, von narzisstischen Persönlichkeitsstörungen mit Omnipotenz- und Herrschaftsdrang über staatliche Hoheits- und Kontrollmacht bis hin zu konstruktiven und schöpferischen Dimension. Die destruktiven Weisen der Macht sind scharf und hart; sie brechen das menschliche Du und lassen es seine Demütigung deutlich spüren. Andere Weisen der Machtausübung funktionieren als Ordnungsprinzip von Staaten, Institutionen und Organisationen. Es gibt aber auch jene wunderbaren Formen, die sich verschwenden, um Leben zu gestalten, Handlungsspielräume zu öffnen und Sinn zu stiften. Von solcher Macht künden die Ohnmacht Jesu, die Gewaltlosigkeit Gandhis, die Versöhnungskraft Nelson Mandelas, die in Menschenliebe wurzelnde Autorität großer Lehrer, die in der Begleitung und Erziehung ihrer Kinder sich hingebende Liebeskraft einer Mutter.

Gleichzeitig jedoch erleben wir, dass viele Gestalten der Vergangenheit und Gegenwart, die aus ihrer tiefen Ohnmacht heraus verändern und erneuern wollten, ohne sich dieser verwundenden und verwundeten Welt in großer Geste zu widersetzen, dem Fluch der Lächerlichkeit ausgesetzt waren und sind.[117] Ihre Wahrheit wirkt vor den Mauern und Schutzmechanismen des Alltäglichen so ungeheuer und zugleich so paradox, dass sie keiner Logik der Macht und der Effizienz standhält. Viele dieser Menschen verbluten in

---

[117] Vgl. Plessner 1981, S. 75 ff.

der Vergeblichkeit der Gestaltung ihres Lebens. Sie sind für sich betrachtet falsch in ihrer Lebensrolle; und doch sind sie unverzichtbar und damit richtig an sich. Was sie durchleben, hält dem menschlichen Sein den Spiegel vor, den Spiegel der Endlichkeit. In ihm erkennen wir den Sinn.

Das Scheitern, die Verzweiflung und die Ohnmacht sind drei im Innersten tief miteinander verbundene Erfahrungsströme. Auf jeweils ihre Weise konfrontieren sie den Menschen mit seinen Grenzen und lassen ihn gerade dadurch jene Tiefe des Seins erkennen und spüren, die über ihn hinausweist. Und erst jetzt wird es möglich, sich aus den Maß gebenden Grenzen angemessen in das Sein zu entfalten und das Sein zu gestalten. Jede Konfrontation mit der Ohnmacht ist ein Zeichen für das Mögliche. In der Handlungsunfähigkeit, in der unausweichlichen Besinnung, in der Zeit, Kraft zu schöpfen, erklingt der innere Appell, die eigenen Orientierungen zu erweitern bzw. zu verändern. Es ist der Appell zu wachsen. Das meint zunächst, die Bedingungen der Ohnmacht zu erkunden und sie auszuloten. Es fordert, die alten Ziele, die alten Wege und die alten Blickweisen auf Probleme in Frage zu stellen. Dann scheinen durch die Bedingungen der Blockade die neuen Perspektiven durch. Die Ohnmacht hat begonnen, ihre schöpferischen Potentiale freizusetzen.

„Schlangen verschlingen kleine Vögel. Dies habe ich auf dem Weg nach Morvan gesehen. Die eingeringelte Schlange hob den Kopf über ihre klebrigen Ringe hinaus. Das gebannte Rotkehlchen hüpfte mit kleinen mechanischen Schritten an den Rachen der Schlange heran. Es hatte vergessen, daß es zwei Flügel hatte, und wusste nicht mehr, daß ihm die ganze Weite des Himmels offenstand."[118]

Jetzt erinnert der Mensch sich an seine Flügel. Er schwingt sich auf zu der Leichtigkeit, die er vermag, und in jene Höhen, die für ihn erreichbar sind.

Erst die Freiheit, die aus dem Bewusstsein der Grenzen und ihrer Annahme, aber eben auch den darin liegenden Möglichkeiten entsteht, macht Handeln wahrhaft authentisch und zugleich ethisch. Entscheidungen fallen aus den zur Verfügung stehenden Potentialen heraus. Das Individuum versteckt sich nicht hinter Bedingtheiten.

---

[118] Sullivan 1960, S. 105

So gesehen, wird das Zugeständnis der Schwachheit und der Ohnmacht, ja, man kann durchaus sagen der Kapitulation, zur vielleicht entscheidenden Selbstfindung. Wir kommen bei uns an und lernen in unseren Kräften zu ruhen. Und dann entdecken wir, dass diese Kräfte nicht vereinzelt sind, sondern Teil eines unendlichen Kraftstromes, der jedes Leben umgibt. Dessen bin ich teilhaftig, daraus ziehe ich meine Lebensenergie. In dieses immer schon Vorhandene kann ich nun eintauchen und dabei vielleicht sogar lernen, manche der mir gegebenen und manchmal ja auch nur gegeben scheinenden Grenzen zu überwinden. Das ist die Dialektik der Ohnmacht. So bewahrheitet sich der zunächst paradox klingende Satz, dass, je tiefer der Mensch in Ohnmacht versetzt ist, desto mehr sich sein eigentliches Wesen enthüllt und desto klarer seine Größe und Schönheit sichtbar werden.

Krise und Hoffnung

Krisen können Personen betreffen, Systeme und Strukturen. Staaten bewegen sich genauso in sie hinein, wie zwischenmenschliche Beziehungen oder der Seelenzustand eines Menschen. Scheitern, Ohnmacht und Verzweiflung lösen Krisen aus, doch im Letzten steht nahezu alles als Anlass bereit.

Die Krise kann als eine schwierige, belastende und herausfordernde Lebenssituation verstanden werden, die auf eine Entscheidung bzw. eine bedeutende Veränderung zusteuert.[119] In der Wahrnehmung der von ihr betroffenen Menschen geht sie mit Unsicherheit, angegriffenem Selbstwertgefühl, Auflösung der Selbstbilder, Einsamkeit und Druck, vor allem Zeitdruck einher.

Krisen erscheinen nahezu voraussehbar in Übergangsphasen des Lebens, genauso können sie aber unvermittelt durch einen schweren Schicksalsschlag oder traumatisierende Ereignisse in die Existenz einbrechen. Sie sind schmerzhaft und mit Ängsten verbunden, stellen sie doch die alten Gewissheiten und die Bewegung auf einem vertrauten Terrain in Frage. Mit ihnen verändert sich die Wahrnehmung sowohl in psychischen als auch sozialen Kontexten. Das Alte erodiert, zeigt Risse, die sich verbreitern. Durch sie fällt der Blick auf Unbekanntes. Die Identität sieht sich

---

[119] Vgl. ausführlich Lieb 2009, S. 25–39 und die dort angegebene Literatur

herausgefordert und mündet in eine Suche, die nach Veränderung, nach Klarheit und nach Ankommen ruft.

Krisenhafte Lebensprozesse wollen in wachem Bewusstsein, keinem Nebenweg ausweichend, durchwandert sein. Niemand kann und darf sie dem betroffenen Menschen ersparen, niemand kann sie ihm abnehmen. Ein nachhaltiger Orientierungswandel stellt sich nicht ein, wenn der Weg abgekürzt oder Phasen übersprungen werden. Denn jedes Verkürzen lässt Unbewältigtes zurück, das im Unterbewussten weiterlebt. Oder es setzt an die Stelle von Reflexion und Aufarbeitung die Verdrängung, die gleichfalls aus den Schattenwelten der Persönlichkeit heraus das Werk der Entwicklungsblockade fortsetzt.

Die Krise, die als solche erkannt wurde, was nur durch ein hohes selbstreflexives Wachbewusstsein sichergestellt werden kann, führt in eine Auseinandersetzung mit dem Selbst, in der zunächst die Anteile des schmerzhaften Rückblicks und das Leiden an unerfüllten oder zerbrochenen Träumen und Erwartungen überwiegen. In dieser Phase ist es ausschlaggebend, die Ursachen des Krisenhaften und dessen, an dem ich geistig, seelisch und leiblich leide, in meiner Innenwelt zu erkennen und sie nicht zusammen mit Schuldzuweisungen nach ‚außen' zu projizieren. Schritt um Schritt treten dann zu der Annahme des Geschehens und sich ereignenden Ahnungen des wartenden Neuen hinzu, stellt sich zwischen beiden eine vergleichende Pendelbewegung ein. Die Krise reift und mit ihr die Bewältigung. Schließlich gewinnen das Gefühl der Chance und der sehnsuchtsvolle Sog in das noch unbekannte Land, in dem ich neugeboren werde, überhand. Die Verwandlung hat begonnen.[120]

In der krisenhaft provozierten Neuausrichtung des Lebens kann die Hoffnung zum Navigator werden. Sie schlägt den Bogen von der Vergangenheit über das Jetzt in das Kommende. Doch nicht nur das. Im Kampf um ein noch unerkanntes Morgen stärkt sie in den Lebensphasen des Hindurch die geistigen und körperlichen Abwehrkräfte. Der Einheit von Leib

---

[120] Dieser Weg in eine Krise und durch sie hindurch ist nicht nur für Personen von lebensgestaltender Bedeutung, gleichermaßen betrifft dies Systeme und Organisationen. In diesem Kontext können wir die Krise, wenn sie als Herausforderung angenommen wird, als eine für das System existentielle Ressource erkennen.

und Seele führt sie da neue Energie zu, wo das Leiden an der Gegenwart die Kräfte zu verzehren droht, die ein Umsteuern fordert. Hoffnung aufzugeben, hieße so betrachtet, die Zukunft aufzugeben.

Als Tugend der Sehnsucht gibt Hoffnung Antwort auf die Schwebesituation des Menschen zwischen schon jetzt und noch nicht. Wie in der Sehnsucht manifestiert sich in der Hoffnung eine Urerwartung und Urbewegung des Menschen. Sie schenkt der Sehnsucht die vertrauende Erwartung und damit wiederum das Durchhaltevermögen auch in trockener Zeit.

Doch auch die Hoffnung trägt ihre Schatten. Ein spanisches Sprichwort bringt dies zum Ausdruck, wenn es betont, dass wer von der Hoffnung lebt, an der Verzweiflung stirbt. So manche Hoffnung macht krank, wenn die Hürden der Unwahrscheinlichkeit, die ihr gegenüber stehen, schlichtweg unüberwindbar sind. Ungesund wird Hoffnung auch da, wo sie der Gegenwart ihr Recht, ihre Würde und ihre Möglichkeiten raubt, wenn in der ganzen Konzentration und Ausrichtung auf das ersehnte Zukünftige das zerrinnt und uns entgleitet, was der Augenblick beschert. Die Wirklichkeit der Gegenwart erfährt nur noch Entwertung und Diskriminierung, wenn sie an einer glorifizierten Vergangenheit und einer sich nicht selten darauf beziehenden goldenen Zukunftserwartung gemessen wird.[121] Dann werden Hoffnung und Nichterfüllung eins, verkümmert die Arbeit an der Zukunft zur Illusion.

Falsche Hoffnungen also wollen verabschiedet werden. Es ist zweifellos gesünder, sich zu einer partiellen Hoffnungslosigkeit zu bekennen und sie zu durchleben als die Lebensenergie durch Träume zu blockieren, die uns schließlich doch nur betrügen. Allerdings ist dies kein Plädoyer für die Aufgabe der Hoffnung an sich. Im Gegenteil, wenig geht ohne sie. Doch bedarf das Vertrauen in die vertrauenswürdige Hoffnung der Unterscheidungskunst zwischen billiger und tätiger Hoffnung. Billig ist sie, wenn sie sich auf die Verkündigung des Erhofften und einen damit verbundenen unbegründeten Optimismus, dass die Dinge schon gut ausgehen werden, beschränkt. Tätige Hoffnung geschieht demgegenüber in dem Vertrauen, dass das, was der Mensch tut, sinnhaft ist, unabhängig, ob er das Erhoffte

---

[121] Vgl. ausführlich Haim Omer/Robert Rosenbaum 2006

bereits schaut und unabhängig vom Ausgang.[122] Tätige Hoffnung nimmt ernst, dass eine Möglichkeit und eine Zukunft ersehnt und erkannt werden, dass dies aber auch eine Anforderung darstellt. In der tätigen Hoffnung empfängt der Mensch und er gibt sich hinzu, schwingt sich ein in die Pendelbewegung von Kontemplation und Aktion. Alle großen Heilslehren setzen dies voraus. Sie sind Ankündigung – Indikativ – und Aufforderung – Imperativ. Das Versprochene kann nur durch die Mitarbeit des Menschen eingelöst werden.

Der Tod

Auf der gegenwärtigen Evolutionsstufe stehen wir zwischen der Anhaftung im Diesseits und dem Sehnsuchtsdrang, der in die Überschreitung führen will. Als Kinder der Erde und der Geschichtlichkeit sind wir Gebundene, in Systeme und Strukturen Eingepasste, dem Vorübergehenden Ausgelieferte und immer im Angesicht der grundsätzlichen Vergänglichkeit, die alles beherrscht. Als Transzendenzwesen strecken wir uns in das Unbedingte, in die zeitlose Energie des Absoluten, hin zur Heimat, der wir entstammen. So also schwingt der Mensch zwischen Alpha und Omega. Sein Platz ist die Bewegung, seine einzige Identität der Fluss von Potentialität und Vergänglichkeit. Diese Identität hat somit keinen festen Ort und keine feste Zeit und schon gar kein statisches Bewusstsein ihrer selbst. Wir können sie nicht haben, nicht an Dingen festmachen oder an zeitbedingten Normen und Urteilen. Was bleibt dann? Es bleibt die Identitäts*krise* als Identität. Diese Krise schließt vor allem immer das Bewusstsein des Todes als letzter Freiheit mit ein – des Todes, der als unübersehbares Zeichen für die Vergänglichkeit steht und doch zugleich die Zeit, die sich im Bewusstsein der Menschen vor ihm windet, außer Kraft setzt und überwindet.

Eine allein aus der Immanenz und ihren Bedingungskonstellationen sich ableitende Identität ist eine Gebundene und Verhaftete. Sie negiert den Tod. Sie meint zu haben, grenzt sich damit ab und muss verteidigen. Der

---

[122] Darauf weist der Apostel Paulus hin: „Hoffnung aber, die man schon erfüllt sieht, ist keine Hoffnung. Wie kann man auf etwas hoffen, das man sieht? Hoffen wir aber auf das, was wir nicht sehen, dann harren wir aus in Geduld." (Römer 8, 24 f.)

Grunddefekt, den die Anbetung des Endlichen in sich trägt, liegt darin, es absolut zu setzen. Sie konstruiert damit eine ganz eigene Vorstellung von Ewigkeit, die sich daraus nährt, dass es anscheinend immer weiter geht und immer besser wird und ansehnlicher. Wie im Fortschrittsglauben der Moderne und Postmoderne wird das epochale Ende nicht mitbedacht, werden der Verfall und der Tod überspielt. Entsprechend prägend sind die Muster der Verdrängung, individuell und kollektiv.[123] Diese Verdrängung ist zu einem mächtigen kollektiven Schatten geworden, was ja etwa auch dazu führt, dass wir uns ökologisch so verhalten, als wären wir unsterblich und unsere Nachkommen nicht vorhanden. So wird das ganze Lebensnetz gestört, wird oft künstlich verlängert, was abgelaufen ist, wird die Kraft entzogen, die dem Neuen, das kommen will, fehlt. Wer den Tod nicht auch als Lebensbewahrer versteht, kann das Leben nie verstehen.

Auch das Verständnis des Todes als finalem Unheil wuchs, menschheitsgeschichtlich betrachtet, mit der Herausbildung des Individualismus. Das Heraustrennen einer Lebensexistenz aus dem Netzwerk des universellen Seins gibt diesem im subjektiven Empfinden verabsolutierte Bedeutung, mit dem Tod als Ende und allenfalls der Hoffnung auf ein – allerdings wiederum individualistisch gedachtes – Fortleben nach dem Tode.[124] Erst mit dem Wandel vom Ich-Bewusstsein zum transpersonalen Bewusstsein kann das Verständnis vom Tod dieser gravierenden Einschränkung entrinnen. Nun steht der Tod als Ende einer Wegstrecke, nicht aber des Weges selbst; als Fortfall realer Grenzen und Eintauchen in neue Seins- und Bewusstseinsströme. Er verbildlicht aber auch die nackte Notwendigkeit, Platz zu schaffen für neues personenhaftes Leben, das mit seiner Entwicklung weiter strickt an der Entwicklung des universalen Bewusstseins. Während der im Erdbewusstsein verlorene Individualist im Tode alles zusammenbrechen sieht, und während der ganz im kosmischen Überbewusstsein Fliegende den Tod als Schein durchleuchten will, erscheint es

---

[123] So springen ja auch die Plakatwände unserer Konsumstädte und die Bildersequenzen der medialen Alltagsdrogen in die Wahrnehmung: Die Gesichter und Körper der materielle Güter zur Schau stellenden Werbeikonen strahlen ewig jung. Die Models selbst sind Austauschwaren, deren eigene Vergänglichkeit durch ihre kontinuierliche Auswechslung in Ewigkeit der Jugend überführt wird.
[124] Vgl. Wilber 1984, S. 388

gerade wichtig, die Wahrnehmung für die Wirklichkeit des Todes als Transformation und mehr oder weniger jähe Wandlung zu schärfen.

Lernen, vom Ende einer Wegstrecke, vom Tode als Transformation her zu denken, befreit nicht nur ein Stück aus der fixierten und versklavten Zeit; es entfesselt auch die lächerliche Parodie von Ewigkeit, die sich in den Phänomenen der Zeitlichkeit erschöpft.

In einer Kultur, die so rastlos bemüht ist, Leiden zu vermeiden, ihm auszuweichen oder es zu verdrängen, stellt der Tod die wohl bitterste Provokation dar. Doch er erst weist dem Leben seine Herausforderungen und Aufgaben zu. Seine fortwährende Erinnerung und Mahnung bilden den Rohstoff der Würde, hängt doch die Endlichkeit von jedem und allem mit der Unvergleichlichkeit und Einmaligkeit eines jeden Lebens untrennbar zusammen. Nichts ist identisch und selten etwas revidierbar. Die Größe der darin ruhenden Lebensaufgaben könnte umfassender nicht bestimmt und bemessen werden. Und diese Aufgaben stellen sich jederzeit und genau genommen von Anfang an. Denn kaum gezeugt, bin ich schon alt genug zum Sterben. So entstand und entsteht die Zeit. Aus der Vergänglichkeit des Menschen wurde sie erdacht. Seine Bindung an das körperliche Leben bindet an die verkörperte und vergehende Zeit, den Chronos.

Die Wegstation des Todes stellt jeden Augenblick des Lebens in ein besonderes Licht und konfrontiert ihn mit spezifischen Herausforderungen. Der Tod lehrt aber auch, konsequent den Abschied auf nahezu alles hin zu leben, ja ihm, wie Rilke es formuliert hat, immer voran zu sein. Dann kann die bewusste Vorwegnahme dem Abschied das Bittere und Zwingende nehmen und ihn gar zu etwas Befreiendem machen, wenn er eintritt.[125]

Das Leben bei allem Genuss des Moments auch als Abschied zu leben, nimmt der Welt viel an Macht über den Menschen. Er tritt in Distanz, ohne an Intensität zu verlieren, ja, gewinnt sie doch eigentlich erst im Horizont eines jederzeit möglichen und wahrscheinlichen Verlustes. Dazu gehört die Haltung des Abstands sich selber gegenüber, den Gewohnheiten und Erwartungen, den Ängsten und Obsessionen. Im Zulassen des Ungewissen und in der immer wiederkehrenden und sich immer wieder neu und an-

---

[125] Vgl. Stüttgen 1999, S. 50

ders ausdrückenden Bereitschaft zur Selbstaufgabe und Selbsthingabe zeigt sich die jeden Tod überstrahlende Freiheit. Es ist dieses Zulassen, das den Menschen auch in die fortwährende Nähe zum göttlichen Bereich rückt und damit in ein Feld, das keinen Endpunkt kennt. Der aus dieser Nähe sich ergebende Drang und die in dieser Nähe wach gehaltene Sehnsucht nach dem Unbedingten und Absoluten sind selbst absolut. Sie können nicht verlöschen wie ein kleines Glück.

Im Abschied leben, das Sterben zuzulassen und dem Tod als Weggefährten begegnen meint nicht, der Welt und den sie bewohnenden Wesen gleichgültig gegenüberzutreten. Abschiede, und schon gar, wenn es sich um das körperliche Sterben geliebter Menschen handelt, können von der Bewältigung in der Trauer nicht getrennt gesehen werden. Trauer wartet als das Gegenüber einer jeden Bindung, gehört zur Wahrscheinlichkeit einer jeden Liebe. Sie steht als Preis dafür, lieben zu können und zu dürfen, und wir sind sie dem Gehenden und Gegangenen schuldig. Genau wie uns selbst.

Die Trauer bedarf keiner festen Zeiten, und sie bedarf keiner festen Orte, auch wenn beides wichtige Stützen im Alltag sein können. Doch in erster Linie zeigt sich in der Trauer eine innere Haltung dem Abschied gegenüber. Trauernde sind nicht krank, sie bedürfen selten einer Therapie. Sie haben den Weg der Selbstheilung beschritten, erweisen dem Gehenden und Gegangenen die letzte Reverenz, durchleben noch einmal seine Einzigkeit und Unwiederbringlichkeit und geben diese und sich selber schrittweise in ein neues Werden frei. Der Tod und die Trauer stehen als letzte Bastionen der Freiheit im Diesseits und als Tore in den Raum des Unsterblichen.

Melancholie und Einsamkeit

Auf der langen Wegstrecke des Erwachens, des Werdens und des Wachsens zur integralen Persönlichkeit gehen Einsamkeit und die Empfindung der Melancholie als treue Begleiterinnen mit.

Sie wird auch die Dunkle genannt, die Melancholie. Manche Menschen sind ganz erfüllt von ihr. Und gelegentlich hat sie tragische Züge, wenn der von ihr Ergriffene sich ganz dem Blick auf das Vergehende und die Nichterfüllung seiner Träume, Erwartungen und Ansprüche hingibt.

Wehmütig streift dann der Blick in das Gegangene und Verlorene, hält sich dort auf, lebt sich ein und verliert sich dort. Von der Seinsempfindung der Melancholie her wird auch das noch vor uns liegende Mögliche bereits wieder zu Gehendem und zu Verlorenem, bevor es überhaupt eine Chance hatte ins Leben zu treten. Zukünftiges wird aus der Erfahrung des Vergehens und des Verlustes betrachtet. Dieser Blick nimmt der Potentialität jegliche Kraft.

Doch nur, wer das Dunkle aus eigener Erfahrung und Empfindung kennt, kann es verstehen, annehmen und integrieren. Es gehört zur Schöpfung und damit zur Seinsweise des Menschen wie das Licht. Mit den Waffen des Lichts allein lässt es sich somit auch nicht bekämpfen. Es ist nicht zu besiegen, aber man kann versuchen, es zu integrieren. Bezogen auf die Erkenntnis des Ganzen, auch der Räume hinter dem Sichtbaren, lebt der in Melancholie eingehüllte Mensch durchaus in einer Seinsweise der Gnade. Sein schwermütiger Blick durchwandert alle Gegenwärtigkeiten und erkennt im Vorübergehen deren Vergänglichkeit. Vor dieser Wahrnehmung relativiert sich jede Perspektive, die dem Leben einen tieferen und beständigen Sinn geben möchte. Aber es entstehen auf der anderen Seite zugleich auch große Visionen, das Reich der Träume und die Anderwelt transzendenter Erfahrung. Sie sind Verlockung und Versprechen in einem.

Melancholie führt, solange sie mit Selbstreflexion und Zeugenschaft sich selber gegenüber verbunden ist und nicht in eine depressive Erkrankung übergeht, in unvergleichliche eigene Erkenntniszugänge. Bei allem Dunkel, allem Traurigsein und allem Sich-Entmächtigt-Fühlen: Wir verdanken ihr selbst da, wo sie sich dem Weltlauf verweigert und in die seinsgegebene Ohnmacht schickt, mit die tiefsten Einblicke in eben jenes Sein, an dem sie zu verzweifeln droht. Melancholie und Philosophie – sie können deshalb nicht wirklich ohne einander sein. Die Geschichte der Weisheit ist immer auch eine Geschichte über diese Liaison.

Dem aus der Melancholie geborenen Blick auf die Welt und das eigene Sein halten keine Konstruktion und kein Schein stand. Umso grundsätzlicher geraten allerdings auch die Anfragen, vor allem die an das eigene Sein. Dem Einatem der Erkenntnis folgt dann unmittelbar als Ausatem das Leiden daran. Es ist das Leiden an der letztendlichen Rätselhaftigkeit von so vielem, das dem Leben seine Gestalt gibt.

Die Einsamkeit ist der Melancholie auf dem Weg des Werdens manchmal zeitweise, manchmal auf Dauer an die Seite gestellt. Ein grundsätzliches Entkommen gibt es nicht.

In der Einsamkeit fühlen wir uns isoliert. Nichts wird als wirklich beständig erlebt. Man kann mit den liebsten Menschen zusammen sein, und doch kommt plötzlich das Gefühl abgrundtiefer Verlassenheit, eines existentiellen Mangels, einer metaphysischen Leere. Einsamkeits- und Isolationsgefühle lassen verstummen. Das meint etwas anderes als Schweigen. Im Schweigen kann unendliche Fülle ruhen. Das Schweigen kann ich teilen und mich in ihm mit dem Du verbinden. Schweigen aus Liebe, in Liebe, aus Ehrfurcht, aus Respekt oder schlicht und einfach angesichts der Unmöglichkeit, alles in Worten auszudrücken ... solches Schweigen gibt und trägt. Anders das Verstummen. Es entzieht, verstört und zerstört. In der Liebe zerbricht das Verstummen den Diskurs, aus dem alles entstand. Genau wie das ununterbrochene Gerede und das leere Geschwätz, das der potentiellen Größe einer Beziehung die Verwirklichung vorenthält, versagt das Verstummen dem Du die Bestätigung, verweigert es Begründungen, reißt es aus der Nähe, die alleine Beziehung schützen kann. Dies gilt nicht nur für die Beziehung zwischen Menschen, es gilt auch für das unterwegs Sein mit dem göttlichen Du. Doch selten liegt dem Versiegen der Worte ein Wollen zugrunde oder gar die Intention zu kränken. Ohne Vorwarnung steigt es auf, einengend, nimmt den Atem. Es breitet sich in dir aus, dringt in jede Faser, lässt sich nicht berühren, bis du es ganz bist: verstummt und erstarrt. Die Gedanken registrieren diesen Vorgang als wäre das Ich ein Fremder. Sie nehmen mit Entsetzen die Reaktion des Gegenüber wahr, das nicht weiß, wie ihm geschieht. Die vorübergehende Sprachlosigkeit der Melancholie fühlt sich an wie ein dunkles Feld, das über eine ganz eigene Schwerkraft verfügt. Sie kommt nicht nur aus dem betroffenen Menschen. Ihr liegt auch ein metaphysischer Ursprung zugrunde. Heilen kann hier nur die Liebe, die sich in Geduld, Klarheit und Selbstzurücknahme zeigt.

Wie die Ohnmacht und das Scheitern wird in den abendländischen Machbarkeits- und Ablenkungskulturen auch die Einsamkeit stigmatisiert. Doch die Einsamkeit, von der hier gesprochen wird, liegt am Wege des Aufbruchs, der immer mit Abschieden und Trennungen im Äußeren wie im Inneren verbunden ist. Sie dient der Reinigung von alten Denk-, Erlebens- und Handlungsmustern. In ihr wird dem Neuen die Wiege bereitet.

Krisen bedürfen der Einkehr, und wenn die Zisternen austrocknen, bleibt nur das Erschließen einer neuen Quelle in Stille, zurückgezogen in meinem inneren Raum. Dieser Schicksalsweg ist ein Pfad im Verborgenen, der sich eben nicht nur in Weltsuche erschöpft, sondern auch immer wieder an der Weltabwendung vorbei führt. Er folgt der zarten Spur in das Erkennen der Einheit, die hinter der alles gebärenden Leere und hinter allen Gegensätzen und Vereinzelungen ruht.[126] Einsamkeit als liebende Schwester anzunehmen, gleicht der Einübung ins Sterben und in die Auferstehung zugleich. Es ist eine Bewegung der Demut, geboren zwar aus der Einsicht in unsere Endlichkeit, aber auch die vertrauende Zuversicht, dass Dunkelheit nicht gleichzusetzen ist mit dem Verschwinden des Lichts. Für eine Weile hat es sich lediglich aus unserer direkten Wahrnehmung zurückgezogen. Hermann Hesse:

"Wem es bestimmt ist, der muß einmal im Leben so einsam, so vollkommen einsam werden, dass er in sein innerstes Ich zurückgezogen ist. Dann ist man plötzlich nicht mehr allein. Man findet: unser innerstes Ich ist der Geist selbst, ist Gott, ist das Unteilbare. Und damit ist man wieder mitten in der Welt, von ihrem Vielerlei unangefochten, denn man weiß sich im Innersten eins mit allem Sein."[127]

Mythos, Kultus, Ritual

Menschen können ohne Mythen nicht leben. Der Mythos gibt Antwort auf die Frage nach dem Woher und dem Wohin von Sein und Werden und was die tiefere Bedeutung von Leben und Tod, von Gut und Böse, von „Himmel" und „Hölle" ausmacht. Über die Jahrtausende haben sich die großen Menschheitsmythen gehalten, auch wenn sich ihre Bedeutungen und Deutungen in der Zeit und mit der Zeit gewandelt haben. Einen gewaltigen Schnitt setzte die Epoche der Aufklärung und das ihr folgende industrialisierte und verwissenschaftlichte Zeitalter. Einerseits wurden nun endlich die Ketten zerschlagen, die den Menschen so lange in Unmündigkeit hielten. Mit der Verdrängung der überkommenen mythischen Weltdeutungen verschwanden aber auch die Sinnangebote, die ihm nicht nur

---

[126] Vgl. Kornfield 2001, S. 110 ff.
[127] Hesse 1981, S. 90; vgl. auch Hesse 1986, S. 119

Vertrauen und Orientierung schenkten, sondern ihn auch in einen größeren kulturellen und heilsgeschichtlichen Zusammenhang stellten.[128]

Zweifellos muss konstatiert werden, dass bei aller Klarheit und Schönheit, die das Wesen des Mythos an sich ausstrahlt, ihm eine dunkle Seite beiwohnt. In der Geschichte zeigte sie sich vor allem immer dann, wenn der Mythos mehr verdeckte als er offen legte, er das Bewusstsein mehr blockierte als es zu befreien. Die Geschichte des Mythos kann somit immer auch als eine Erzählung von Instrumentalisierung und Missbrauch gelesen werden. Die Kampfansage der Aufklärung an jegliche mythische Verdunkelung war in diesem Sinne durchaus verständlich und überfällig. Dieser historisch überfällige Befreiungsschlag soll hier deshalb auch nicht zur Debatte stehen. Schließlich verdankt der Mythos ihm seine Reinigung. Der Schutt mythisch sich gebärdender Phantastereien, Dogmatisierungen und Kaffeesatzlesereien wurde als Schutt sichtbar gemacht. Ungewollt wirkte so die Aufklärung an den Bedingungen mit, die einem authentischen Mythos seine Strahlkraft zurückgeben können.

Doch es interessiert auch, was noch daraus wurde. Der Siegeszug der so genannten Rationalität führte in die Entzauberung der Welt. Mit der Demaskierung abergläubischer Orientierungen wurde zugleich das Kind mit dem Bade ausgeschüttet. Die „Vernunft" trat dem Mythos gegenüber, indem sie ihn als vernunftfremd stigmatisierte und konsequent an seiner Verdrängung arbeitete. Doch Mythen verschwinden nicht einfach. Entmythisierung beseitigt den Mythos als Sehnsuchtsraum nur vordergründig. Und so kann es geradezu als Ironie der Geschichte bezeichnet werden, dass die Triebkräfte der Entmythisierung selbst der Mythisierung verfielen. Die Mächte der instrumentellen Vernunft in Wirtschaft, Politik und Wissenschaft drängten durch ihren Absolutheitsanspruch in eine mythische Rolle, setzten den Menschen und seine wissenschaftlich-technischen Allmachtsphantasien gleichsam an Gottes Stelle. Dies konnte umso leichter geschehen, als dem modernen abendländischen Wissenschafts- und Fortschrittstraum letztendlich die Vision der Entwicklung hin zu einem paradiesischen Endzustand zugrunde liegt – nur, dass man das Göttliche durch Selbst-Vergötterung ablöste. In der Mythisierung von Aufklärung und instrumenteller Vernunft offenbart sich

---

[128] Vgl. ausführlich mein Buch „Mythos Multimedia" (1998), insbesondere S. 9–69

eine zugespitzte, radikalisierte Angst, denn das Transzendente, das Übermächtige und ganz andere ist ja nicht verschwunden; es lebt im Menschen, zumindest im Unbewussten weiter.

Mythos also wurde in der Moderne zu einem negativen Kampfbegriff gegen alles, was nicht einer vorgegebenen Form von Rationalität folgte. Das dauert fort bis in unsere Gegenwart. So stellt der französische Philosoph und Schriftsteller Roland Barthes (1915–1980) heraus, dass der Mythos entpolitisiere. Auch raube er dem Realen seine Geschichte, reinige die Dinge bis hin zu ihrer Unschuld, gründe sie als Natur und Ewigkeit und verweigere ihnen die Klarheit der Erklärung.[129] Weitere Vorwürfe betonen, dass der Mythos in seinem Wesen antidialektisch angelegt sei und er betrüge, ohne dass dies dem Betrogenen bewusst werde. So halte er die Menschen auf einer niederen Bewusstseinsstufe. Schließlich komme eine zyklische und damit ausweglose Sicht von Welt hinzu, die in der Verabsolutierung von Urerfahrung und einem darauf bezogenen Endzustand gipfele. Aus dem Paradies kommend werde dem Menschen vorgegaukelt, dort auch wieder hin zurückzukehren. Gewiss, all das wird man in der Geschichte von Menschheit und Mythos vorfinden können. Doch es sollte dann auch erkannt werden, dass eine Geschichte des Missbrauchs nicht gegen das Missbrauchte gewendet werden kann. Vor allem aber scheint an dieser Stelle mehr Differenzierung erforderlich. Denn Mythos ist nicht gleich Mythos. Wir können drei Erscheinungsformen unterscheiden:

Der *authentische Mythos* umspannt alle Ebenen des Seins und zielt auf das Ganze des Weltzusammenhangs. Als übergeordnetes Wissen integriert er Umwelt-, Mitwelt-, Innenwelt- und Transzendenzerfahrung, bezieht sich somit auf Natur, Gesellschaft, Psyche und Offenbarung. Um ihm zu begegnen, bedarf es der Verschmelzung von äußerer Wahrnehmung, innerem Erspüren und Empfinden, spirituellem Weltzugang sowie einer alles zusammenführenden inneren Erfahrungsgewissheit. Göttliche Offenbarung, transzendent Geschautes sowie das sinnlich und verstandesmäßig wahrgenommene Naturhafte und menschlich Existente kleiden sich in Weisheitsbilder, die nahezu alles Geschehen deuten lassen. Mit Offenbarung verbunden ist jene Gottessehnsucht, die den Menschen erst in die

---

[129] Vgl. Barthes 1964, S. 131 ff.

Wahrnehmungsbereitschaft führt, in der eine Offenbarung als solche aufgenommen und erkannt werden kann. Mit Natur verbunden ist die Reaktion auf das verbliebene Geheimnisvolle, Unerklärliche, Übermenschliche, Schicksalhafte und Katastrophale sowie die daraus entstehenden Ergriffenheit, Angst und Erstaunen. Mit Psyche verbunden ist schließlich der Schrei nach Klarheit, Läuterung und Erlösung. Notwendig entspringt er der unerschöpflichen Tiefe des Seelenlebens, mit all ihren Höhen und Abgründen, Faszinosa und Widerwärtigkeiten, glänzenden Sternen und undurchdringlichen Schatten. Doch prägen den authentischen Mythos wie gesagt die Integration und Einheit, nicht nur der thematischen Motive, sondern auch deren Ausgangspunkte. Aus einem Ausgangspunkt und einer Motivlage allein entsteht noch nicht das mythische Bild des Seins, geschweige denn die Mythologie einer Kultur oder Religion. Der Gehalt des authentischen Mythos ist überzeitlich, und doch nicht statisch. Er passt sich der Sprache und den Deutungsweisen des Zeitlichen an. Trifft der authentische Mythos auf empfängliche Menschen, so berührt er sie nicht nur, sondern er ergreift, erschüttert, verzaubert und verwandelt.

Anders der *sekundäre Mythos*. Auch er vermag Menschen zu begeistern, und auch er bietet Deutungsangebote für das Verständnis von Welt. Doch er markiert immer nur Weltausschnitte und baut seinen Deutungsanspruch dadurch auf, dass er eine oder mehrere Motivlagen des authentischen Mythos absolut setzt, ohne allerdings an deren ganzheitlicher Integration anzuknüpfen. Der sekundäre Mythos tritt ohne Transzendenzbezug auf, obwohl er nicht selten als eine Ersatzreligion fungiert. Die Mythen des Fortschritts oder des Wachstums könnten hier exemplarisch genannt werden. So kann er zwar in einer Zeit für eine Zeit Geltung für sich reklamieren, doch ihm fehlt die umfassende überzeitliche Verbindlichkeit des Authentischen. Allein vom Menschen konstruiert, zeichnet den sekundären Mythos seine zeitliche Begrenzung aus. Er ist eng gebunden an den Entwicklungsstand von Kulturen. Die geläufigen Fortschrittsmythen stehen beispielhaft für ihn, aber auch mythische Erfahrungswirklichkeiten, die sich auf rein ästhetisches Empfinden gründen. Trotz dieser Engführung kann dem sekundären Mythos nicht grundsätzlich die Potenz abgesprochen werden, die im Menschen ruhenden Ursprungsfragen und religiösen Tiefenschichten anzusprechen. So vermag es gerade seine eingeschränkte Deutungsreichweite sein, welche erst die Bereitschaft weckt, sich den Ursprungsmotiven zu öffnen.

Erwachsen sekundäre Mythen noch aus der kulturellen und evolutionären Dynamik der Menschheit, mit möglicherweise ganze Epochen prägender Kraft, so lassen *Scheinmythen* auch dies vermissen. Als rein zweckgebundene Konstruktionen verbleiben sie oberflächlich und flüchtig. Trends und Moden dienen ihnen als Nahrung. Die von ihnen reklamierte Verbindlichkeit kann sofort als hohl identifiziert werden. Scheinmythen nutzen die Motivlage des authentischen, gegebenenfalls in Verbindung mit der Zielrichtung des sekundären Mythos und beuten sie für kurzfristige Interessen aus. Der Bilderschatz des mythischen Universums dient ihnen als Supermarkt für die Befriedigung des Bedarfs nach Verführung, Manipulation und Blendung. Der Scheinmythos appelliert an das Unbewusste der Menschen, berührt sie in ihren Emotionen und Sehnsüchten und versucht diese zweckgebunden auszurichten und auszubeuten. Die politische Sprache, die Sprache der Propaganda, die Werbung und unzählige weitere Medienbotschaften sind angehäuft mit Scheinmythen.

Der authentische Mythos – und um ihn geht es, wenn wir im Folgenden von Mythos sprechen – bringt das Wesenhafte und Existentielle des Menschseins zum Ausdruck. In ihm geschieht der Entwurf von überzeitlichen Urbildern der Existenz. Doch wir stoßen hier auf eine Weise des Zugangs zu Existenzwissen, die sich der Fixierung in Begriffe und Kausalitäten entzieht. Auch steht sie, wie Drewermann anmerkt, in einem „schwebenden Verhältnis zur Geschichte".[130] Der Mythos schreibt nicht Geschichte auf, erklärt nicht Natur- und Weltgeschehen, präsentiert nicht Faktizität: Er deutet. Und er führt. Mircea Eliade (1907–1986), einer der großen Mythenforscher wies in diesem Zusammenhang darauf hin, dass Mythen „die beispielhaften Vorbilder für das gesamte, verantwortliche Handeln des Menschen bewahren."[131] Beachten wir bei dieser Aussage das Wort „gesamt". Wird der Mythos als innere Erfahrungsgewissheit angenommen, so ist er verbindlich für das gesamte Sein des Menschen, spricht ihn in seiner Ganzheit an – auf eindringliche und zugleich unwiderlegliche Weise. Seine Dynamik greift nicht nur gestaltend in das Leben von Menschen ein, sie schafft den Menschen, der sich auf ihn einlässt, neu. Schließlich wirkt er über die Person hinaus kulturell und kollektiv identitätsstiftend. Aus ihm

---

[130] Drewermann 1991/2, S. 134; vgl. auch Evers 1987, S. 17 f.
[131] Eliade 1993, S. 135 f.

erwachsen gemeinsame Lebensweltorientierungen und Lebensweltvollzüge. In der Folge entstehen gemeinsame Erfahrungen. Die damit verbundene Stiftung von Identität und Einheit trägt wesentlich dazu bei, dass der Mythos nicht nur fordert und in Anspruch nimmt, sondern immer auch entlastet, Vertrautheit und Versöhnung schenkt – mit Um- und Mitwelt, mit dem Göttlichen, mit dem Selbst. Er errichtet einen unangreifbaren inneren Heimatraum und setzt dadurch nicht zuletzt schöpferische Energien frei. Friedrich Nietzsche (1844–1900) bringt das zu der Aussage:

„Ohne Mythus ergeht jede Natur ihrer gesunden und schöpferischen Naturkraft verlustig: Erst ein mit Mythen umstellter Horizont schließt eine ganze Kulturbewegung zur Einheit ab. Alle Kräfte der Phantasie und des apollinischen Traumes werden erst durch den Mythus aus ihrem wahllosen Herumschweifen gerettet."[132]

Nietzsche kann zugestimmt werden. Der Mensch vermag zwar ohne Mythos zu überleben, doch als Strandgut bleibt er ohne Beziehung zu seinen Wurzeln und zu seinem Selbst. Genau dieses zeigt unsere Zeit. Unmissverständlich hebt sie ans Licht, dass die Grenzen der Entmythisierung dort beginnen, wo die Begeisterung, die der authentische Mythos zu entfachen in der Lage ist, auf die Sehnsucht der Menschen nach wahrer Orientierung, aber auch nach Geborgenheit und Getragensein trifft. Jetzt wird offenbar, dass mit den uneingelösten Versprechen der industriellen Moderne, ja ihrer Karikierung, eine mächtige subversive Kraft des Unerfüllten wächst. Und so stehen wir im Prozess einer Wiederkehr oder besser Neugeburt des Mythischen. In seinem Zentrum bewegen sich die zurückgedrängten Möglichkeiten des eigenen personalen Seins, die Integration des Abgespaltenen, die Transformation des Polarisierten. „Einheit von Leib, Geist und Seele", „Wahrhaftigkeit des Gefühls", „Ehrfurcht vor dem unerklärlichen und Heiligen", „Einheit von Außen und Innen, von Subjekt und Objekt, von Ratio und Spiritualität" sind Stichworte hierfür. Wo solches wachsen darf, werden die Mythisierungen der Verdinglichung gebrochen und zerbrochen. Aus dem Vorraum bewegt sich der Mensch in die Mitte der höheren Vernunft. Biographisch – Lebenspraktisches, Sozial – Gesellschaftliches, Universal – Kosmologisches und Transzendental – Spirituelles konvergieren zu einem Integral. Ganzheitlichkeit also zeichnet die Neugeburt des Mythos aus. Die Orientierung für das

---

[132] Nietzsche 1990, S. 515

persönliche Leben speist sich aus dem Buch des Lebens insgesamt. Die Identifikation, die es hier zu erringen gilt, ist keine mehr einer bestimmten Gruppe, eines bestimmten Volkes oder einer bestimmten Kultur. Es ist die Identifikation mit dem Sein schlechthin. Sie steht somit vor dem Übergang in eine planetarische und kosmische Kultur.[133] All dies, das sei bereits hier angemerkt, bevor wir später ausführlich darauf zurückkommen, meint nicht den Verzicht auf Rationalität, wenn auch den Mut zur Lücke in ihrem Schirm. Es meint nicht die Preisgabe des Intellekts, wenn auch die Einsicht in seine Grenzen. Zwischen den Dimensionen des Wortes und den Dimensionen des Schweigens lebt das Neue. Mythos und Logos erkennen sich in ihrer gegenseitigen Verwiesenheit.

Der Weihnachtsmythos enthält bereits viel von diesem kommenden Neuen. Die Einheit von Mensch und Tier in tiefem Frieden an der Geburtsstätte des Heils spricht davon und auch der Stern, der den Suchenden den Weg weist und der damit das Interesse des ganzen Kosmos an der Menschwerdung des Göttlichen zum Ausdruck bringt.[134]

Dass der Mensch zum Mythos finde und sich in ihm beheimate, dass er also in seine Wahrheit und seine Wirklichkeit eintrete – dies ereignet sich zwar wesentlich, doch nicht allein als geistiger Akt und als Verinnerlichung von Wort und Sinn. Der Mythos tritt erst im Kultus und im Ritual ins Leben, wird gleichsam Fleisch, stiftet Identität. Als Kultus können wir den übergreifenden religiösen bzw. spirituellen Vollzugskontext sehen. Der Kultus demonstriert die Weise in der Religion und Spiritualität sich als gemeinschaftliches Leben zeigen, entäußern. Der Ritus gehört als Bestandteil zum Kultus. Ihm dienen die einzelnen Rituale als Säulen.

Mythos, Kultus und Ritual sind untrennbar miteinander verbunden. Als Ursache und sein Sinngehalt formt der Mythos den Kultus und beglaubigt ihn im Wandel der Zeiten fortwährend neu. Kult und Ritual sind mit dem Mythos wesenseins, was zunächst bedeutet, dass sie Idee und Sinn des Mythos *sind* und nicht lediglich darauf verweisen. Im Vollzug von Kultus und Ritual hält sich das mythische Universum in der Gegenwart und in der Präsenz. Es wird gleichsam immer wieder neu geschaffen und erhält

---

[133] Vgl. Campbell 1989, Kapitel 1
[134] Vgl. Matthäus 2, 9; vgl. dazu auch Mynarek 1991, S. 248–253

seine lebensnahe Bedeutung. Zugleich integriert die Wiederholung eines den Mythos mit begründenden einzigartigen heilsgeschichtlichen Geschehens die drei Zeitebenen. Vergangenheit und Erinnerung, Gegenwart und Verlebendigung, Zukunft und hoffende Erwartung verschmelzen.

Die rituelle Handlung stellt in die Nähe zu herausgehobenen Zeiten, Lebensphasen, Orten und Naturgegebenheiten. In ihr versöhnt sich der Mensch mit der äußeren und inneren/psychischen Natur und mit dem Göttlichen selbst, welches er gleichsam umarmt.

Kult und Ritual leisten im Rahmen der Deutungstiefe des Mythos ihren Beitrag zur Bewältigung der Welt. Sie liefern Orientierungsmarken, sie stützen und geben Halt. Die Rückbindung an den transzendenten Wirklichkeitsraum schwächt die Furcht, sich im irdischen Leben zu verlieren und haltlos zu werden. Das Besondere des kultischen und rituellen Handelns tritt in der Schöpfung einer eigenen Wirklichkeitsdimension hervor, in der Lebenswelt und Transzendenz ineinander übergehen. So entsteht eine auf den Mythos bezogene Erfahrung. Sinngehalt wird mit sinnlichem Erleben verbunden, und die sinnliche Erfahrung erhält durch den übergreifenden Sinn eine neue Bedeutung. In ihr scheint das Transzendente durch. Alle großen spirituellen Traditionen auf dieser Erde leben von dieser Symbiose. Im christlichen Kontext lässt sich das beispielhaft in der Taufe, dem Gebet und dem Abendmahlsgeschehen erkennen.

Die im Kultischen und Rituellen geborene Erfahrungswirklichkeit hält ihre Energie durch Teilhabe und Wiederholung. Beide stellen Vertrautheit her – und zwar sowohl bezogen auf den tieferen Sinn des Geschehens als auch hinsichtlich der Beheimatung im transpersonalen Raum. Doch genau hier lauert auch die wesentliche Gefahr der Entwertung des Mythos. Als oft übermächtig hat sich in der Geschichte der Menschheit das Problem erwiesen, dass Kultus und Ritual sich verselbständigen und den tieferen Sinn, der sie begründet, aus den Augen und der inneren Empfindung verlieren. Der rituelle Handlungsvollzug erschöpft sich dann als Selbstzweck. Seine Festschreibung in Form und Ablauf tritt vollständig und oft unbarmherzig in den Vordergrund. So wird nicht nur die innere Sehnsucht blockiert, sondern auch die Freiheit, die es braucht, damit der Mythos in der Entwicklung und im Gegenwartsbezug bleibt.

Mythos, Kultus und Ritus werden den Menschen in seinem Werden auch weiterhin begleiten. Sie halten ihn in der Erinnerung, nicht nur an das Geschehene, sondern auch an das Zukünftige. In ihnen strahlen die Anforderungen auf, die es zu bewältigen gilt, damit das, was kommen will, sich verwirklichen kann. Stellen Mythos, Kultus und Ritual sich einer stets wiederkehrenden Tiefenreflexion, der Entschlackung von zeitbedingten Anhaftungen und Verbiegungen und der immer währenden Ausrichtung auf den Ursinn der Befreiung und Entwicklung, dann verbleiben sie in der Kraft, die soviel Identität und Geborgenheit zu schenken vermag.

Der Mensch ist Kommunikation

Wenn eine kurze Umschreibung dessen, was der Mensch sei, trifft, dann ist es der Verweis auf das Sein als Kommunikation. Wir wären nicht ohne sie. Alles, was wir tun und nicht tun, was wir sagen und verschweigen, wie wir uns geben und verhalten, enthält eine Botschaft an unsere Umwelt, unsere Mitwelt und unsere Innenwelt. Der Blick, die bewusste oder unbewusste Geste, der Gesichtszug und die Körperhaltung gehören dazu. Sie bringen etwas zum Ausdruck. Leben heißt kommunizieren.

In der Intention und in der Weise des Kommunizierens findet jede innere Haltung, jede Tugend und jedes Ethos seine reinste Gestalt. Und durch Sprache, Haltung, Geste und Ausdruck tritt Spiritualität ins Leben, öffnet den Raum der Begegnung mit dem Göttlichen.

Die nun vorgestellten Überlegungen zu einer achtsamen und gewaltfreien Kommunikation können als Fundament der integralen Entwicklung des Menschen gesehen werden. Sie richten sich in ihrer Ausformulierung zwar an die zwischenmenschliche, personale Begegnung, erheben jedoch auch den Anspruch einer Gültigkeit für die Begegnung zwischen Kulturen, Staaten und Religionen sowie die zwischen Mensch und anderen Lebensformen.[135]

---

[135] Vgl. ausführlich Eurich 2008, S. 122–157

Miteinander-Teilen

Kommunikation ist an die ganze Person gebunden. Gelingt sie, wird sie zur Mit-Teilung. Geteilt werden die Botschaften, deine und meine, geteilt werden Mimik und Gestik sowie die ganze Befindlichkeit inklusive unserer Leiblichkeit und ihrer wechselseitigen Wahrnehmung. Aus all diesen Elementen des Persönlichen und des Gemeinsamen entsteht in der Situation der eigentliche und umfassende Informationsgehalt. Zugleich stiftet Kommunikation Beziehung und hält sie am Leben. Kommunikation also hat einen Ausdrucks-, einen Inhalts- und einen Beziehungsaspekt. Deren Zusammenfallen im Akt der Begegnung macht sie hochkomplex und störanfällig. Denn jeder Mensch bringt sich immer umfassend mit ein in die Begegnung, mit seinen Wahrnehmungsspezifika, seinen Emotionen, Verwundungen, Erwartungen, Belastungen und Hochphasen. Kommunikation im Vorzeichen dieser Komplexität wird so zum Ringen um die gemeinsame Schnittmenge und ihre Vergrößerung. Sie wird zur Arbeit an dem Raum, der eine möglichst große gegenseitige Resonanz ermöglicht.

Martin Buber hat in seinen Arbeiten über den Dialog herausgestellt, dass Begegnung sich umso tiefer und authentischer ereignet, je weniger Kommunikation als Belehrung stattfindet, in ihr also darauf verzichtet wird, auf den Anderen einwirken zu wollen.[136] Ja, ließe sich ergänzen, sie sollte sogar fern jeglichen Wollens und der damit verbundenen Erwartungen stehen. Begegnung in diesem Sinne richtet sich auf die Potentialität des Du und damit auf seine Ermöglichung. Achtung und Respekt gegenüber dem Kommunikationspartner sowie in der Folge die Annahme und Wertschätzung seiner Persönlichkeit bilden das Fundament dazu. Einer Annahme des Du gleichwohl geht immer zunächst die Selbstannahme voraus. Trete ich mir und meinen Interessen bzw. meinen Bedürfnissen nicht mit Verständnis gegenüber, wird mir dieses in Ehrlichkeit und Tiefe auch kaum hinsichtlich des Anderen gelingen. Mich selbst und den Anderen im Prozess der Kommunikation wahrhaftig anzunehmen, das meint, zu mir und zu dem Du als Mensch Ja sagen. Vorprägende und vorgefasste Meinungen und Urteile sind tödliches Gift dafür.

---

[136] Vgl. Buber 1962, S. 287

Achtsamkeit und feinsinnige Bewusstheit nach ‚Innen' und nach ‚Außen' bilden die Schlüsselkoordinaten einer Schule kommunikativer Kompetenz. Nicht nur das, was wir als Wirklichkeit bezeichnen, ist immer mehrdimensional und mehrdeutig. Multiple Wertvorstellungen und Beurteilungsmassstäbe begegnen uns in nahezu jeder kommunikativen Situation und Begegnung. Sollen Krisen vermieden oder gelöst werden, erfordert diese Komplexität eine in der Tiefe verstehende Zuwendung zur jeweiligen Situation in Raum und Zeit. Sie fordert zugleich, dass wir uns der Deutungsvielfalt von gesprochener Sprache bewusst sind.

Die achtsame Haltung bezüglich unserer Wirklichkeitswahrnehmungen lebt davon, Beobachtung und Bewertung zu trennen. Dies betrifft sowohl jede unmittelbare Wahrnehmung einer Situation als auch die Wahrnehmung von uns selbst in einer Haltung der Zeugenschaft.[137]

Wahrnehmung erschafft alle Vorstellungen und Bilder von Wirklichkeit. Wir sehen und erkennen, was wir uns selber geschaffen und als Möglichkeiten des Erkennens herausgebildet haben. Die menschliche Wahrnehmung und die Koordinaten der Wahrnehmungsmöglichkeiten befinden sich in einem infiniten Prozess der Veränderung. Diese Veränderung kann durchaus regressiv, verhärtend und blockierend sein. Auf der Basis der Reflexion und Integration des Wahrgenommenen allerdings sichert sie Offenheit, Lern- und Entwicklungsfähigkeit. Die kontinuierliche Schulung der Wahrnehmungsorgane und zwar der äußeren sowohl als auch der inneren, geistigen bildet den Humus für diese Entwicklung. Sie sichert auch die Entkettung aus einem oft versklavenden System von Bewusstseinsprogrammierungen, die auf unsere Erinnerungen und damit verbundenen Gefühle zurückzuführen sind.

Achtsamkeit, Wahrnehmungstiefe und (Selbst-)Reflexivität erschaffen Kommunikation immer wieder neu und zwar sowohl im Ausdruck als auch in dessen Deutung. Sie entwerfen und gestalten Kommunikation als einen eigenen Lebensraum. Sie gehen einem wirklichen Sich-Einlassen auf das Gegenüber, den Anderen, das Du voraus.

---

[137] In ihr beobachten wir uns gleichsam in unserer Rolle als Beobachter und schaffen damit die notwendige Distanz zu dem Eigensinn, der jede unserer eigenen Beobachtungen prägt und zu verfremden vermag.

> *„Wo aber das Gespräch sich in seinem Wesen erfüllt, zwischen Partnern, die sich einander in Wahrheit zugewandt haben, sich rückhaltlos äußern und vom Scheinenwollen frei sind, vollzieht sich eine gemeinschaftliche Fruchtbarkeit. Das Wort ersteht Mal um Mal substantiell zwischen den Menschen, die von der Dynamik eines elementaren Mitsammenseins in ihrer Tiefe ergriffen und erschlossen werden. Das Zwischenmenschliche erschließt das sonst Unerschlossene."*[138]

Dieses Unerschlossene offenbart sich allerdings nicht nur im Wort und im auf das Wort bezogenen Verständnis und Vertrauen. Es drängt ans Licht auch in der verständnisvollen Stille und dem tiefen Schweigen, die dann an die Stelle des Wortes treten, wenn es in innerer Sammlung um das Erspüren des Geheimnisvollen geht, das an Sprache doch nur zerschellen würde. Denn das sollte im Bewusstsein bleiben, dass Sprache, bei aller Kostbarkeit und Vielfalt doch immer der Ausdruck der Endlichkeit und des Endlichen bleibt. Nie vermag sie hinreichend zu umschreiben was ist, nie einer inneren Wahrnehmung im äußeren Wort vollständig gerecht werden. Das Wort benennt, und es trennt. Es ist Symbol für die zerfallene Einheit, die sich in der Unterscheidung nicht wieder finden kann. Und so mag die Bekundung dessen, was uns Wahrheit sein will, gelegentlich angemessener durch Schweigen geschehen als durch Worte, seien diese auch noch so behutsam.

Die nun folgenden Leitwerte richten sich auf eine gelingende und der Ermöglichung von Mitwelt und Selbst dienende Kommunikation aus. In ihnen drückt sich als allem zugrunde liegendes Axiom die Gewaltfreiheit aus. Worte wollen nicht als Waffen missbraucht werden. Ein Dialog folgt nicht dem Ziel, ihn als Sieger zu beenden.

Wahrhaftigkeit

In allen großen Weisheitslehren und den heiligen Schriften der Religionen begegnet uns das Gebot der Wahrheitsliebe und der wahrhaftigen Rede. Ohne den Mut zur Wahrheit und ohne wahrhaftiges Denken, Sprechen und Verhalten zerbricht jede Form des Miteinanders, oder sie kommt erst gar nicht zustande. So selbstverständlich und so uralt diese Erkenntnis ist, muss sie doch immer wieder neu, in jeder Zeit und für jede Generation neu

---

[138] Buber 1962, S. 295

ausgesprochen und als Lebenspraxis eingeübt werden. Dieser Übungsweg ist nicht selten schmerzhaft – für alle beteiligten Seiten. Und er erfordert erhebliche Überwindung.

Was aber meint Wahrheit? Und welche Wahrheit ist es dann jeweils?

Der Absolutheitsanspruch einer für alle Menschen gültigen Wahrheit kann – singuläre, faktische und intersubjektiv überprüfbare Gegebenheiten oder Ereignisse einmal ausgenommen – wohl nie eingelöst werden. Eine in sozialen Kontexten stehende und kommunizierende Person existiert, beobachtet, erklärt und urteilt immer standortgebunden. Wahrheitsansprüche sind so per se uneinlösbar. Um Wahrheit als ein absolutes Gut also kann es in der Kommunikation nicht gehen. Was möglich ist, drückt sich als Streben nach Wahrhaftigkeit aus und als den immerwährenden Versuch des Ringens um eine teilbare ‚Wahrheit' als Verständigungsgrundlage.

Solches Streben braucht das Wollen und die Kompetenz des Kommunizierenden und Argumentierenden, sich die notwendigen und angemessenen sprachlichen und auch nichtsprachlichen Ausdrucksmittel anzueignen und sie kontinuierlich zu verfeinern. Reinheit, Klarheit und Logik in Sprache und Ausdruck bilden als Elemente der Verständlichkeit das Fundament von Wahrhaftigkeit. Sie liegen der Eindeutigkeit verwendeter Worte, Begriffe und Ausdrucksweisen zu Grunde und beugen zugleich dem Problem vor, sich selbst zu widersprechen. Zur Kompetenz gehört in diesem Kontext aber auch, sich der Prägung der eigenen Sprache durch die biografischen und kulturellen Bezüge, in denen ich stehe, bewusst zu werden. Die Reflexion dieser Bezüge schwächt die allseits präsente Versuchung, sich in Selbsttäuschungen, bequemen Falschheiten und tröstlichen Illusionen einzurichten. Sie weist den Weg zu der mir möglichen Authentizität und Aufrichtigkeit.[139]

---

[139] Es wird oft übersehen, dass auch bei so genannten sachlichen oder sachbezogenen Auseinandersetzungen und Klärungsprozessen es als geradezu existentiell anzusehen ist, seine doch immer präsenten Gefühle, Erwartungen, Hoffnungen und Ängste zu kommunizieren, genau wie die Selbst- und Fremdbilder, die ich in mir trage. Erst die Teilhabe des Anderen an diesen meinen Innenwelten macht mein Wort für ihn aufrichtig und wahrhaftig. Ansonsten kunstvoll kaschierte Fundamentalismen entblößen sich so selbst.

Gewaltlosigkeit

Wahrhaftigkeit ist trotz der Klarheitsschmerzen, die sie bereiten kann, der Schlüssel für jede nichtverletzende Kommunikation. Zur Kunst dieser Kommunikation gehört allerdings auch, keine neuen Wunden im Namen der Wahrhaftigkeit zu reißen. Zwischen dem Erkennen der Wahrheit, der Verhinderung ihrer Beugung und der Notwendigkeit sie tatsächlich auszusprechen, liegen erhebliche Spielräume. Wesentlich im Sinne des Nichtverletzens ist der Einsatz der Sprache als das Sehen dieser Spielräume: Was muss jetzt gesagt werden, was hängt von der Situation ab, wo liegt im Schweigen – nicht dem Verschweigen – der heilsamere Weg. Notwendige Kritik schließlich kann immer als Klarheit durch Beschreibung einer Situation geäußert werden. Sie bedarf keiner zusätzlichen Urteile.

Es gibt allerdings auch ein missverstandenes Nichtverletzen durch Kommunikation. Das Bemühen, Menschen ja nicht bewusst zu nahe zu treten, die ständig eine erhöhte Verletzbarkeit, Überempfindlichkeit und Kränkbarkeit signalisieren, gesteht diesen – vor allem in Gruppenkontexten – eine unangemessene Machtposition zu. Gleichzeitig führt es zu chronischen und oft unterschwelligen Konfliktsituationen, die nahezu jede konstruktive Entwicklung blockieren. Die Instrumentalisierung von Schwäche und Ohnmacht ist weit verbreitet. In Partnerbeziehungen, im sozialen Miteinander und selbst auf zwischenstaatlicher Ebene bedienen sich Menschen und Gruppen der Ohnmachts- und Opferrolle, um Vorteile zu erzielen. Mit der Schwäche als Macht, ja Gewalt, soll erreicht werden, was anders nicht erreichbar schien. Hinter heuchlerischer Ohnmacht lauert immer ein verdeckter und unausgesprochener Machtanspruch.[140] Zum Nichtverletzen in einem weiteren Sinne gehört deshalb die Thematisierung der missbrauchten „Schwäche".

Empathie

Empathie hebt als besondere Wahrnehmungsweise in das Bewusstsein, was Menschen verbindet, und sie aktiviert diese Verbindung. Vorsichtig tastend bewegt sie sich zwischen Nähe und Distanz, Fremd- und Selbst-

---

[140] Vgl. Eurich 2006, S. 20 ff.

wahrnehmung, Ich- und Wir-Verständnis. Umschreiben lässt sich diese behutsame Bewegung als Zeugenschaft. Als Zeuge bin ich zunächst nicht an einer auf den Anderen gerichteten Problemlösung beteiligt. Vielmehr suche ich die unmittelbare Begegnung mit dem, was das Du berührt. Das macht die Empathie unterscheidbar vom Mitleid. Die fremde Empfindung, die ein Mensch einfühlsam wahrnimmt, darf nicht zu seiner eigenen werden, wenn er eine Situation und die Anteile anderer Menschen daran verstehen und in der Folge angemessen darauf reagieren will. Werden fremde zu eigenen Gefühlen, löst sich die für die Zeugenschaft unverzichtbare Beobachterperspektive auf. Die Koordinaten verschieben sich hin zu Sympathie oder Antipathie. Die Kunst der Empathie besteht jedoch darin, zunächst zu verstehen, ohne das Verstandene sogleich zu rechtfertigen, zu entschuldigen oder es zu verurteilen.[141]

Das einfühlende Verstehen, das wir Empathie nennen, setzt die Bereitschaft zur Ausrichtung auf das Gegenüber und es setzt Empfänglichkeit voraus. Es lebt von der intrinsischen Bereitschaft, das zunächst möglicherweise Fremde, Ungewohnte und auch Unverständliche trotzdem verstehen zu wollen. Es erfordert die Fähigkeit, zwischen Fühlen, Denken und Analysieren permanent zu wechseln. Im Wechsel der Beziehungsfaktoren werden dann Bedeutungs- und Verhaltensmuster des Gegenübers transparenter. Bevor ich allerdings in der Lage bin, die Erlebnisse, Gefühle und das Selbstbild des Anderen zu verstehen, muss ich mich selbst erkannt und verstanden haben, um Überlagerungen, Projektionen und blinden Flecken so weit wie möglich vorzubeugen, aber auch um die Gründe zu verstehen, wenn eigene Emotionen das Fremdverstehen blockieren. Die Reflexion der eigenen Wahrnehmungskoordinaten gehört zu diesem Vorgang des Selbstverstehens und damit des Fremdverstehens. Denn es sind die Schleusen der Wahrnehmungen, die wesentlich kontrollieren, inwieweit Freude und Schmerz des anderen uns erreichen. So wirken Schmerzerfahrungen, die auf negativen Wahrnehmungen basieren, als Filter, wenn Ähnliches

---

[141] Dazu gehört auch, zu verstehen, ohne die Unterscheidung in Opfer und Täter, wenn solche Rollen bestehen, zu nivellieren. Der Versöhnungsprozess im Südafrika der Post-Apartheid-Ära kann hierfür als historisch herausragendes und gelungenes Beispiel gesehen werden. Dieses Beispiel zeigt auch, dass bei aller Verhärtung und einer über Generationen gewachsenen Abgrenzung empathische Prozesse und empathisches Verhalten lernbar sind.

mir beim anderen begegnet. Unbewusst gesteuerte Sinne agieren dann als innerer Schutzmechanismus zur Abwehr von Schmerz und Leid. Sie werden auf diese Weise zu konsequenten Gatekeepern der Wirklichkeit.

Hören

In einer Zeit, die sich in Texten, Tönen und Bildern verliert, in der die Sinne zerrieben werden durch den ununterbrochenen Schwall der Worte und medialen Berieselungsmaschinen, ist das Hören zu einem nahezu vergessenen Kulturgut geworden. Rechtes Hören geschieht in sensibler Offenheit aller Sinne, wie Rainer Maria Rilke es in einem seiner letzten Gedichte so unvergleichlich ausdrückt:

„Das Leiseste darf ihnen nicht entgehen,
sie müssen jenen Ausschlagswinkel sehen,
zu dem der Zeiger sich kaum merklich rührt,
und müssen gleichsam mit den Augenlidern
des leichten Falters Flügelschlag erwidern,
und müssen spüren, was die Blume spürt."[142]

So geht es also nicht bloß um Nicht-Sprechen als einem äußeren Still-Sein. Vielmehr beruht gesammeltes Hören auf gesammeltem tiefem Schweigen. Es schweigen das innere Mitsprechen und Mitargumentieren, während das Du seine Worte formuliert. Solches Schweigen sagt ja zum anderen. In ihm ereignet sich das Hören mit der Seele. Es gibt der Rede Sinn und ermöglicht dem Wort oder Ausdruck des Gegenübers das Gewicht, welches ihm zusteht. Nun entfaltet sich schöpferische Energie. Sie ermöglicht den, dem zugehört wird, und sie ermöglicht zugleich den Hörenden selbst. In der Tiefe des Hörens entsteht der Raum, der ins Werden bringt, was ansonsten blockiert bliebe. In ihm entbieten wir dem Du unseren Respekt, nehmen es an und schaffen jenseits aller Rollen und Befindlichkeiten eine Verbundenheit in der Situation. Hören lebt vom Loslassen, von der Freigabe der Erwartungen, der Wünsche, der Hoffnungen, der Urteile und der Vermutungen. Dann schwingen die ansonsten zugedeckten feinen Nuancen im Felde der Wahrnehmung.

---

[142] Zit. n. Betz 2011, S. 19

Tiefes Hören entschleunigt Kommunikation und erleichtert damit Präsenz und Reflexion. Stille hilft dabei. Sie entzieht dem Sprechen seine Allgewalt. In ihrem Schutzraum können die Kommunizierenden ihre eigenen inneren Stimmen vernehmen und Sensibilität für die der anderen entwickeln. Bewusst gewählte Stille zwischen den Worten unterbricht den Fluss von Rede und Gegenrede. Sie bereitet immer wieder darauf vor, erneut in Tiefe zu hören. Aus der Stille schließlich erst erwächst das autoritative Wort. Noch einmal Rainer Maria Rilke:

„*Schweigen. Wer inniger schwieg,*
rührt an die Wurzel der Rede.
Einmal wird ihm dann jede
erwachsene Silbe zum Sieg."[143]

Offenheit

Wahrhaftige und empathische Kommunikation fordert nicht. Ihr geht es nicht darum, etwas vom anderen zu wollen oder ihn gar zu etwas zu machen, das er nicht ist.[144] Die Kommunizierenden sehen ihre Begegnung als vollzogene Partnerschaft, auch wenn sich anschließend die Wege wieder teilen. Stellung, Bildung oder Sprachfähigkeit treten nicht in Konkurrenz zueinander, und sie bilden keine Kommunikationsbarrieren. Vielmehr prägt Wertschätzung das sich aufeinander Einlassen. Menschen wollen sich begegnen, statt sich zu belehren. Sie teilen die Bereitschaft, sich füreinander zu öffnen und sich aufeinander einzulassen. Die Begegnenden sehen sich in ihrer Unterschiedlichkeit und Andersartigkeit und gestehen sich das gegenseitig als ursprüngliches Recht zu. Damit halten sie sich im Gespräch und grenzen sich nicht aus. Selbstannahme und Fremdannahme schreiben sich in solcher Grundtoleranz kontinuierlich und integral fort.

Offenheit also meint den vorübergehenden Verzicht auf die scheinbare Vormachtstellung der eigenen Koordinatensysteme und daraus abgeleiteter Meinungen und Urteile. Sie wären Gift für eine feinsinnige Wahrnehmung und alle daraus sich ergebenden Folgen und Einschätzungen. Dieser

---

[143] Zit. n. ebenda, S. 93
[144] Vgl. Goes 1954, S. 16

Anspruch ist hoch, und er hängt daran, inwieweit es gelingt, sich die eigenen Gefühle und Bewertungen bewusst zu machen und sie gleichsam in einem Spiegel anzuschauen.

Als geradezu existentiell für eine gelingende Kommunikation stellt sich die Suspension von Macht-, Dominanz- und Unrechtsbeziehungen dar. Sie fordert immer dann Außerordentliches, wenn Macht- und Herrschaftsbewusstsein auf der einen Seite sich mit Verwundungen und Ohnmachtsempfindungen auf der anderen Seite verbinden. Es gehört zu der situationsbezogenen Auflösung von Machtverhältnissen, Kontrollansprüche in der Begegnung beiseite zu legen, denn Kontrolle maskiert die eigene Unsicherheit und mündet im Zwang zu Verhaltensmaßregeln. Gelingt es, diese Offenheit auf der Beziehungsebene herzustellen, dann entsteht der Spielraum auch für inhaltliche Offenheit und Artikulationsoffenheit.

Keine wahre Offenheit kommunikativer Prozesse ist vorstellbar ohne Chancengleichheit im Gesprächszugang. Oft werden Konfliktbearbeitung und Konfliktlösung bereits dadurch blockiert, dass einzelne Personen oder Gruppen erst gar nicht zu den Verständigungs- und Klärungsprozessen zugelassen werden. Es liegt somit auf dem Weg einer achtsamen und nichtverletzenden Kommunikation, bereits im Vorfeld an der Konstruktion des Rahmens und der Erschließung eines Raumes mitzuwirken, in den der andere mit dem Bewusstsein eintreten kann, respektiert und angenommen zu sein.

Ambiguitätstoleranz

Der Widerspruch bewegt als Motor die geistige und kulturelle Evolution. Wirklichkeit stellt sich in der Folge mehr oder weniger durchgehend als unsicher, uneindeutig und kontingent dar. Täglich machen Menschen die Erfahrung, dass es so gut wie keine Aussage und keinen Satz gibt, die nicht schon ihr Gegenteil immer in sich tragen. In der Wahrhaftigkeit nach Wahrheit zu streben, kann deshalb an dieser Stelle nichts anderes meinen als zu lernen, Widersprüche als Teil und aufgehoben in einer Wirklichkeit zu sehen, die größer ist als die meiner eigenen Weltbildkonstruktion. Eiliges Streben nach Eindeutigkeit führt demgegenüber an Vereinfachungen, Blindheiten und schablonenhaftem Denken vorbei. Ambiguitätstoleranz hält aus. Sie erträgt den Widerspruch und die damit möglicherweise verbundenen Schmerzen. Der Kommunizierende respektiert, dass es hinsichtlich derselben Frage Antinomien, also unvereinbare und doch jeweils in sich stimmige Wahrheiten geben kann. Was für die Glaubenssysteme von Religionen oder die Programme von Parteien bzw. weltanschaulicher Organisationen weitgehend selbstverständlich und anerkannt scheint, stellt sich auf der Beziehungsebene von Menschen oft umso schwieriger, ja nicht selten dramatisch dar. Doch gerade dann gilt es zu konstatieren, dass in der Ambiguitätstoleranz mehr liegt als ein lediglich passives Tolerieren. Nicht voreilig Gewissheiten zu konstatieren, darf selbstredend der aktiven Auseinandersetzung mit Unterschieden und Differenzen nicht entgegenstehen. Im Gegenteil. Entscheidend ist die Weise des Ringens und des Klärens, die Bereitschaft aller Beteiligten, ihre Standpunkte zu riskieren. Wir sprechen hier von einer Selbstsicherheit, die sich im Loslassen findet und bestätigt und die sich getragen sieht in einem infiniten Lern- und Erneuerungsprozess.

Vorwürfe aushalten

Die im Alltag so fragile Haltung des Nichtverletzens gerät durch Angriffe anderer Menschen, durch ausgesprochene, aber auch unausgesprochene Vorwürfe, durch Verleumdungen und durch Zurückweisungen schnell auf den Prüfstand. Im Herzbereich des Selbstwertgefühls getroffen, folgt die Reaktion normalerweise unmittelbar. Manchmal mag dies unvermeidbar sein, um weiteren Irrungen vorzubeugen, indem Dinge klargestellt und Irrtümer aufgeklärt werden. Doch oft entfacht erst die Reaktion das Feuer des Streits, dem sich Gewalt in Sprache und möglicherweise dem Verhalten insgesamt fast unvermeidlich beimengt. Im Zweifelsfall bewährt sich nichtverletzende Kommunikation hier durch Hinnahme und Ertragen. „Nimm Schande mit Ehrfurcht hin", ermahnt das Tao Te King.[145] Und über die Anklagen gegenüber Jesus vor dem Hohen Rat und vor Pilatus schreibt der Evangelist Markus:

„Viele gaben falsches Zeugnis ab gegen ihn; aber ihr Zeugnis stimmte nicht überein ... Und der Hohepriester stand auf, trat in die Mitte und fragte Jesus und

---

[145] Spruch 13

sprach: Antwortest du nichts auf das, was diese gegen dich bezeugen? Er aber schwieg still und antwortete nichts."[146] *"Und die Hohepriester beschuldigten ihn hart. Pilatus aber fragte ihn abermals: Antwortest du nichts? Siehe, wie hart sie dich verklagen! Jesus aber antwortete nichts mehr, so dass sich Pilatus verwunderte."*[147]

Fjodor M. Dostojewski (1821–1881) greift in seinem Roman „Die Brüder Karamasow" dieses Motiv neu auf. Im sechzehnten Jahrhundert lässt er den wiedergekehrten Jesus dem greisen Kardinal – Großinquisitor gegenüberstehen. Der hält ihm in einem atemberaubenden Monolog sein Evangelium, sein Wort und sein Tun als der menschlichen Natur nicht angemessene, ja verheerend wirkende Irrlehre vor.

„Als der Inquisitor geendet hatte, wartete er eine Weile, was sein Gefangener ihm antworten werde. Dessen Schweigen lastete auf ihm. Der Gefangene hatte ihn die ganze Zeit über angehört, durchdringend und still ihm gerade in die Augen schauend und offenbar ohne jedes Verlangen, irgendetwas zu entgegnen. Der Greis aber hätte gewünscht, er möchte ihm etwas sagen, sei es auch etwas Bitteres, etwas Furchtbares. Er aber näherte sich plötzlich dem Greis und küsste ihn schweigend auf die blutleeren neunzigjährigen Lippen. Das ist die ganze Antwort. Der Greis erzittert."[148]

Die Haltung des Nazareners entspringt dem tiefen Wissen darum, dass gegen Missgunst, Neid und das gezielte Verletzen normalerweise kein Argumentieren hilft. Zudem lebt er in der Gewissheit, dass das Urteil über ihn so oder so bereits gefällt ist. Und so nimmt er hin, erträgt und bekundet seine Antwort in einem Schweigen, das durch die Kraft, die hinter ihm steht, äußerst beredt wirken muss. Das Gegenüber wird durch diesen konsequenten Akt, den vorprogrammierten Verlauf des Tribunals zu durchbrechen, auf sich selbst zurück geworfen. Jesus lässt es mit sich allein und versagt ihm die erhoffte Gelegenheit, sich an den verbalen Reaktionen weiter abarbeiten zu können. Die Ankläger müssen in ihrer Erregung bei sich selber und bei den eigenen Aussagen verbleiben. In diesem Falle lehrt die Geschichte, dass sie die damit verbundene Chance nicht nutzten, sich

---

[146] Markus 14, 57–61
[147] Markus 15, 3–5
[148] Dostojewski 1986/1921, S. 450 f.

mit dem, was sie sagten und mit den dahinter stehenden Gründen und Gefühlen wahrhaft auseinanderzusetzen. Genau das aber mag in der alltäglichen Kommunikation ein heilender Effekt des Aushaltens von Vorwürfen sein, nämlich durch sich selbst zu lernen, ohne belehrt zu werden. Selbstredend gilt dies in gleichem Maße für den, der zunächst nicht mit gleicher Münze auf den erhobenen Vorwurf reagiert. Auch er muss nun erst einmal bei sich selbst verbleiben. So erhält er die Gelegenheit, das ihm Vorgehaltene zu prüfen, einzutauchen in die Tiefen, aus denen der Vorwurf, der ihn traf, erstand und sich damit in Abstand auseinandersetzen. Es liegt aber auch in der Verantwortung desjenigen, der eine solche Haltung aufbringt, es nicht bei der nackten Hinnahme zu belassen. Vielmehr ist er gefordert, an dieser Stelle weiterzugehen und aus dem ruhigeren Fahrwasser und aus der begonnenen Reflexion, die sein Verhalten zunächst ermöglichten, nun das Gespräch erst im eigentlichen Sinne zu beginnen. Das Aushalten und das Ertragen eröffnen einen Prozess, sie beenden ihn nicht!

Solchermaßen mit Vorwürfen und Anfeindungen umzugehen, erscheint in einer auf Auseinandersetzung, Konkurrenz und Durchsetzungsfähigkeit beruhenden Gesellschaft zunächst leicht als paradox und schräg, wenn nicht gar als Zumutung. Neben seiner deeskalierenden Qualität trägt es jedoch Potenzen der Erkenntnis und damit der Heilung in sich, die anders kaum freizusetzen sind.

Vergebung

„... und vergib uns unsere Schuld, wie auch wir vergeben unseren Schuldigern."[149]

Die Vergebung ruht im Herzbereich aller Weltreligionen.[150] Was der Mensch von Gott auf sich selbst gerichtet erhofft, ist er gewillt, auch allen anderen Lebewesen zu gewähren. Wie in der Ermahnung „Liebe deinen Nächsten wie dich selbst" beginnt die Vergebung bei mir. Die Nachsicht gegenüber dem eigenen Denken, Empfinden und Handeln reift zur Vor-

---

[149] Matthäus, 6, 12
[150] Vgl. Henderson 2007, 17 ff.

raussetzung dafür, einem anderen Menschen aus der Tiefe des Herzens zu vergeben.[151]

Vergebung ist wechselseitig. Und so lehrt sie uns, die Vergebung anderer nicht nur zu akzeptieren, sondern sie in Dankbarkeit als Wachstumshilfe anzunehmen. Vergebung befreit auch wechselseitig. Fällt mir das Vergeben schwer – wie unerträglich muss dann erst das Verbleiben im Status des Hasses und der Verurteilung sein, wenn statt Erlösung nur der Kerker einer negativen, düsteren Schwere wartet? Wo nicht vergeben wird, herrschen Angst, Unsicherheit und Zweifel. Denn überall lauert scheinbar die Gefahr. Der Blick auf die Welt bleibt von Negativität getrübt. Statt Fehlern, die zu korrigieren sind, sieht der zur Vergebung nicht bereite oder unfähige Mensch schwere Sünden, deren Schwere gleichwohl oft nur darin besteht, dass das kleine Ego sich verletzt fühlt. Der Liebe fehlt dann jeglicher Raum zur Entfaltung.

Es wäre allerdings ein Fehlschluss, würde man Vergebung als einen Ausweg aus notwendigen Klärungen ansehen. Von der Verantwortung für Gesagtes und Getanes kann auch Vergebung nicht befreien. Der Diskurs, das Erkennen und das Ansprechen in nichtverletzender Haltung werden nicht überflüssig. Und so folgt die Vergebung im Anschluss an den Dreischritt von Erkennen, Verstehen und zur Sprache bringen.

Die Einbindung des Verzeihens sowohl in den eigenen, inneren Diskurs als auch in die zwischenmenschliche Kommunikation verdeutlicht den Prozesscharakter der Vergebung. Es sind großartige Lernschritte, in denen wir oft mehr von unseren so genannten Feinden lernen als von vertrauten Menschen, mit denen wir in gleicher Resonanz schwingen.

Vergebung lehrt, dass Geben und Empfangen eins sind.[152] Indem wir das Verzeihen schenken, empfangen wir die eigene Erlösung. Vergebung wandelt das Denken über einen Menschen oder ein Kollektiv, die uns Unrecht oder Leid zugefügt haben. Zugleich vollzieht sich dadurch eine Wandlung im Denken über uns selbst. Diese Wandlung reinigt, veredelt, ja sie verzaubert gelegentlich. Damit sie dies anzustoßen vermag, muss

---

[151] Vgl. Ferrini 2007, S. 13 f.
[152] Vgl. Ein Kurs in Wundern 2004, S. 214 ff.

sie unteilbar sein. Sie ist umfassend, oder sie ist nicht. Vor allem stellt sie keine Bedingungen.

Vergebung läutert. Ich stelle mich meinen Feindbildern, meinen Projektionen und Emotionen, beruhige das Aufgewühlte, bis die innere Wahrnehmung wieder klar ist. Statt von Hass und Wut zerfressen zu werden, richtet sich der Blick des Menschen auf das Schöne. Das kann jetzt auch in demjenigen wieder befreit werden und das Leben beschenken, der Schuld auf sich lud. So schmilzt Vergebung das Eis, das in Negativität erstarren ließ. Ihr Auge dringt durch zur tiefen Unschuld, die im Herzen eines jeden Lebewesens ruht.

In der Kraft und Schönheit dieser Erfahrung steigt unweigerlich der Impuls empor, wieder neu auf das Du, von dem die Verletzung trennte und an das die Vergebung neu heranführen will, zuzugehen. Zart und behutsam bereitet sich der erste Schritt vor. Ihn zu gehen, sollte nie durch die Frage aufgehalten werden, ob ich mich im Recht oder im Unrecht sehe. Nach Jahrzehnten in Kerker- und Folterhaft des Apartheidregimes, schlug Nelson Mandela, nun selbst in Südafrika an der Macht, nicht im Geist der Rache und Vergeltung zurück. Er richtete stattdessen Versöhnungskommissionen ein und ging damit auf die Peiniger zu, die ihn und sein Volk in Unterdrückung und Verfolgung gehalten hatten. Und Jesus nahm selbst Judas, der ihn verraten wollte, an und teilte mit ihm Brot, Wein und Worte. Demonstrativ wusch er ihm, wie den anderen Jüngern auch, die Füße.[153] Welche außerordentlichen zeichenhaften Gesten liegen in diesem Versöhnungshandeln.

Vertrauen

Wahrhafte Kommunikation, in der wir miteinander teilen, wird getragen von einem letzten Vertrauen, das jenseits aller Enttäuschungen lebt und unermüdlich aus den Trümmern zwischenmenschlichen Scheiterns aufragt. Vergebungs- und Versöhnungshandeln kann ohne dieses Vertrauen nicht gedacht werden. Letztendlich geht es durch die eingebundenen Menschen hindurch um das Vertrauen in den Heilsplan der Schöpfung und des Lebens selbst.

---

[153] Johannes 13, 1–15

Nur wo gegenseitiges Vertrauen herrscht, haben Versöhnungsgesten die Chance, wahrgenommen und angenommen zu werden. Denn erst durch Vertrauen entsteht der Raum für gegenseitige Erfahrungen, die wiederum neues Vertrauen schaffen können. Wenn wir uns, etwa aufgrund schlechter Erfahrungen, gegenseitig nicht trauen, bestimmen Unsicherheit und Zweifel weiterhin das innere Empfinden und das äußerliche Handeln. Überall lauern dann mögliche Konflikte und möglicher Verrat. Im Vertrauen lassen wir einen Teil von uns los. Wir verzichten auf den Drang zu kontrollieren und begeben uns in eine Sicherheit, die nicht auf Beweisen gründen kann. Das hat viel mit Hingabe zu tun. Wir lösen uns aus der Zwangsjacke nagenden Zweifels, bringen dem Du Vertrauen entgegen und sprechen es aus. Eigentlich offenbaren wir ihm dadurch nur die Potentialität seines eigenen Wesens.

Vertrauen, auch Selbstvertrauen, richtet sich auf verschiedene Eigenschaften.[154] Als Kompetenz gestehe ich die Fähigkeiten zu, ein Versprechen zu erfüllen oder einem Anspruch gerecht zu werden. Hinsichtlich der Verlässlichkeit gehe ich davon aus, dass Worte und Handlungen übereinstimmen. Aufrichtigkeit lässt sich mit Ehrlichkeit, Integrität und Authentizität umschreiben und Engagement meint, dass ein wahrhaftiges und handlungsorientiertes Interesse an dem gemeinsamen Prozess besteht.

Mit dem Du zum Selbst

In der wahrhaften, empathischen und authentischen Kommunikation, deren zentrale Elemente wir hier festgehalten haben, wächst der Mensch in der Spiegelung durch das Du zu seinem Selbst. Dieser Spiegel des anderen ermöglicht ein integrationsfähiges Selbstbild, das die im Leben immer mitspielende Selbstfremdheit in Grenzen hält.

In der Erfahrung wechselseitiger Verbundenheit und in dem Verständnis in der Welt aufzugehen, entsteht Identität und erfährt sich eine Person als vollständig. Zu dieser Erfahrung gehört aber auch, sich nicht nur in die Welt hineingegeben zu sehen, sondern zu lernen, dass die Welt durch das Du sich auch in mir beheimatet. Das beginnt bereits da, wo ich erkenne,

---

[154] Vgl. dazu auch Fenner 2008, S. 405 f.

dass erst die Antwort des Gegenübers auf meine Aussage mich zu dem Verstehen dessen führt, was ich an Worten wählte.

Zu lernen, sowohl die Perspektiven des anderen verstehend einzunehmen, als auch sich von ihm her zu verstehen und von ihm her zu fühlen, ist die Voraussetzung jeder Partnerschaft, jeder tiefen Beziehung auf jeder Ebene des Seins. Denn Sein ist immer nur mit anderem Sein möglich und kommt nur dadurch zu sich selbst. Das beginnt von Mensch zu Mensch und erweitert sich in einem Prozess der Transzendierung und der Transformation von hier aus auf die Begegnung mit der Umwelt und mit dem Göttlichen.

Homo Aestheticus

Der Raum und die Wahrnehmungen des Ästhetischen verlängern Wesen, Form und Inhalt der Kommunikation. Das Ästhetische und die Weise seiner Wahrnehmung als Schönheit haben eine über die Zeiten und über alle Abgründe hinwegstrahlende Gestaltungskraft. Auf ihre Weise sind sie in einem tiefen Sinne wahr. Wir begegnen hier einer jener seltenen Wahrheiten, denen wir uns ohne zu zweifeln stellen können. Sie erinnert uns gerade in Zeiten, in denen dunkle Ahnungen sich verbreiten, dass Geschichte ein Ende haben könnte oder zumindest tiefe Brüche erlebt, an das Größere, das in jedem Menschen und durch jeden Menschen zur Vollendung ruft. Diese Wahrheit gewinnt ihre Maßstäbe aus der Ästhetik des Schöpferischen selbst. Die Antwort, die sie bereithält, führt allen zeitlichen Irrungen zum Trotz in die Zustimmung zum großen Entwurf der Schöpfung, zur großen Dynamik von Entwicklung, Werden und Vergehen. Was auch geschehe, was uns auch begegne, die Übereinstimmung mit dem Lauf der Gestirne, dem Zauber einer Rose und dem Anmut einer Gazelle kann dadurch nicht in Frage gestellt werden.

In der Kunst hat der schöpferische Mensch eine Weise gefunden, das zu spiegeln, was die in Natur und Kosmos liegende Wahrheit als Schönheit ausmacht. Er dringt zu den Ursprungsbildern des Seins und Werdens vor und verhilft ihnen mit höchster Fertigkeit zum Ausdruck.

In der Vielfalt des Schöpferischen drückt sich Erkenntnis in einer ganz eigenen Sprache aus. Zu Recht wurde die Kunst in manchen Traditionen der Geistesgeschichte als die Modellierung der sichtbaren und unsichtbaren Wesenhaftigkeit, der sichtbaren und unsichtbaren Impulse des Werdens angesehen. Sie erinnert damit jenseits von allem, was greifbar ist, an die Existenz und Wahrheit des Numinosen und Religiösen. Und sie ist dem Menschen Halt und Hilfe bei dessen Betrachtung. Somit gibt sie bei aller Individualität des Ausdrucks und aller damit verbundenen Subjektivität des Blicks gleichwohl dem Überindividuellen Raum. Aus kontemplativer Schau des eigentlich nicht Beobachtbaren geboren, entäußert sich in ihr Überzeitliches in seinem Wesenskern. In der Vielfalt ihrer Ausdrucksweisen ahmt sie das Universum nach und fügt ihm Neues hinzu. Kunstwerke in diesem Sinne erweitern den Erkenntnisraum – und zwar sowohl im Prozess ihrer Erschaffung als auch dem ihrer Rezeption und Wahrnehmung.

Kunst gibt somit Zeugnis von dem, was Menschen an schöpferischer Erkenntnis hervorbringen können. Was sie in Jahrtausenden geschaffen haben – in ihrer Art und Weise zu malen, zu formen, sich zu bewegen, sich Ausdruck zu geben, zu singen und Klänge zu generieren – ist bei aller jederzeit mitschwingenden Vorläufigkeit doch auch der Ausdruck einer Gestalt annehmenden Sehnsucht nach Vollendung bereits im Hier und Jetzt. Der Absurdität stellen der schöpferische Prozess und das Kunstwerk die Ästhetik und die Suche nach Schönheit gegenüber. An ihren Kategorien kann die Welt sich messen und sich selbst beobachten und in der Folge erkennen und vielleicht sogar verstehen. Sie sind Elemente des schöpferischen Kosmos, die im Menschen zur Vollkommenheit gereift sind. Durch ihre Erhabenheit verweisen sie auf Schönheit und Ästhetik als Glanz des Seins.

Schönheit und Ästhetik der Schöpfung haben einen ultimativen Eigenwert. In ihnen drückt sich das höchste Ziel des Werdens aus. In Schönheit und Ästhetik, nicht in Gleichförmigkeit und Wüste soll dieser Planet als Teil des kosmischen Geschehens sich entwickeln. „Gott ist schön und liebt die Schönheit", wie es ein sufisches Lied besingt. Seyyed Hossein Nasr:

„Wie das Gute wirklicher ist als das Böse, ist die Schönheit wirklicher als das Hässliche. Wenn man über die Schönheit des bestirnten Himmelsgewölbes bei Nacht und die Schönheit der Erde an einem strahlenden Tag meditiert, erkennt man, wie begrenzt das Reich des Hässlichen im Vergleich zu jener Schönheit

ist ... ganz zu schweigen von der transzendenten Schönheit des göttlichen Reiches, in das der sterbliche Mensch in jenen glückhaften Momenten einen Blick tun darf, wenn die Schönheit eines menschlichen Antlitzes, eine landschaftliche Szenerie oder ein Werk heiliger Kunst sich für ein ganzes Leben in die menschliche Seele einprägt und die harte Schale des menschlichen Ichs schmilzt."[155]

Doch es geht noch um mehr. Im Prozess der Wahrnehmung des Künstlerischen erweisen sich die Aussagen des Kunstwerks oft nicht nur in einer größeren Vielfältigkeit als die Sprache. Ihnen scheint es immer wieder möglich, die auf der Erde herrschende babylonische Sprachverwirrung zu überwinden. Deshalb kann Kunst durch ihre Ausdrucksweisen auch die Grenzen überspringen, die eine verwissenschaftlichte und rationalisierte Welt und die ihr zugeordneten Sprachen sich selber setzen. In einem blitzhaften Moment kontemplativer Schau und intuitiver Einsicht verhilft die Kunst zu einem Erkennen, das sonst kaum zu erlangen ist. Sie erreicht die Seele noch da, wo andere Zugangsweisen unzureichend sind. Die Bewunderung und das Staunen, das sie hervorzaubert, reichen schon, um auf das Wesentliche unausgesprochen zu verweisen. Kunst will zeigen, Ausdruck geben, die Wahrnehmung provozieren. Zwar bringt sie keine neuen Zwecke in die Welt[156] und darf doch durch ihren mit nichts zu ersetzenden Beitrag, die Vorstellungskraft zu schüren und zu stärken, als zweckhaft gesehen werden. Durch die Realität hindurch eröffnen sich in der Imagination Einblicke, wie Welt möglich sein kann.

Hinsichtlich der Befindlichkeit unserer Welt entfalten der künstlerische und ästhetische Prozess und das künstlerische Werk ihre Faszination in einer grandiosen doppelten Bewegung. Über das Absurde im Dasein legen sie einen Schleier der Schönheit, der das Entsetzen lindert; und zugleich demaskieren sie die Verschleierungen einer Wirklichkeit, die den Zugang zum Möglichen verdecken. So hilft die Kunst nicht nur, mit der Wirklichkeit fertig zu werden, sie schlägt auch Löcher in den Beton der Beharrung, durch die das Licht eines besseren Morgen scheint. Dass sie dabei immer wieder selber scheitert und ob des Geheimnisvollen, das sie immer birgt, in kühlem Unverständnis ignoriert wird, mindert diesen Beitrag nicht, im Gegenteil. Gerade das Scheitern in der Zeit bewahrt Kunst davor, als ge-

---

[155] Nasr 1990, S. 356
[156] Vgl. Luhmann 1999, S. 233 f.

ronnene Idee domestiziert zu werden. Es schützt ihre Wildheit und ist gelegentlich gar Movens des künstlerischen Schaffens selbst, indem der Künstler sein Scheitern als Schutzraum nimmt, um nicht von den Kräften aufgesogen und vereinnahmt zu werden, denen er den Spiegel vorhalten will.

Auf dem Weg zum integralen Menschentum wird das künstlerische Gestalten in all seinen so vielfältigen Facetten kostbarer Begleiter sein. Es breitet den Schatz des Möglichen vor sich aus, zeigt Richtungen, führt in unbekannte Landschaften, lädt zum Verweilen und zum Staunen ein. Wo immer wir gehen und uns aufhalten, erinnert es an den Zauber des Ästhetischen, der den ganzen Reigen der Schöpfung durchströmt. Es will unsere Sinne schärfen und die Wahrnehmung beleben.

Bewusstsein und Technik

Der Ursprung des Wortes Technik liegt im griechischen *téchne*, was soviel wie Kunst und Kunstfertigkeit bedeutet. Konnte das technische Zeitalter, das die Erde in einen Maschinenpark verwandelte, von diesem Verständnis etwas bewahren?

Gewiss, auch die technischen Errungenschaften der Gegenwart verfügen über eine eigene Ästhetik, was nicht zuletzt im informationstechnischen Universum und seinen Produktlinien zum Ausdruck kommt. Doch der Charme so mancher Geräte kann nicht darüber hinwegtäuschen, dass Technik die Welt in einer Weise verstellt hat, die wenig Raum lässt für Freiheit, Kreativität und eine Ästhetik des Alltäglichen. Das Voranschreiten zum integralen Menschen wird deshalb wesentlich davon abhängen, wie es in der Gegenwart gelingt, das Verhältnis zu der uns umschließenden Maschinenkultur zu klären. Denn sie hat uns Menschen nicht nur im Äußeren eine geradezu ungeheuerliche Organerweiterung überall da gebracht, wo unsere größten Schwächen liegen: So können wir fliegen, uns in hoher Geschwindigkeit fortbewegen, die Ozeane über und unter Wasser erforschen, global kommunizieren, bis in die tiefsten Tiefen des Raumes sehen und hören, unser Leben verlängern und uns aus dem Orbit das Lebewesen Erde selbst beobachten. Große Träume der Menschheit haben damit ihre materielle und körperliche Form gefunden.

Dem steht eine tief greifende Veränderung unserer Innenwelt und unseres Seelenlebens gegenüber. Wir haben Technik gleichsam in unser Innerstes aufgenommen, sind in eine intime Beziehung zu ihr getreten. Es ließe sich sogar sagen, dass Teile der Bewusstseinskräfte des Menschen in Technik hineingesaugt worden sind. So viel Maschinenhaftes, an dem wir hängen, bestimmt das Leben und lässt es unvorstellbar erscheinen, sich davon zu lösen. Suchtförmige Abhängigkeiten sind nicht nur bei Fernsehen und Computer an der Tagesordnung, noch viel stärker bestimmen sie etwa den Umgang mit Mobiltelefonen und Smartphones. Aus der Objektivierung menschlicher Sehnsüchte in Technik ist eine Mensch-Maschine-Symbiose geworden, die still, aber nachhaltig das Menschsein an sich grundlegend gewandelt hat.

Technik als mythische Gestalt

Über die Bedeutung des Mythos sprachen wir bereits. Wie gesagt, waren zu allen Zeiten epochale kulturelle Durchbrüche und Entwicklungen auch Gegenstand der Mythisierung. Der Boden dafür allerdings wird, wenn es um Technik geht, schon vor der materiellen Verwirklichung bereitet, oder wie Friedrich Dessauer (1881–1963) es 1927 aussprach: „Das Ursprungsland der Technik liegt in der Idee."[157] Die Idee wächst zur sprachlichen Form, sie bildet das noch zu Werdende vor und macht es damit möglich.[158]

Es waren die Vorstellungen, Ideen und Träume von einem mechanistischen Kosmos, die der Technik der Neuzeit das Feld bereiteten. Mit ihnen wuchsen Mythen, die in das Sinnvakuum traten, das Aufklärung und Industrialisierung hervorbrachten. Erleichtert wurde dies dadurch, dass die alten Mythen weder ganz überwunden waren, noch die religiöse Sehnsucht sich je ganz verdrängen lässt. Sie wurde in Teilen umgeleitet. Technik und Maschine begannen jetzt mehr und mehr Bereiche des Lebens zu besetzen und ihnen einen neuen Sinn zuzuweisen. In ihnen fanden sich die Heilserwartungen der Industriegesellschaft aufgehoben. In einer Mischung aus Hybris und Blindheit setzte sich das neue Denken über nahezu alle politischen und sozialen Interessenlagen hinweg durch. Dieser Blindheit ist

---

[157] Dessauer 1927, S. 146
[158] Vgl. hierzu ausführlich Eurich 2000a, S. 24–33

es auch zu verdanken, dass so manche technische Mythen unverarbeitete und unverdaute Motivlagen des eigentlichen Mythischen mitschleppen, anpassen und verändern, ohne dass dies wirklich bewusst wäre.

Je selbstverständlicher Technik und ihre Nutzung sich zu einem Massenphänomen entwickeln, umso prägender wird der Einfluss der Technikmythen auf die Gesamtkultur. Ähnlich wie die großen authentischen Menschheitsmythen wirken sie integrativ, wenn auch auf einer Bedeutungsebene, die sich mit dem Wandel der technischen Erscheinungen verändert. Die Rasanz der Entwicklungen forciert diese Veränderungen in einer so unglaublichen Geschwindigkeit, dass sie von dem Großteil der betroffenen Menschen nicht mehr angemessen aufgenommen und verarbeitet werden können. In diesem Spannungsfeld wird nun die Beschleunigung selbst zum mythischen Wert, zu einer unhinterfragbaren, gleichsam naturgesetzlichen Qualität.

Technik und die auf sie projizierten Fortschritts- und Heilserwartungen nehmen mittlerweile den ersten Rang in der Ordnung der Kräfte ein, die den Aufbau und die Fortentwicklung der Kultur bestimmen. Schrittweise und selbst für wache Geister nicht immer wahrnehmbar verstärken sie ihren Sog, dem zu entziehen sich als zunehmend unmöglich erweist.

Die technikzentrierten Mythisierungen wirken als Waffe gegen den authentischen Mythos. Sie lösen Personen und Kollektive aus den Wirklichkeiten, die jenseits der künstlich geschaffenen bestehen. Sehnsüchte, vornehmlich die nach Beheimatung und nach Identifikation, die sich auch in Technikträumen eingenistet haben, kommen ihnen dabei zunächst zur Hilfe. Doch gleichzeitig verbietet der dynamische Wandel der technischen Produkte die Befriedigung eben dieser Sehnsüchte und der dahinter liegenden Wünsche und Träume. Und so verstärken sie sich in der Geschwindigkeit des technischen Wandels. Immer zeigen sie sich präsent, rufen nach immer Neuem und geben sich diesem hin. Der produktbezogene Sehnsuchtsraum verhindert, dass die heimatlosen Matadore der Techno-Kultur vollends im Bodenlosen versinken.

Doch es geht bei der Mythisierung des technischen Universums noch um weitaus mehr als die Identifikation mit technischen Produkten und den Wunsch nach maschineller Perfektion. Für manche Technik-Visionäre lautet das Ziel des maschinellen Werdens Neuschöpfung – und damit die Erfüllung eines alten menschheitsgeschichtlichen Traums. Mit den heutigen technischen Möglichkeiten scheint er erfüllbar. Raymond Kurzweil, prominenter Vertreter der Entwicklung künstlicher Intelligenz:

„Die Evolution hat hochgradig intelligente Formen hervorgebracht, doch wenn wir die Zeitspannen berücksichtigen, die sie gebraucht hat, werden wir, so glaube ich, feststellen müssen, dass ihr Intelligenzquotient nur wenig über Null liegt ... Deshalb kann der Mensch auch intelligenter sein als das System, das ihn hervorgebracht hat: die Evolution ... Vermutlich verfügen unsere Maschinen in einigen tausend Jahren über eine vergleichbar hohe oder sogar noch höhere Intelligenz als wir. Die Menschen werden dann eindeutig der Evolution überlegen sein und in Jahrtausenden mehr erreicht haben als die Evolution in Milliarden von Jahren. wie steht es also mit der von uns geschaffenen Intelligenz? Auch sie könnte höher sein als die ihres Schöpfers."[159]

In dieser törichten Aussage fällt vor allem auf, dass der Mensch als getrennt von der Evolution gesehen und damit übersehen wird, dass er das Kind evolutionärer Entwicklung und damit diese immer auch selbst ist. Es zählt nicht mehr, dass sich Milliarden Jahre an Entwicklung im Werden des Menschen verdichtet haben, er sich seine Intelligenz ja nicht selber zuzuschreiben hat. Wirkt in solchen Aussagen etwas anderes als ein pathologischer Selbsthass und daraus folgende Gottesverachtung? In jedem Fall drängt die Neuschöpfung in Maschinenform und ihre Verknüpfung mit Prozessen des Lebens das Göttliche als Schöpfungsenergie aus dem Blickfeld der Zeit. Entwickeln Maschinen erst Maschinen, wie sich das in der Computertechnik abzuzeichnen beginnt und reproduzieren künstliche Organismen sich selbst und entwickeln sich weiter, wie das mittels der Gentechnologie angestrebt wird – wo ist in dieser Welt verselbständigter technischer Strukturen dann noch Platz für das Göttliche? Und auch der Mensch selbst muss mehr und mehr in den Hintergrund treten. Für die herrschende Technik-Wissenschaft besteht die Schlüsselidee in der Ähnlichkeit zwischen Mensch/Organismus und Maschine. Der Mensch als Maschine – das ist der eigentliche und wahre Mythos der Maschine! Und es ist der stärkste sekundäre Mythos, den die Menschheit hervorgebracht

---

[159] Kurzweil 1993, S. 21

hat, integriert er doch Umwelt-, Mitwelt- und Innenweltorientierung. Nur das Göttliche muss außen vor bleiben, denn als Nicht-Beschreibbares und Nicht-Analysierbares würde es doch nur ständig neue Fragen aufwerfen und damit den Prozess stören.[160]

Maschinenähnliches Verhalten des Menschen und maschinenorientiertes Denken sind Teil unseres Wesens, und zwar ein unbestritten wertvoller und das Leben erleichternder Teil. Vorausgesetzt, er bleibt eingebunden und rückgebunden an die Dynamik des Lebens in seiner Ganzheit. Das Problem besteht in der Verabsolutierung und darin, sich blenden zu lassen von Systemen, die Organfunktionen des Menschen verbessern, verlängern oder gar aufheben, wie das Fernsehen den Blick in die Welt, das Flugzeug die Bodenhaftung oder der Computer Teile des formalen Denkens. Zu blenden sind wir aber durch solche Errungenschaften nur zu leicht, denn die Überwindung unserer organischen Grenzen ist eine Ursehnsucht. Offen möchte ich in diesem Zusammenhang halten, ob es sich dabei um eine Ursehnsucht handelt, die in allen menschlichen Kulturen präsent ist oder nur bei einem bestimmten Typus, aus dem die abendländische Geistesgeschichte und der daraus folgenden Prozess der Zivilisation hervorgegangen ist.

Die modernen Technik-Mythen[161] sind Männermythen, und die feministische Technikforschung irrt sicher nicht, wenn sie deren Entstehen auf einen unbewussten Lebens- und Gebärneid zurückführt. Es kommt in diesen Mythen und durch das von ihnen Angestoßene und Geschaffene zu einer brisanten Verschmelzung von einerseits der Kraft planender Rationalität und daneben den sublimierten und versteckten Sehnsuchtskräften, die denen des Eros sehr ähnlich sind. Die Brisanz entsteht dabei durch die gleichzeitige Macht einer patriarchalen Gesellschaft, ihre Visionen und deren Materialisierungen auch durchsetzen zu können.

---

[160] Der Erfolg der Mensch-Maschine-Analogie kommt nicht von ungefähr. In ihr drückt sich lediglich in letzter Konsequenz aus, was sowohl in der Geistesgeschichte – vom formal denkenden Menschenwesen des Platon über Descartes, Leibniz und La Mettrie mit seinem Bild vom „L'homme machine" (Mettrie 1984/1747) – als auch dem formalisierten apparativen Verhalten von Menschen, etwa in der Industriearbeit oder in „Verwaltungsapparaten" einen langen Vorlauf hat.

[161] Fortschritt, Machbarkeit, Unfehlbarkeit, Neuschöpfung, Übernatur

Berechtigt taucht an dieser Stelle die Frage auf, warum der Prozess der maschinellen Rationalität überhaupt der Mythisierung bedarf, wenn die Macht der Durchsetzung des Gewollten in gleichen Händen liegt? Nun, der Mythos fängt die Unzulänglichkeiten der Verwirklichung auf, indem er einen Schleier der Verdunkelung zwischen dem Gewollten und Propagierten und dem auch wirklich Machbaren zieht. Er verklärt die Ergebnisse begrenzter Fertigkeit und Macht zu einem Ideal. Genau besehen spricht daraus pure Angst. Es ist die Angst zu scheitern und mit leeren Händen eingestehen zu müssen, dass diese Technikwelt ohne Seinstiefe und Gottesbezug nur ein babelscher Turm ist, anthropomorph, egoman, irrwitzig und zudem auf Sand gebaut.

In den Technik-Mythen und dem, was konkret aus ihnen erwächst, liegt keine Perspektive der Menschwerdung, die auf Befreiung zielt. Im Gegenteil. Der Mensch wird eher gefesselt und Stück für Stück in ein marionettenhaftes Handeln gedrängt. Mehr und mehr sieht er sich von der Natur entfremdet. Der Mythos der Maschine setzt somit in seinem Wesenskern Destruktivität in die Welt, denn er hält das Leben von sich selber ab. Die Technik, die der Maschinenmythos mit gebiert, ist zweifellos ein grandioses Werk der Rationalität. Doch ihr unstillbarer Macht- und Verwertungsanspruch raubt den zarten, schönen und spirituellen Kräften den Lebensraum, der vor allem auch deshalb nötig wäre, damit sich das entfalten kann, was besänftigend und verfeinernd wiederum auf das Maschinenhafte zurückwirken könnte.

Heilende Askese

Ich möchte klarstellen, dass es bei den folgenden Überlegungen nicht um eine Dämonisierung von Technik und des technologischen Denkens an sich geht. Die Menschheit braucht nicht nur technische Entwicklungen um ihrer eigenen Entwicklung willen. Für eine humane und mit der Erde versöhnte Zukunft benötigt sie sogar noch mehr Erfindergeist und eine noch höhere Entwicklungsgeschwindigkeit als bisher. Ansonsten könnte es nahezu unmöglich sein, der ökologischen und ökonomischen Krisen Herr zu werden. Ohne neue, sanfte und saubere Technologien wäre auch keine Chance zu erkennen, die desaströsen Zustände, die durch die Techniken der Vergangenheit hervorgerufen wurden, halbwegs zu bewältigen und in eine neue Richtung zu überführen. Doch zuvor werden wir endlich lernen müssen, Technik neu zu sehen, zu verstehen und zu empfinden. Und das setzt zunächst voraus, auf jene „Errungenschaften" zu verzichten, die sich als lebensfeindlich erwiesen haben. Selbstredend schließt das neben den technischen Strukturen auch die Haltung des blinden Konsums ihrer Produkte mit ein.

Ein Ethos, das die technische Entwicklung an ihre Konvivialität,[162] also Lebensfreundlichkeit bindet, wird wesenhaft davon bestimmt sein, vorausschauend und alle Folgen mit bedenkend zu wirken. Verantwortungsethik erweitert sich damit hin zu einer Präventiv- und Begrenzungsethik.[163] Nicht erst aus der Unerbittlichkeit des Faktischen heraus darf sich der verantwortliche Blick ergeben, sondern er muss bereits die Vorbeugung und Vor-Sicht bestimmen. Schaden soll also nicht repariert werden müssen, sondern er soll durch Vorausschau verhindert werden. Nutzen will nicht erst nach der Erfindung gesucht und geschaffen, sondern bereits in die Entwicklung hineingedacht werden. Und es soll ein Nutzen sein, der dem integralen Wachstum der Menschheit dient und der nicht dem Einssein allen Lebens neue Spaltungen gegenübersetzt.

An die Stelle von Versuch und Irrtum setzt das präventiv sich ausrichtende Technikethos die Frage, was wir eingedenk der großen Menschheitsziele überhaupt können sollen. Eingriffe in systemische Zusammenhänge sind damit solange tabuisiert, wie sie nicht in allen Konsequenzen verstanden wurden. Der ungestüm, optimistisch und hinsichtlich der Folgen oft so blind vorandrängende Erfindergeist sieht sich damit zunächst immer auch zu einer Haltung der Skepsis und des Zweifels, der Umsicht und Rücksicht und einer positiven, intuitiven Vorsicht ermahnt. Eine noch die größten Verbrechen an der Zukunft rechtfertigende Restrisikophilosophie hat ausgedient.

Präventivethik lässt Platz für das Unbegreifliche der Schöpfung und für das Staunen ob ihrer Erhabenheit. Zwangsläufig mündet sie in eine Ethik

---

[162] Der Begriff geht auf Ivan Illich (1926–2002) zurück, der darunter einen Technikeinsatz verstand, der herrschaftsfrei ist und die menschliche Freiheit erweitert. (vgl. Illich 1973) Der bei Illich noch ganz auf den Menschen allein bezogene Aspekt der Lebensfreundlichkeit von Technik muss heute allerdings auf das gesamte Leben auf diesem Planeten erweitert werden.

[163] Vgl. Eurich 1991/1988, S. 151 ff.

der kollektiven und personalen Begrenzung. Sich mit dem bescheiden, was überschaubar, verstehbar und beherrschbar ist, steht im Vordergrund; sich auf das begrenzen, was in Ökosystem, Soziosystem und die Wertvorstellungen, die beiden zugrunde liegen, nicht zerstörend, sondern stützend eingreift; sich also auf das ausrichten, was wir gestalten können, ohne anderes zu belasten.

Zu welchen Anforderungen an Technik führen solche Überlegungen? Und was meint Konvivialität konkret?

Als oberster Grundsatz steht, gerade durch die verheerenden Erfahrungen mit der Atomtechnologie, *Beherrschbarkeit*. Sie ist nur dann gegeben, wenn technische Systeme auch wirklich verstanden wurden und ihre Abläufe bis ins letzte Detail transparent sind. Dazu gehört aber auch *Fehlerfreundlichkeit*, die immer dann vorliegt, wenn durch technisches oder menschliches Versagen hervorgerufene Störungen nicht gleich zu größeren Systemzusammenbrüchen und Katastrophen führen. Fehlerfreundlich sind in der Energieversorgung im Gegensatz zu Großtechnologien wie der Atomtechnik etwa dezentrale Energiesysteme, die auf regenerativen Energiequellen beruhen. Als weiterer Grundsatz kann *Reversibilität* gelten. Angesichts der basalen Erfahrung, dass Menschen irren können, müssen einmal entwickelte technische Systeme rückholbar sein. Das aber ist nur dann denkbar, wenn sie sich mit der technischen Infrastruktur insgesamt und den politischen, ökonomischen und sozialen Gegebenheiten nicht schon so verwoben haben, dass sich daraus neue Strukturen ergeben haben. *Strukturoffenheit* schließlich stellt in diesem Sinne sicher, dass technische Entwicklungen nicht alternativlos sind, also nicht in technologische Einbahnstraßen, ohne die Möglichkeit abzubiegen, führen.

Für all diese Anforderungen gilt, dass sie Zeit benötigen, um sich durchzusetzen. Das meint, dass die für die Entwicklung und Erprobung neuer technischer Systeme erforderlichen Zeit-Spielräume an die Geschwindigkeit sozialer Entwicklungen und der gesellschaftlichen Lernfähigkeit angepasst sein müssen. Reflexivität und Gestaltungsspielräume dürfen nicht dadurch eingeschränkt werden, dass neue Technologien normalerweise sofort zu hohen Anpassungszwängen von Mensch und Natur führen. Die Überwindung des alten Technikmythos bricht damit auch mit dem Geist, der nur in blinder und immer schnellerer Veränderung Kontinuität und

Stabilität sieht. Und sie bricht in der Folge mit der Selbstverständlichkeit, mit der Wettbewerbszwang, Profitmaximierung und Produktivitätsfortschritt als die tragenden Säulen des Wirtschafts- und Technosystems respektiert und geduldet werden.

Kairos – Zeit, die erweckt, integriert und vollendet

Alles Streben, alles Wachstum und alle Wandlung bleiben gehalten in den Grenzen und der erdgebundenen Endlichkeit des Menschen. Auf sie ist unsere Existenz verwiesen. Innerhalb ihrer Koordinaten will der Weg sich vollenden und die Suche sich erfüllen. Sprechen wir von Grenzen, so sprechen wir vom Raum, vor allem aber von der Zeit. Wir denken, fühlen, handeln und erleben in zeitlichen Abläufen. Erwartungen und Hoffnungen treten uns in zeitlichen Dimensionen gegenüber. Und selbst das Unendlichkeitsstreben und der Sehnsuchtsdrang liegen auf der Linie der Zeit. In zeitlicher Herausforderung stehen alles Woher und alles Wohin.

Es wurde im Verlauf der menschlichen Phylogenese selbstverständlich, Vergangenes von Gegenwärtigem und Zukünftigem zu scheiden und auf diese drei Zeitdimensionen nicht nur die Weltbilder, sondern das Denken und die Empfindung an sich zu projizieren. Aber macht das wirklich Sinn, ist dieser Blick hinreichend? Aurelio Augustinus warf in seinen „Bekenntnissen" diese Frage auf und stellte in Abrede, dass es Vergangenheit, Gegenwart und Zukunft gebe. Die drei Zeiten könnten vielmehr nur als verschiedene Weisen des Erlebens von Gegenwart gesehen werden. Denn leben, wahrnehmen und denken, hoffen und fürchten können wir immer nur im Jetzt. „Gegenwart des Vergangenen ist die Erinnerung, Gegenwart des Gegenwärtigen die Anschauung. Gegenwart des Zukünftigen die Erwartung."[164] Die vor uns liegende Zeitstrecke sei von daher auch nicht unbedingt lang, sondern es sei allenfalls eine lange Erwartung der Zukunft, genau wie die vergangene Zeit lediglich eine lange Erinnerung an das Vergangene. Die Frage nach der Zeit Gottes, nach dem Beginn der

---

[164] Augustinus 1950, S. 318

Schöpfung und dem Ende aller Tage – für Augustinus „törichtes Gerede". Denn Gott zeichne seine Zeitüberlegenheit aus, das Jenseitssein von Davor und Danach. Er selbst sah sich „zerflossen in den Zeiten"[165], in einer unbekannten Ordnung.

Doch so töricht sind die Fragen nach dem Vergangenen und dem Kommenden nicht, bringen sie uns als wahrhafte Grenzfragen doch im Denken in Berührung mit dem Absoluten, eröffnen sie uns den Unendlichkeitsraum. Das jenseits aller Zeit in der Sehnsuchtstiefe Liegende wird durch die Wahrnehmung der begrenzten Zeiten erst bewusst. Und aus dieser Wahrnehmung entspringen alle Ursprungs- und Zukunftsfragen.

Chronos im Hier und Jetzt entmachten

> „In unserem unersättlichen Hunger nach Dauer verstünden wir vielleicht das irdische Leiden besser, wenn wir es ewig wüssten. Es scheint, die großen Seelen seien manchmal vom Schmerz weniger erschreckt als von der Tatsache, daß er nicht dauert. In Ermangelung eines fortgesetzten Glücks gäbe ein langes Leiden uns mindestens ein Schicksal. Aber nein, auch unsere schlimmsten Qualen enden eines Tages. Nach unermesslichen Verzweiflungen kündigt eine unbezwingliche Lust zu leben uns eines Morgens an, daß alles zu Ende ist und das Leiden nicht mehr Sinn als das Glück hat."[166]
>
> Albert Camus

Vor diesem Blick, geäußert in einem seiner großen Werke, „Der Mensch in der Revolte", wird verständlich, warum der Existenzphilosoph Albert Camus in einem anderen Werk, dem „Der Mythos des Sisyphos"[167] von dem antiken Helden als jemandem spricht, den wir uns als glücklichen Menschen vorstellen sollen. Glücklich, weil er sein Schicksal, die sich ewig wiederholende vergebliche Mühe und Pein, angenommen und sich darin eingefunden hat. Von keinem kann sie ihm mehr genommen werden. Geht auch alles unter, die sinnlos scheinende Qual hat Bestand, und sie zieht gerade daraus

---

[165] Ebenda, S. 329
[166] Camus 2001/1953, S. 296
[167] Camus 2000/1942

ihren Sinn. Das erscheint als Irrsinn und Weisheit zugleich. Irrsinn, denn Sisyphos ist aus jeglicher Perspektive und Entwicklung genommen. Seine Potentiale leben sich nur noch in zeitlich getaktetem Muskeleinsatz aus. Weisheit, denn er lebt sich in das Unabänderliche ein und geht nicht jammernd daran zugrunde. So bietet er den Göttern, die ihn verdammten, die Stirn. Er wandelt seinen Fluch zu seinem Charisma in Ewigkeit hinein.

Als Deutung eines antiken Mythos hat eine solche existentialistische Sichtweise durchaus ihren Charme. Sie ermutigt, auch in aussichtsloser auf ewig angelegter „Situation" die Haltung zu bewahren und der Not eine Tugend abzuringen.

Doch Chronos, die vergehende und immer zu einem Ende hin eilende Zeit, kennt kein Verständnis von Ewigkeit, fließt nur in Sekunden, Minuten, Stunden, Tagen und Jahrhunderten stetig weiter vor sich hin. Die Gestirne geben ihr das Maß, im Verhältnis zueinander und zu unserem Planeten. Auch wenn alles sich wandelt im Strom der Zeit, für Tag und Nacht, Morgen und Abend, die Sonnenwende und den Jahreswechsel besteht das Sein aus Wiederholungen. Die damit verbundene Berechenbarkeit gibt dem menschlichen Sein entscheidende Orientierungshilfen, doch sie beengt ihn auch – im Sehen, Urteilen und Handeln. Von den Beobachtungen natürlicher Abläufe her gekommen, hat sich die Chronos-, die Uhr-Zeit zum herrschenden und beherrschenden Lebensgestalter des modernen Menschen entwickelt. Vielleicht ist das die größte Tragödie der Moderne. Chronos stellt in den traurigen Augen der Immanenz alles unter die Todesverfallenheit. Wo das Irdische als alleiniger Ausgangspunkt und Endpunkt zugleich gesehen wird, muss jede Zuversicht in Verzweiflung enden oder sich damit bescheiden, dass sie selbst auch vergänglich ist. Geschichte bewegt sich dann lediglich noch zwischen Früher oder Später. Nur dazwischen auch kann Hoffnung sich positionieren. Dieser Lebensstrecke ist oft kein langes Maß beschieden. Und in ihr erstickt nur zu oft der verbleibende freie Atem in der Behauptung eines geschichtlich vorgegebenen Sinns. Das nimmt dem Gegenwärtigen sein Recht und seine Einzigartigkeit und reißt der Zukunft damit gleichsam die Wurzeln aus.

Unerbittlich streift so das Wesen des Chronos durch die Zeit. Er respektiert kein Besonderes, nur den unermüdlich voraneilenden Zeiger der Uhr, der den Sinn der Sekunde darin bestehen lässt, von der ihr folgenden abgelöst zu werden. Synchron zu der Vorwärtsbewegung dieses Zeigers schließt sich das Fenster dessen, was möglich ist, und wird das Noch-Nicht zur reinen Illusion. Die zeitbedingte Endlichkeit des Gegenwärtigen verhält in einer immer unvollkommenen Verwirklichung. Sie beschränkt Weisheit auf das Erkennen der Differenz von Potentialität und Aktualität als schmerzhaft und vor allem unheilbar.

Gleichwohl liegt in der Wahrnehmung dieser Differenz auch die Erfahrung des Gelingens, ja vielleicht sogar die flüchtige Augenblicksgewissheit einer Vollendung: Der Klang einer Musik, die mich verzaubert; die Augen des Kindes, die eine Geschichte erzählen von Liebe und Vertrauen; die orangefarbene Sonne, die sich anschickt, im Meer zu versinken, und um dich herum nur Stille und der Ruf einer Möwe; der gemeinsame Moment, in dem die Liebe von Frau und Mann einen Gipfelpunkt erlebt... Jetzt, in diesem Moment scheint alles durch. Und während ich dieses bedenke, erkenne, erahne, ist es bereits vergangen, zur Erinnerung mutiert. So neigt sich alles gerade Vollendende schon im Moment seiner Erhabenheit wieder zum Verschwindenden. Es taucht, wie Karl Jaspers es formuliert, „in die Nacht, die es begründete."[168]

Wir können daraus lernen, dass nur der Augenblick und das in ihm sich offenbarende unmittelbare Gegenwartsbewusstsein in unserer Verfügung stehen. Im Hier und Jetzt liegt aller Gestaltungsraum, wird und erschöpft sich jede Möglichkeit. Liebe, Freiheit, Friede, Gerechtigkeit und die Verantwortung dafür verbleiben bloße Ideale des Geistigen, werden sie nicht in der Unmittelbarkeit des Moments gelebt. In ihr wird die Energie befreit, die das Augenblickshandeln zu einer Brücke und einem Übergang in Zukunft erhebt. Sie allein holt aus der Gleichgültigkeit eines dahinfließenden Chronos.

Blaise Pascal (1623–1662) hat in seinen „Pensées" auf die Schwierigkeiten hingewiesen, denen wir uns ausgesetzt sehen, wenn wir im Gegenwartsbewusstsein bleiben wollen.

„Niemals halten wir uns an die Gegenwart. Wir nehmen die Zukunft vorweg, als käme sie zu langsam, als wollten wir ihren Gang beschleunigen; oder wir erinnern uns der Vergangenheit, um sie aufzuhalten, da sie zu rasch entschwindet ... Wer

---

[168] Jaspers 1956, S. 120

seine Gedanken prüft, wird sie alle mit der Vergangenheit und der Zukunft beschäftigt finden. Kaum denken wir je an die Gegenwart, und denken wir an sie, so nur, um hier das Licht anzuzünden, über das wir in der Zukunft verfügen wollen. Niemals ist die Gegenwart Ziel, Vergangenheit und Gegenwart sind Mittel, die Zukunft allein ist unser Ziel. So leben wir nie, sondern hoffen zu leben, und so ist es unvermeidlich, daß wir in der Bereitschaft, glücklich zu sein, es niemals sind."[169]

Dass Vergangenheit und Zukunft, die beide immer mit einem Glück- und Sorgeaspekt verbunden sind, aus der Gegenwart ziehen, und damit dem, was gerade sich ereignet, die Achtsamkeit entziehen, wird jeder Mensch für sich bestätigen können. Das zu ändern aber bedeutet, beide zunächst hinsichtlich der auf sie bezogenen Intentionen, Wünsche und Ängste zu erkennen. Ursache und Wirkungen ihres Sogs, der die Gegenwart ihres Anspruchs beraubt, wollen durchlebt und durchlitten, wollen von den Spannungen, die sie aufgebaut haben, gelöst sein, um beide, Vergangenheit und Zukunft ins Gegenwärtige integrieren zu können. Denn es geht um Integration, nicht aber um ein Negieren oder gar Verdrängen. Erkenntnis, Wandel und Wachstum bedürfen der diachronen Synthese, damit Erinnerung und Erwartung dem Augenblick eine Tiefe geben, die von mehr kündet als dem bloßen Zwang zur nackten Gegenwart. Nur dann kann der jeweilige Moment an dem jeweiligen Ort, kann also das raumzeitliche Jetzt als Erfüllung erlebt werden. Die Erfahrung des absoluten Seins und auch die Gewissheit einer Offenbarung brauchen nun kein Heiligtum mehr aus vergangenen Zeiten und keinen eschatologischen Fluchtpunkt in einer imaginären Zukunft.

In jedem Augenblick beginnt ein neues Sein

Die Stufenleiter zum integralen Menschen zieht sich durch das gesamte Leben. Sähen wir immer nur diese endlos scheinende Wegstrecke vor uns, würden wir schnell ermüden oder gar resignieren. Richtet sich der Blick und zentrieren sich Wahrnehmung und Energie aber auf den gegenwärtigen Moment, so verdichtet sich der Weg des Werdens auf Herausforderung und Chance, die im unmittelbaren Jetzt liegen. *Hier* wartet, was werden will.

---

[169] Pascal 1963/6, S. 93 f.

Das Neue mag in unterschiedlichster Weise aufscheinen. Der mögliche Bruch mit dem Bestehenden und Gewordenen im Über-Sich-Hinaus-Gehen gehört dazu. In ihm streift ein Mensch jene Felder des Vergangenen ab, die mit der Potentialität so stark verklebt sind, dass diese sich nicht entfalten kann. Ohne die Erinnerung zu verlieren, löst er die Blockaden und entwirft sich neu. „Positiver ekstatischer Modus der Gewesenheit," sagt Martin Heidegger dazu. Und Meister Eckehart spricht davon, dass Gott, wie er dich findet, „so nimmt und empfängt er dich, nicht als das, was du gewesen, sondern als das, was du jetzt bist." Denn „Gott ist ein Gott der Gegenwart."[170] Hier ist nicht von Interesse, woher die Chancen des Moments kommen. Es zählt alleine, sie zu nutzen, mit aller Kraft, die im Augenblick liegt. Wir sprechen von dieser Zeitgegebenheit als Kairos.[171]

Der Kairos tritt als Chance und Herausforderung in die Existenz, stößt an, zur rechten Zeit zu handeln. Da er nicht gemessen werden kann, bedarf seine Wahrnehmung anderer Anzeichen. Sie hängt ab von der auf das Jetzt ausgerichteten Bewusstheit, der inneren Wachheit und Achtsamkeit. Der Kairos wird durchlebt, im Kopf und im Gefühl, in der Empfindung, im Traum und durch Intuition. Das schenkt ihm seine Einzigartigkeit, von der nur sprechen kann, der in dieser Erfahrung stand und die Erschütterungen spürte. Das kleidet ihn auch mit jener Autorität, die durch keine noch so logische und rationale Argumentation zu widerlegen ist.

Kairos-Erfahrung durchbricht stetige Bewegung. Vergangenheit und Zukunft lösen sich als voneinander Getrenntes auf, werden durchlässig füreinander. Den Bruch ermöglicht der Blitzstrahl, den wir Intuition nennen. In der Intuition verbinden sich in überzeitlicher Wesensschau alle Zeitlinien zur Gleichzeitigkeit. Die mit ihr verbundene Erfahrung entzieht sich der weltlichen Klugheit, inklusive der dort allgemein respektierten begrifflichen und sprachlichen Zugänge. Kierkegaard spricht in diesem Zusammenhang von der unendlichen Differenz zwischen der inneren Erfahrungsgewissheit und der Sagbarkeit.[172] Für Henri Bergson (1859–1941) existierte sie als metaphysisch gegebene Erlebniszeit, als Versuch, die wahre Dauer wieder zu finden und das Wesen der Wirklichkeit.

---

[170] Eckehart 1979, S. 72
[171] Vgl. ausführlich Eurich 1996/1998, S. 55–91
[172] Vgl. Kierkegaard 1959, S. 326 f.

"Für die Intuition ist die Veränderung das Wesentliche, was das Ding angeht, wie es der Verstand auffaßt, so ist es nur ein Querschnitt im Fluss des Werdens, den unser Geist als Ersatz für das Ganze genommen hat ... Intuition, mit einer Dauer verbunden, bedeutet inneres Wachstum, sie gewahrt in ihr eine ununterbrochene Kontinuität von unvorhersehbarer Neuheit."[173]

Die menschliche Atmosphäre ist ständig von kairoshaltiger Luft umgeben. Und wer dies wahrnimmt, der kann nicht anders, als jeden Gedanken von sich zu weisen, der von unausweichlich vorbestimmter Erwählung oder Verworfenheit des Menschen handelt; auch wenn wir dem Nachhall des von uns selbst Verursachten und Verschuldeten, dem Echo unserer Taten und Gedanken selbstredend nicht ausweichen können. Letztlich jedoch existiert trotz allen Karmas nur wenig, das sich einer Befreiung durch freie Entscheidung entziehen kann.

Jede Person ist einmalig, gestellt in Zeit und Geschichte und mit der Verantwortung beschenkt, dass das, was sie nicht tut, in dieser Weise sonst niemand tut. Bei dieser Einsicht endet auch jede Absolutheit reklamierende Geschichtsphilosophie, sei sie konservativ oder revolutionär, die im Korsett ihrer Dogmen und Determinismen die Potentialität des Augenblicks in Frage zu stellen sucht.[174] Die Zeit vom Kairos, vom Augenblick her zu betrachten, heißt, sie im schlechthin Bedeutungsvollen zu betrachten. Und so mag es sogar sein, wie Theodor Adorno in seiner Ästhetischen Theorie vermutet, dass „das Ganze in Wahrheit um der Teile, nämlich seines Kairos, des Augenblicks wegen da ist, nicht umgekehrt."[175]

Sein als vom Zwang des Zeitlichen befreite Energie

Der Kairos ruht nicht in den Gegebenheiten und der Normalität. Wie ein Meteor schlägt er aus der Dimension des Ewigen in das Zeitliche ein. Die Kraft, die damit verbunden ist, wirkt sich gleichwohl so radikal auf die Gegebenheiten und die Umstände aus, dass man meinen könnte, sie sei aus ihnen geboren. Für den Menschen, der gelernt hat, sein Sein als Unter-

---

[173] Bergson 1948, S. 47
[174] Vgl. Tillich 1963, S. 12 f.
[175] Adorno 1987, S. 279

wegs-Sein, als fortwährenden Aufbruch und als Ruf nach Wandlung zu verstehen und zu leben, wird die Kairos-Kraft zum ständigen Wegbegleiter. Entsprechend gibt das Noch-Nicht die Richtung vor. Auch wenn der Kairos in einem Augenblick ans Licht tritt, so transzendiert der Wegcharakter, in den er sich eingebunden sieht, doch jede Absolutsetzung des Jetzt.

Das rechte Handeln zur rechten Zeit geschieht aus der Reife. In der Zeit bereitet sich wachsend vor, was später seinen momenthaften Durchbruch erzielt. Und so gehört zur Bedeutung und zum Erkennen des Kairos, dass es oft zahlreiche kleine Schritte waren und sind, die sein Kommen vorbereitet bzw. seine Annahme ermöglicht haben. Für diese kleinen Schritte, diese kleinen Kairoi, ist es existentiell, den inneren Zusammenhang zu erkennen, in dem sie stehen. Dann kann aus dieser Gesamtschau die sinnvolle Linie eines größeren Heilsgeschehens sichtbar werden. Auch den vorbereitenden Momenten gebührt somit eine grundlegende Bedeutung. Sie halten das erhoffte Noch-Nicht in der Sphäre des Möglichen. Werden sie jedoch übersehen oder bleiben unerkannt als Zeichen, die gelesen werden wollten, so mutieren sie zu Hürden, die sich auch dem Erkennen des Kairos entgegenstellen.

Kairos-Momente sind unverfügbar. Werden sie im Falle ihres Kommens aber nicht wahrgenommen, dann bringt keine Zeit der Welt sie je zurück. Unerwartet also, wenn auch vorbereitet in der Zeit, tritt der Kairos ans Licht. Er kreuzt und durchkreuzt unsere Zeitpläne. Er durchbricht die Linearität des Lebens, die sich ja auch in dem ununterbrochenen Verhältnis der Augenblicke untereinander äußert und die damit verbundenen „Sicherheiten". So wie große historische Stunden birgt jeder Augenblick seine Chance. Doch sie ist von flüchtiger Dauer. Und es gibt zahlreiche Kräfte und wahrhaft dämonische Strukturen, die sich immer wieder machtvoll vor das Erkennen des besonderen Moments schieben.

Durch den Kairos und im Kairos wird dem Menschen die Überwindung der lähmenden Chronos-Zeit und damit die Überwindung seines gleichförmigen und erstarrten Selbst möglich. Das Unbedingte tritt ihm im Bedingten gegenüber. In diesem Lichtstrahl leuchtet die eigentliche Wirklichkeit auf, wird alles sich im Endlichen ereignende relativiert, vor allem auch der Schmerz und das Leiden und die Unausweichlichkeit des Scheiterns.

Diese Relativierung und was sie an Umkehr im Menschen bewirkt, wird unumkehrbar. Das Leben erhält eine neue Richtung, bisherige Vorstellungen und Erwartungen, oft selbst die heiligsten, erfahren eine Korrektur. Umkehrerfahrung orientiert um, sie bestätigt nicht. Wenig kann ihr standhalten, keine Position für sich in Anspruch nehmen, unverrückbar zu sein. Alltagsdinge erstrahlen in neuem Glanz.

Im Kairos wird das Zeitliche durch das Ewige berührt, oder wie Martin Buber es in prosaischer Umschreibung formuliert: „Der Augenblick ist Gottes Gewand." Auf Ahnung nur erscheint er, und nur in blitzschnellem Erkennen lässt er sich gewahr werden. Doch diese Berührung aus dem Raum der Transzendenz schenkt dem Augenblick ein Stück empfundener Ewigkeit. Still ragt sie hinein in den Fluss des Werdens und Vergehens und schenkt erfüllte Zeit, wenn auch nicht als Zustand, so doch als Erfahrung. Flüchtig nur bist du berührt worden, aber du weißt, du hast dich nicht getäuscht. Die unablässig dahinströmende Zeit steht still. Jetzt ist der Mensch in das Verhältnis zum Göttlichen gerückt, kann er das Geworfensein auf sich selbst durchbrechen. Als Werdender und Wachsender hat er seinen Platz gefunden: Im Schnittpunkt des Kreuzes zwischen horizontal und vertikal, zwischen Hier und Jetzt und transzendenter Ausrichtung, da, wo Bedingtes und Unbedingtes sich kreuzen und verbinden. Er steht nun an der Pforte des Heiligsten, an dem Punkt, wo das Feuer brennt.[176]

Der Kairos muss von der Ewigkeit her verstanden und daraufhin gedeutet werden. Das kairosbestimmte Handeln erfährt Führung aus und für eine Welt, die kommt. Dies ereignet sich zwar in der Gegenwart, aber es ist nicht bloß für sie bestimmt. Ewigkeitsbezug ist zu kostbar, als dass er sich im geschäftigen Tun immer nur für den bloßen Moment verlieren dürfte.

Mit der Kraft und Zeitenfülle, die dem Kairos innewohnen, kann jedes Schicksal sich entscheiden, kann der Aufstieg aus jedem dunklen Schattenreich gelingen. Dies gilt nicht nur für jeden einzelnen Menschen, es ist die Schlüsseleinsicht auch für Gemeinschaften, Völker und Kulturen, ja das Menschsein an sich. Kairoshaft in der Zeit zu stehen, bedeutet dann aber auch, sich auf Entscheidungserfordernisse auszurichten und sich in die

---

[176] Vgl. zu diesem Gedanken auch das Kapitel „Zeit und Ewigkeit" in Nasr 1990, S. 294–323

entsprechende Verantwortung zu begeben.[177] Nun wird jeder Herzschlag wichtig für das Wachstum des Menschen. Und jede Zeit ruft nach Vollendung. Leben, das sich nicht als verschenkt entmündigen will, richtet sich aus auf Selbsterzeugung und Veränderung. Es fordert Wachheit und Offenheit für die letzten Dinge, die jeden Tag neu auf uns zukommen – als jene mit einem Zauber versehenen Stunden und Sekunden. Wir sprechen vom Zauber, der das Zerbrochene überwindet, der Wunden schließt und heilt und der aus der erdrückend scheinenden Ohnmacht in die Gestaltung des Neuen führt.

Spätestens seit Albert Einstein sprechen wir von der Zeit als vierter Dimension. Diese Erkenntnis hat den Blick auf die Welt grundlegend verändert. Und es hat die Welt selbst durch die jetzt möglichen technischen Erfindungen und Errungenschaften in ein neues Stadium überführt. In dem Erkennen der Wesenhaftigkeit des Kairos wird Zeit nun auch in ihrer historischen und anthropologischen Bedeutung als vierte Dimension sichtbar. Sie bezieht sich also nicht nur, wie in der Relativitätstheorie Einsteins auf physikalisch-geometrische Koordinaten, sondern kulturelle, soziale und psychische Faktoren. Auf elementare Weise bricht sie in diese ein, erschüttert und verwandelt sie, bringt neue Qualitäten ans Licht. Diese vierte Dimension der Zeit ist somit qualitativer Natur. Man kann sie nicht messen und experimentell überprüfen, doch verwandelt sie die sogenannte Wirklichkeit grundlegend. Menschen spüren ihre Auferstehung und Verwandlung inmitten des zerfallenden Alten; Kulturen werden sich ihrer Berufung und ihrer entsprechenden Potentiale bewusst und verändern den Lauf der Geschichte; unsere Gattung beginnt, in einer Bewusstseinsmutation den anstehenden evolutionären Sprung zu vollziehen. So öffnet der Einbruch des Kairos in die geläufigen Dimensionen und Weltzeitläufe den Übergang in einen neuen Aion, ein neues Weltzeitalter. In ihm verschmelzen alle Zeitformen und Zeitdimensionen für die menschliche Wahrnehmung zu einem temporalen Integral, das weder eine Auslieferung an die Chronosmaschinen noch an vergangene und zukünftige Fluchtpunkte mehr kennt. Jedes Zeitholon steht dann nicht nur für die vorbereitende Qualität des Seins auf seine größten Möglichkeiten zu, vielmehr ist es selbst bereits der Ausdruck dieser Möglichkeiten.

---

[177] Vgl. Tillich 1963, S. 33 ff.

Doch es sollte nicht vergessen werden, dass diese Wandlungskraft des Kairos nur zur Erfüllung gelangen kann, wenn in den Reihen der Mächte des Gegenwärtigen Menschen sich in Dienst sehen, darauf hin zu wirken, dass er überhaupt erkannt wird. Auch der Kairos unterliegt dem Gesetz der Resonanz. Wo keine Resonanzfähigkeit existiert, ist die Gefahr übermächtig, dass er unerkannt vorübergeht. Selbst Propheten, Heilige und Inkarnationen des Göttlichen konnten als solche nur wirken, weil sie von resonanzfähigen Menschen erkannt wurden. Dafür aber ist nicht mehr allein rationales Erkennen hinreichend und eine Extrapolation des Zukünftigen aus dem Vergangenen und Gegenwärtigen, sondern eine tiefgreifende Schulung der inneren Sinne und darauf bezogener Wahrnehmungen. Wir werden das an späterer Stelle ausführlich aufgreifen.

In der Aura und der Gnade kairosförmiger Existenz zu leben, lässt den Menschen sich an seine überzeitliche Wesenheit erinnern und ihrer teilhaftig werden. Er lebt nun nicht mehr alleine für sich und seine durch biologische Endlichkeit begrenzten Lebenslinien, sondern vor allem auch für das, was um ihn und was nach ihm ist. Das noch Verborgene, das gleichwohl schon vom kommenden Zeugnis gibt, erfährt seine Zuwendung. So holt er die Zukunft in das Jetzt, erhält aus ihr die Orientierung für das Gegenwartshandeln und ergreift damit neben der Ewigkeitserfahrung des Kairos einen weiteren Zipfel seiner Zeitlosigkeit.

Sprung über den Schatten

> „Es ist an der Zeit, daß der Mensch sich sein Ziel stecke. Es ist an der Zeit, daß der Mensch den Keim seiner höchsten Hoffnung pflanze. Noch ist sein Boden dazu reich genug ... Es kommt die Zeit, wo der Mensch nicht mehr den Pfeil seiner Sehnsucht über den Menschen hinaus wirft, und die Sehne seines Bogens verlernt hat, zu schwirren ... man muß noch Chaos in sich haben, um einen tanzenden Stern gebären zu können."[178]
>
> Friedrich Nietzsche

Zwar erkennen Menschen ahnend ihre Möglichkeiten, wagen aber noch nicht den Sprung ins Ungewisse, bzw. sie versagen es sich, in den Worten

---

[178] Nietzsche 1990, S. 13

Friedrich Nietzsches, den Pfeil ihrer Sehnsucht über sich hinaus zu werfen. Die Freiheit, in der sie stehen und die durch nichts in Frage gestellt werden kann, weil sie metaphysischer Herkunft ist und sich ins Metaphysische richtet, diese Freiheit wurde bislang ja überwiegend trotz ihres Unendlichkeitscharakters auf Endliches gerichtet und auf eine Sicherheit in den Strukturen des Gegenwärtigen, Überkommenen und Gegebenen. Über diesen Vorraum der Freiheit weist die Kairos-Gewissheit hinaus. Durch sie kann Zeit als schöpferisches Prinzip der Wirklichkeit erfahren werden und wahre Dauer als schöpferische Zeit.[179] Sie stellt den Menschen in die Zuversicht, dass jeder Moment potentiell alles in sich birgt, und spricht ihm damit den Mut zu, sich selbst zu entgrenzen und zu überschreiten. Was gäbe es auch zu verlieren, kann er sich nun sagen, in den Bewegungen über das eigene Ich und eine in Selbstgefälligkeit erstickende Welt hinaus? Im Kairos, nicht nur biographisch, sondern heilsgeschichtlich verstanden, liegt die Antwort. Jeder Tag ist bereit, eine neue Seite im Buch der Entwicklung von Mensch und Erde aufzuschlagen. Und jeder neue Abschnitt, in den wir uns in Einheit mit einer größeren Tiefe, die trägt, begeben, kann angesichts der Erstarrung, aus der wir aufstehen, nur ein Gewinn sein. So beginnt der Mensch, sich in seine transzendentale Würde zu stellen und ihr gerecht zu werden.

Gattungsgeschichtlich stehen wir, nicht oft genug kann dies ausgesprochen werden, vor einem, wenn nicht *dem* außerordentlichen Kairos, einem wahrhaft gigantischen Schritt der Evolution. In ihm nähern wir uns unserer wahren Bestimmung an, können wir dem Erdgeschehen an sich einen neuen, sich zur Vollendung streckenden Sinn zuweisen. Er liegt nicht mehr in der perspektivlosen Hinnahme eines unerbittlich vorgezeichneten Vergehens und in der Tragik einer als existentiell empfundenen Sinnlosigkeit, sondern in dem bewussten Überschreiten der Grenzlinien, die uns krümmen und niedrig halten. Was anderes spricht, evolutionär betrachtet, aus dem Ostermysterium als die Transformation zu einem höheren Sein, zu unserer Übernatur?[180] Und das meint Selbsttranszendenz als Person und als Gattung, fortwährendes Sich-Neu-Erschaffen auf eine höhere Stufe zu – die des eigentlichen Selbst in seiner Vollgestalt.

---

[179] Vgl. Bergson 1948, S. 12–19
[180] Vgl. Becsi 1979, S. 57 f.; vgl. auch Teilhard 1962, S. 17

Die Menschheit bewegt sich durch diese Transformation in die Phase eines dramatischen Übergangs, die zugleich in den Untergang der alten Eva und des alten Adam und der äußeren Welten, die sie bauten, führt. Dieser Prozess ist alternativlos und aufzuhalten nur durch die jede Perspektive erschlagende Selbstvernichtung unserer Gattung inmitten des Alten und mit den Methoden des Alten.

Die Transformation zur nächsten evolutionären Stufe, wie wir sie hier betrachten, sollte deshalb, auch wenn Friedrich Nietzsche eingangs dieses Abschnittes zitiert wurde, nicht mit dessen Konzeption des Übermenschen gleichgesetzt werden. In ihr wendet Nietzsche den Blick letztlich ja völlig vom Menschen ab. Sein Übermensch ist nicht mehr Mensch, hat diesen vielmehr grundlegend verneint und schließlich völlig überwunden. Nietzsche bewegt sich damit nicht mehr im Rahmen einer fundamentalen Anthropologie, die das Potential zur Selbstüberwindung des Menschen betont, ohne dass dieser sein Menschsein hinter sich ließe. Vielmehr setzt er an die Stelle dieses evolutionären Verständnisses seine Konzeption vom Übermenschen mit der darin enthaltenen radikalen Absage an den Menschen.[181]

Dem allerdings soll hier nicht nachgegangen werden. Vielmehr steht die Idee eines Menschentums im Fokus, das sich durch Bildung, Erkenntnis und unbedingten Entwicklungswillen selbst ermächtigt, um sich zu vervollkommnen.[182] So utopisch sich auch diese Überlegungen anfühlen mögen, so sehr stehen wir doch bereits inmitten der Vorstufen einer Verwirklichung, wenn auch durchaus ergebnisoffen.

Auch wenn die Menschheit bis in das vergangene Jahrhundert brauchte, um dies wirklich, selbst innerhalb der Wissenschaften, zu verstehen – die Gattung Mensch lebt, wie alle anderen Gattungen auch, permanent und in ausnahmslos allen Lebensbezügen in Beziehungs- und Ereignisfeldern, die über die Person hinausreichen. Anders kann Leben nicht werden, sich nicht entwickeln, sich nicht erhalten. Leben ist Leben immer nur als Teil von Leben, eingespannt in ein kosmisches Netzwerk aus energetischen und geistigen Feldern. Diese Feldenergie wirkt wie eine gewaltige Intelligenz, die im raschen Wandel der Arten und Befindlichkeiten nach immer

---

[181] Vgl. Nietzsche 1990 und dazu Weischedel 1998, S. 455 sowie Joisten 1994, S. 10–15
[182] Davon handelte bereits Johann Amos Comenius (1592 – 1670) in seinem Werk „Große Didaktik" (1960/2)

neuen Gleichgewichtszuständen sucht und diese errichtet, während sie sich bereits in neuer Verwandlung befinden. Es drückt sich Sinnhaftigkeit in einer solcher Tiefe in diesen Feldprozessen aus, dass wir eigentlich nur von einer kosmischen Fürsorge und Liebe sprechen können.[183] Die nüchterne wissenschaftliche Umschreibung dieser Prozesse als Homöostase, also Aufrechterhaltung des Gleichgewichtszustandes eines offenen dynamischen Systems, vermag auch nicht annähernd zu erfassen, was sich hier in Permanenz, Kreativität und äußerster Komplexität ereignet.

Neben den sich eher in biologischen, chemischen und physikalischen Prozessen zeigenden Feldkräften hat die Menschheit in den zurückliegenden Jahrhunderten begonnen, eigene Energiefelder aufzubauen, die mittlerweile den gesamten Globus umspannen. Die sogenannte Globalisierung in all ihren Facetten – ökonomisch, technologisch, wissenschaftlich, politisch – bringt letztlich nichts anderes zum Ausdruck, als dass jeder Mensch der ganzen Erde bedarf, um leben zu können. Zugleich stellen Fehlentwicklungen oder Katastrophen an einem beliebigen Punkt dieser Erde das Leben bzw. die körperliche Unversehrtheit selbst in interkontinentaler Entfernung in Frage, wenn wir an Schadstoffemissionen in der Atmosphäre oder nuklearen Fallout denken.

Die Verwobenheit von Jedem mit Allem hat ein Niveau erreicht, das regionale oder nationale Veränderungen, etwa in der Nahrungsmittelproduktion, des Rohstoffexports oder der Energiegewinnung zu Folgen führt, die große Teile der Erde mit berühren. Das weltweite Verkehrssystem mindert alle Distanzen hin zu einer Erreichbarkeit, die nicht mehr in Tagen, Wochen oder gar Monaten gemessen wird, sondern nur noch in Stunden und Minuten. Noch ungleich bedeutender gilt dies für das mediale Universum. Nachrichten, Bilder und Töne von jedem beliebigen Ereignis und jedem beliebigen Ort der Erde sind potentiell überall empfang- und konsumierbar. Telefon- und die verschiedenen weiteren Weisen der Internetkommunikation haben die Faktoren Entfernung und Erreichbarkeit quasi aufgehoben. Mobile All-Präsenz der Person in Schrift, gesprochener Sprache und Konterfei gehört zum Alltag. Die Zeit der Isolation auf der Erde ist vorbei, zumindest solange die Energieversorgung die Vernetzung sicherstellt. Und

---

[183] Vgl. Wilber 1997, S. 67 ff.

all das hat sich in wenigen Jahren und Jahrzehnten, in einem Wimpernschlag der Menschheitsgeschichte und einer Nanosekunde der Erdgeschichte insgesamt ergeben.

Die Zukunft des Einzelnen liegt mehr und mehr in der Kraft des Zusammenschlusses, in dem gigantischen kollektiven Bewusstsein der Menschheit, in welchem er, ohne dass er es wahrnimmt, schon längst lebt, ja mit seinen Gedanken und auch seinen Empfindungen aufgesogen ist. Welche unglaublichen Konzentrations- und Koordinationsprozesse finden bereits heute statt, wenn über die Erde verstreute Personen und Institutionen gemeinsam an einer Computer- und Netzwerksoftware arbeiten, gemeinsam nach politischen und ökonomischen Lösungen suchen, gemeinsam wissenschaftliche Probleme angehen bzw. sich einfach nur vernetzen, um aus der Puppenstube ihrer leibhaftigen Nahumwelt auszubrechen.

Wenn auch auf einem zweifellos noch recht primitiven und materiegebundenen Niveau, hat sich die Konzentration geistiger Substanz zu einem hominalen Kraft- und Bewusstseinsfeld entwickelt, das nicht nur größer ist als jede einzelne Person oder jedes Kollektiv, sondern das als eigenständiges geistiges Gebilde angesehen werden kann. In ihm ist der erste Schritt vom Personalen zum Überpersönlichen vollzogen. Wir beobachten in dieser geistigen Verdichtung zweifellos eine materialistische Vorstufe der die Erde umspannenden geistigen Hülle, der Teilhard de Chardin den Namen Noosphäre gegeben hat.[184] In ihr, so der große christliche Paläontologe, Naturforscher und Mystiker, strebt der Mensch in ein allumfassendes mystisches Milieu, in die Vollendung seines Schöpfungs- und Entwicklungsauftrags. Zwar kann nicht abgesehen werden, wie diese Entwicklung verläuft, denn der Weg der Evolution folgt keinem Plan, der vom Menschen als einem Teil der Evolution konkret und präzise vorausgesehen werden kann. Doch mag man erahnen, welcher wachsende Entwicklungsdruck von in die Milliarden gehenden Hirnen und Geistern, die mehr und mehr nach Erkenntnis streben, sich durch Kommunikation verbinden und nach Einheit in Vielfalt streben, auf die Noosphäre ausgeübt wird.[185]

---

[184] Vgl. Teilhard 1959
[185] Vgl. auch Kopp 1961, S. 56

Wir sprachen von der Zeit als vierter Dimension, und innerhalb der Zeit wiesen wir diese Dimension neben Vergangenheit, Gegenwart und Zukunft dem Kairos zu. Als vierdimensional können wir nun auch den sich selbst übersteigenden und überwindenden Menschen sehen. Er lebt in einer geistigen Sphäre, die das traditionelle Verständnis von Raum und Zeit transzendiert. Sein Bewusstsein nährt sich nicht mehr nur aus dem sinnlich Erfahrbaren und gedanklich zu Erschließenden, sondern auch aus der überpersönlichen Vernetzung und vor allem einem mystischen Weltzugang. Über das Bekannte hinaus streckt sich der vierdimensionale Mensch in einen unbekannten Raum, lebt neben der orientierenden Kraft des Erkennbaren von der Energie des (noch) Unerkannten, überschreitet seine Endlichkeit koordinatenlos ins Unendliche. Nun ist er offen für die ganze Wirklichkeit, und nun ist der Zeitpunkt erreicht, wo er den Sprung vollziehen kann, der ihn über ein entstehendes Allbewusstsein hinaus in die empfundene, wenn auch unsichtbare Solidarität mit dem Leben an sich und all seinen wesenhaften Erscheinungen führt.

Der Sprung über den Schatten des alten Menschen hin zu seiner integralen Identität wird nur möglich sein, wenn er sich dabei getragen sieht von dem göttlichen Geist, der alles bewegt und durchdringt. Jede Bewegung, die von nun an in Raum und Zeit vollzogen wird, steht in Berührung mit diesem Geist und mit der inneren Gewissheit, ihm selber teilhaftig zu sein. Er könnte mich nicht tragen, wäre ich nicht im innersten Kern wesensähnlich, wenn auch selbstredend nicht identisch.

Homo Divina oder Gott und Mensch an einem Tisch vereint

Der Mensch steht in Berührung mit dem Göttlichen. Trotzdem muss er die entsprechenden Gewissheiten, zu denen hin er strebt, oft mühsam suchen und schmerzlich erringen, obwohl sie doch Teil seines tieferen Wesens sind. Das wirft Fragen auf, ja mag erschüttern. Doch sollten hier zwei Dinge unterschieden werden.

Da ist diese ursprüngliche und zugleich letzte Seinsgewissheit, die auf der überzeitlichen Wahrheit gründet, dass allem, auch dem Menschen ein

Urprinzip zugrunde liegt – absolut, unendlich und jenseits von Raum und Zeit. Es kann als Ursprung und Ende zugleich gesehen werden. Aus dieser Substanz differenziert sich das Vergängliche, das Werdende, Wachsende und sich Wandelnde heraus.[186] Zu ihm gehört der Mensch. Wohl kann er sich grundsätzlich dem Wesensgrund zuwenden, doch erfordert das die Arbeit an dem, was als absolutem Urgrund in ihm selber wohnt und leuchtet. Erst wenn er dies durch die Vermittlung von Geschichte, Denken, einer überpersönlichen Liebe und kontemplativer Schau bzw. kontemplativem Empfangen freigelegt und zum Glänzen gebracht hat, kann es bewusst in Resonanz mit dem hinter ihm leuchtenden Absoluten treten, sich mit ihm vereinigen[187] und in eine Weise der heiligen Erkenntnis münden. Das also ist gemeint, wenn gesagt wird, dass es ohne tiefe Selbsterkenntnis keine Gotteserkenntnis gibt. Und das umschreibt, worin das Gesetz des Aufstiegs, dem der Mensch unterliegt, letztendlich gründet. Seit je sind die Weisheits- und Gottsucher diesem Gesetz und dem aus ihm klingenden Ruf gefolgt und haben sich ihm unterworfen, unabhängig von der Tradition, der sie entstammen. Denn es gilt über alle Zeiten, alle Kulturen und alle Religionen hinweg. Es ist die ewig sprudelnde Quelle, aus der sich das nährt, was wir einen Glauben nennen, in dem sich die Sehnsucht nach dem Absoluten, die Gnade gerufen zu sein und Erkenntnis verbinden.

Das erwachende integrale Bewusstsein facht Religiosität, facht die Sehnsucht nach dem Feuer der Verschmelzung mit unserem göttlichen Ursprung neu an. In seiner Glut werden sich manche zeitbedingte und nur aus der jeweiligen Epoche heraus zu verstehende magische Rituale, mythische Bilder und mentale Kopfkonstruktionen[188] auflösen, um den inneren Raum des Menschen und der Menschheit für das durchscheinende Göttliche zu bereiten. Auf allen Ebenen sieht sich das kleine Ich gerufen und wächst in die Gewissheit des großen Selbst. Nun wird der tiefere Sinn so mancher Bewegung in der raumzeitlichen Endlichkeit klarer und schärft sich die Wahrnehmung für die Notwendigkeit einer neuen Ausrichtung allen Denkens, Fühlens und Handelns auf das Größere hin. Dieses ist zeitlos, und es führt in die Geborgenheit eines Bewusstseins, das sich im Strom des Ewigen getragen weiß. Vom Homo Animalis kommend, den Homo Intellectualis integrierend,

---

[186] Vgl. zu diesen Überlegungen ausführlich Nasr 1990, S. 180 ff.
[187] Die christliche Mystik spricht von Unio Mystica
[188] Vgl. Gebser 1995, S. 8

bewegt sich der Mensch, ja drängt er auf den Homo Divina hin, was bereits von den christlichen Mystikern Johannes Tauler (1300–1361) und Meister Eckhart (1260–1328) ahnungsvoll reklamiert worden war.[189]

Unsere leibliche Schwäche und Endlichkeit können wir in dieser Bewegung nicht abstreifen. Beide bleiben gegenwärtig, erinnern an die naturgegebenen Grenzen, und sie beugen damit der Hybris vor. Gleichwohl sollten sie nicht länger taugen, den Menschen in seinem Anspruch und in der Forderung, in die er gestellt ist, zu mindern und von der ihm möglichen Tiefe der Bewusstseinsregungen abzulenken oder gar fortzuführen. Der sich dem Göttlichen zuneigende und den göttlichen Impuls in sich erweckende Mensch steht vor der Verwirklichung jener großen Vision, in der die Menschheit in Liebe und Respekt zueinander findet, ohne sich fortwährend weiter bewusstseinsmäßig zu spalten und voneinander abzugrenzen. Deshalb auch spreche ich zumeist von dem Göttlichen und nicht einer Gottheit, die aus spezifischen historischen und geistigen Strömungen entstanden, in Religion verfestigt und schließlich in dieser starren Form als einzig, absolut und ausschließend reklamiert wurde und noch immer wird. Als geistige Macht kann das Religiöse kein geschlossenes System sein, das widerspricht dem Wesen des Geistes und dem Potential der Erkenntniswege. Und auch als Liebesmacht kann das Religiöse nicht statisch sein, denn durch Erkenntnis, Kommunikation und Resonanz berührt die Liebe schrittweise alles Seiende und erfasst es tiefer und tiefer. So schafft sich das Religiöse im Menschen immer wieder neu, und es war wohl das, was Jesus meinte, wenn er die Jüngerschaft aufforderte: „Werdet Vorübergehende!"[190]

Der vom Homo Sapiens zum Homo Divina fortschreitende Mensch nimmt mit seiner Berufung zur geistigen Vereinigung mit dem göttlichen Impuls seinen größten Adel an, nämlich Mitschöpfer und Mitgestalter des Werdeprozesses auf dieser Erde zu sein. Das Bild vom heranwachsenden Kind, das der absoluten und vollendeten Gottheit letztlich doch unmündig gegenübersteht, verblasst vor dieser Einsicht und verliert seine Konturen. Mit der Entwicklung jeder Seele, mit jedem personenhaften Bemühen und Voranschreiten verdichtet sich die geistige Sphäre dieser Welt weiter und wächst hin zum göttlichen Bereich, in dem alles sich vervollkommnet.

---

[189] Vgl. Haas 1971, S. 139
[190] Thomas-Evangelium, Wort 42; zit. n. Barth 1977/1991, S. 116

Nun mag es Tradition der klassischen religiösen Lehren des Judentums, Christentums und des Islam sein, Gott oder das Göttliche als den absoluten und unveränderbaren Urgrund zu sehen, der aus sich heraus den Schöpfungsimpuls hervor und zur Entfaltung bringt. Doch was heißt genau dieses für das Göttliche in der Folge selbst?

„Die Gottheit ist wirksam im Lebendigen, nicht im Toten; sie ist im Werdenden und sich Verwandelnden, nicht im Gewordenen und Erstarrten."

Diese so selbstverständlich klingende Aussage Goethes[191] (1749–1832) birgt in sich eine Folgerung von äußerster Tragweite, die sicher in manchen fundamentalistischen Ohren noch immer wie eine Zumutung, ja Gotteslästerung klingen mag. Das im Lebendigen wirkende Göttliche wird mit dem Werdenden mit. Die Gestaltung lässt den schöpferischen Urimpuls nicht unberührt, und so wirkt das Geschöpfliche auf das Schöpferische, ist es doch selbst dazu geworden. Die Gottheit, die sich in die Dynamik des Lebens ergießt, setzt sich selber dieser Dynamik aus. Von Max Scheler lesen wir dazu: „Der Mensch – ein kurzes Fest in den gewaltigen Zeitdauern universaler Lebensentwicklung – bedeutet also etwas für die Werdebestimmung der Gottheit selbst. Seine Geschichte ist nicht ein bloßes Schauspiel für einen ewig vollkommenen göttlichen Betrachter und Richter, sondern ist hineingeflochten in das Werden der Gottheit selbst."[192] Ja, man kann vielleicht sagen, dass der Urgrund sich im Werden des Menschen und in dessen Mitstreitertum für den Weg der Vollendung, immer auch selbst inne wird. Die Wesensidentität, die sich im Menschen pflanzte, spiegelt nun eigenes Wesenhaftes in neuer Erscheinungsweise zurück.

Der Mensch hat, so betrachtet, nicht nur eine Verantwortung für sich, sondern für den Schöpfungsprozess an sich, den Werdegrund mit inbegriffen. Und das heißt nicht etwa, der Schöpfungswirklichkeit im vergeistigten Raum, eine imaginäre Vollendung erträumend, zu entfliehen, sondern sich ihr vielmehr in all ihren Emanationen zu stellen und in sie einzutauchen. Mit allen Sinnen, dem ganzen Herzen, der umfassenden Seele und den geistigen Feldern, in denen ich stehe und mit denen ich in Resonanz treten kann. Liebende Leidenschaft für die Welt, Leiden an und

---

[191] zit. n. ebenda, S. 22
[192] Scheler 1954, S. 31

mit der Welt und ein überpersönlicher, aus der Gottessehnsucht erwachsener Verfeinerungs- und Vollendungsdrang greifen als unsere edelsten Seiten ineinander. Letztlich wollen daran die Religionen mit ihren Sakramenten der Vereinigung erinnern! Ein voll entfaltetes Christentum etwa lehrte genau das.

In der Alltagspraxis allerdings reduziert das institutionalisierte Religiöse den Menschen dann doch wieder schnell auf den, der schwach und hilfsbedürftig einer vollendeten Gottheit unbeholfen gegenübersteht, sehnsüchtig, doch getrennt, voll der göttlich inspirierten Potentiale, doch klein gehalten. In dieser eigentlich ja nur angstbesetzten Haltung mag es hilfreich und stützend sein, sich die Erkenntnis des heiligen Augustinus zu vergegenwärtigen, nämlich dass der Mensch, um Mensch zu bleiben, übermenschlich werden muss. Vielleicht sollten wir auch einfach nur sagen, dass er sich seiner Rolle zwischen Erde und Himmel mit dem Siegel des Göttlichen im Herzen neu bewusst wird.

Der Rolle zwischen Himmel und Erde neu bewusst werden ... Es ist diese innere Ausrichtung, und es sind die daraus sich erhebenden Handlungen, die den Menschen in unserem Zeitalter der großen Fragen und Infragestellungen im Lot halten. Sie stellen sich einer destruktiven Energie entgegen, die das Kollabieren in die gegenwärtigen Gegebenheiten und in das Scheinbare herbeiführen will. Vor allem führen sie in die einzige unhinterfragbare und unauflösbare Freiheit des Menschen. Diese Freiheit entsagt den einengenden und lähmenden Kräften der äußeren Welt, um sich doch ganz für sie und ihre Entwicklung hinzugeben. Sie erhebt und stellt doch unbedingt in Dienst. Sie fordert und rüstet zugleich mit Zuversicht und Vertrauen. Sie bewährt sich in jeder alltäglichen Handlung und immer gerade an dem Ort, an dem wir uns befinden. In der Gewissheit des Einsseins mit Gott und der Welt entlässt sie in die Verantwortung für beide. So wird aus einer inneren Glaubensgestalt eine umgreifende Gestaltungs- und Erlebnisqualität im äußeren Leben. Die Seele wächst und reift zu ihrer schönsten Möglichkeit.

Im menschlichen Geist erkennt das Universum sich selbst

Seit den Anfängen des Philosophierens und Theologisierens wird die Menschheit von der Frage bewegt, welcher Platz ihr denn unter dem Sternenzelt zukomme. Kreist die Sonne um die vom Menschen bewohnte Erde, ja kreist nicht alles um uns? Kann es dann anders sein, als dass Mensch und Erde das Zentrum des Universums schlechthin bilden? Bekanntermaßen hat die Antwort auf diese Frage prominente Opfer gekostet.

Heute lehren uns Astronomie und Astrophysik, dass die Sonne zwar im Zentrum unseres Sonnensystems liegt, es aber keinen räumlichen Mittelpunkt des gesamten Universums gibt, allenfalls einen zeitlichen, den Urknall. Von daher macht es auch wenig Sinn, davon zu sprechen, ein Planet läge am Rande oder in der Mitte. Allerdings kann jeder Beobachter von seiner Position aus für sich im Anspruch nehmen, im Mittelpunkt des Ganzen zu stehen, ist von ihm aus doch der sichtbare und unsichtbare Horizont in jede Richtung gleich weit entfernt.

Spannender als diese im Raumzeitlichen verbleibende Frage ist allerdings jene, die nach der Bedeutung des Menschen und seines Geistes bzw. Bewusstseins in Bezug auf das Ganze fragt. Da wir nicht ausschließen können, dass es außerhalb unseres Sonnensystems weiteres mit Bewusstsein ausgestattetes Leben gibt, von dessen Entwicklungsstand wir zurzeit nichts wissen oder erahnen, soll zunächst der Bezugshorizont eingegrenzt werden. Über die Rolle unserer Gattung im gesamten Universum mit ihren Milliarden von Galaxien können wir selbstredend nichts sagen, wenn wir nicht in alte Muster eines sich selbst verabsolutierenden Anthropozentrismus zurückfallen bzw. einen neuen noch lächerlicheren errichten wollen. Wohl aber können wir von der Beziehung des Menschen zu unserem Planeten und unserem Sonnensystem reflektieren. Damit sind wir wieder bei Geist und Bewusstsein und der Dreiecksbeziehung von Gott, Mensch und Schöpfung.

Die neue Qualität, die mit dem Menschen im Reigen des Lebens auftritt, kann als Mutation in eine neue Ordnung, ja eine neue Natur gesehen werden. Nun breiten sich Geist und ein Erkennen aus, das sich dem Ganzen verstehend zuwendet, es geistig durchdringen und damit in gewissem

Maße vergeistigen will. Das Universum hat aus sich selbst seine Selbsterkenntnis und sein Selbstverständnis erschaffen, vereinigt seine Kräfte im menschlichen Nervensystem und dessen kreativer, über sich hinauswachsender Potenz. Vor allem aber sind der Mensch und seine Seele nun nicht mehr getrennt von Erde und Kosmos zu denken. Vielmehr sind beide, Mensch und Kosmos, identisch,[193] oder besser, wesenseins. Das menschliche Bewusstsein wird zu dem des natürlichen und naturhaften Universums. Deshalb können wir sagen, dass der göttlich durchflutete Kosmos im menschlichen Bewusstsein zu sich selbst kommt, sich in einem geistigen Spiegel betrachten kann. So erhält die Evolution mit dem Menschen ihren Maßstab und ihren fortgeschrittenen, wenn auch vermutlich noch nicht allerletzten Sinn. Das mag verdeutlichen, welch außerordentliche Stellung der Entwicklung unserer inneren Vermögen zukommt, nicht nur denen des Geistes, sondern auch denen des Erfühlens und Erspürens, der empathischen Wahrnehmung des Lebensstromes mit seinen unzähligen Hervorbringungen an Gestalten, Formen, Gefühlen, Sehnsüchten und Strebungen. Sie alle haben ihren auf Erkenntnis und Verfeinerung zielenden Auftrag innerhalb der großartigen Geschichte des Kosmos. Wir sind nicht nur für uns selber da, wir erfüllen einen wunderbaren Dienst am Ganzen!

Dieses „Ganze" stellt sich unserer Wahrnehmung, unserem Erforschen und Begreifen als umfassende göttliche Einheit in unzähliger „Vielgestalt" dar. Allem Seienden der organischen Materie ist es innewohnend und damit Ausdruck seines Wesens. Liebe in all ihren Erscheinungsweisen hält es zusammen und führt in seine immer neuen Formen und Gestalten, oder wie Leonardo Boff schreibt: „Es kommt also darauf an, zu erkennen, dass es in allem ein Herz gibt und dass letztlich das Herz der Welt, das Herz des Menschen und das Herz Gottes ein einziges großes Herz bilden, das im Rhythmus der Liebe und herzlichen Zuwendung schlägt."[194]

So lässt sich der Kosmos als eine gewaltige Bühne sehen, auf der sich der göttliche Reigen als Schauspiel in unzähligen Rollen, Kostümen, Kulissen und Verwandlungen vollzieht. Alles hat in dieser Aufführung seinen Platz und seine Bedeutung für das Gelingen. Das Niedere ist Teil des Höheren.

---

[193] Vgl. dazu Mynarek 1976, S. 9 ff.
[194] Boff 2010, S. 529

Widersprüche und Widersachergestalten trennen nicht, verweisen vielmehr auf die große Einheit, die sich wie Gott selbst als Zusammenfall und Zusammenwirken des Unterschiedlichsten offenbart, als Coincidentia Oppositorum. Es ruht jenseits der menschlichen Klassifizierungen und damit auch jenseits von Gut und Böse. Deshalb ist nicht nur nichts und niemand auf dieser Bühne jemals vom Ganzen und von Gott getrennt, sondern zugleich immer auch Mitwirkender. Davon spricht die Betonung der Mitgestaltungsrolle des Menschen am göttlichen Plan und am Werden des Göttlichen selbst.

Wo das Ganze als Ausdruck des Göttlichen gesehen werden kann, ist der Mensch nicht nur Teil davon, vielmehr kann sich dem Menschen der göttliche Bereich auch überall offenbaren. Er hat keinen festen Platz und keine spezifische Zeit. Wir können ihm überall da folgen, wo es uns gelang, eine Spur zu entdecken, hinter einem Kostüm das Wesen zu erahnen bzw. sich berührt von dem Geist zu sehen, der Regie in dieser unendlichen Inszenierung führt.

An dieser Stelle scheint es mir noch einmal von großer Bedeutung zu sein, den Stellenwert des Religiösen herauszustellen. Denn es ist die zwischen Mensch und Gott geflochtene Beziehung, aus der allein ein tiefer Lebensbezug, entsprechende Handlungsorientierung und die letztendliche, alles Bedingte übersteigende transzendente Verwiesenheit erstehen. Aus dieser Beziehung resultieren rechte Orientierung und rechte Entscheidung, als Tun und Nichttun zur angemessenen Zeit. Wie soll das innere Wesen des Menschen sich in seinem Reichtum und seiner Schönheit offenbaren und entfalten ohne die bewusste und empfundene Verbundenheit nicht nur mit dem kosmischen Lebensstrom, sondern vor allem dem, was ihn hervorbrachte und nährt? Nur in dieser Gewissheit stehend, vermag das kleine Ich über sich hinauszuwachsen zum kosmisch vernetzten liebenden Selbst. Darin erfährt es sein inneres Gleichgewicht, das mit der Harmonie des Universums schwingt. In diesem Resonanzraum entsteht ein Halt, den nichts Zeitgebundenes je schenken kann. Er macht alles Tun wahr von innen her, und dann wächst der innere Friede, ohne den ein äußerer doch nie entstehen kann, wie die Geschichte der Menschheit lehrt. Jeder Mensch, dem dieses bewusst wird und der das damit verbundene Aufbruchssignal hört, kann in der Gewissheit leben, dass der Weg des Menschen zu Gott eins ist mit dem Weg Gottes zu den Menschen, so wie die menschliche Sehnsucht nach dem Absoluten der göttlichen Sehnsucht nach Begegnung und danach, erkannt zu werden, zu lieben und geliebt zu werden, entspringt.

Gottesfinsternis

„Aber weh! Es wandelt in Nacht, es wohnt, wie im Orkus, ohne Göttliches unser Geschlecht."[195]

Der Halt, den der Mensch im Resonanzraum des Göttlichen findet, ist trotz der kostbarsten Erfahrungen und der Einsicht, dass die schönsten Kräfte des Menschen durch Gott erweckt werden, nicht ohne stets wiederkehrende Anfragen. Sie haben mit der verbleibenden Verborgenheit des Göttlichen zu tun und mit der Finsternis, die sich im Menschen ausbreitet, wenn sein Streben nach Gewissheit durch unüberwindlich scheinende Mauern blockiert wird. Erkennt er jetzt nicht, dass seine Gottessehnsucht und das Verborgene zusammenhängen und einander bedürfen, weil sonst der Anstoß, ja der Sog fehlte, immer wieder über sich hinauszuwachsen, aller Dunkelheit zum Trotz, dann besteht die Gefahr, dass das Vertrauen schwindet und die darauf gegründete Zuversicht. Denn in der Vorstellung zu leben, nur sich selbst zu haben und Gott allenfalls als lebensdienliche Fiktion zu sehen, die bei jedem näheren Hinschauen entschwindet, kann furchtbar sein. Wo wäre dann noch ein das persönliche Wissen überschreitender Anspruch auf Wahrheit, wenn das einzige, das wir mit Sicherheit zum Ausdruck bringen können, der Mangel an Wahrheit und Gewissheit ist?

Gewissheit und das unerkannt Verbleibende hängen, wie gesagt, zusammen. Martin Buber spricht das an, wenn er in Bezug auf das biblische Gottesbild betont, dass „der lebendige Gott ein nicht bloß sich offenbarender, sondern auch ‚sich verbergender' Gott ist."[196] Dessen Quintessenz ist das Absolute, nicht das Singuläre und Bedingte. Deshalb kann er in den Erscheinungen des Lebens zwar erspürt und in einer seiner unzähligen Facetten erkannt werden, doch eben nie ganz. Immer öffnet sich nur ein Fenster zu einem Ausschnitt des Absoluten hin, das nicht mit dem Ganzen selbst verwechselt werden sollte, entzieht sich doch dann jede weitergehende

---

[195] Friedrich Hölderlin (1770–1843): Der Archipelagus.
[196] Buber 1994, S. 68

Erkenntnismöglichkeit. Aus dem Horizont des Relativen und Gewordenen bleibt das Unergründliche, das dem Absoluten eigen ist. Gleichwohl schweigt dieses Unergründliche nie, zeigt Stufe um Stufe mehr von seinem Wesen – vorausgesetzt, der Mensch neigt sich unter dem Einsatz seiner ganzen Person zum wahrhaften Hören und setzt seine fehlende Bereitschaft dazu nicht mit dem Schweigen Gottes oder gar dessen Tode gleich, wie dies manche philosophische Denkschulen verkünden.

Der Mensch kann der Gottesfinsternis und der alles transzendierenden Leere nicht ausweichen. Das lehrt nicht zuletzt das Gefühl der Verlassenheit und der Angst Jesu in der Getsemani-Nacht am Ölberg in Jerusalem. Jene metaphysische Beklemmung, die damit einhergeht, dass sich das Ziel all meines Sehnens zu entziehen scheint, will als Forderung und Impuls verstanden und angenommen werden – bis die Sonne wieder scheint und bis ich die Wolken, die sie ansonsten verhüllen, als das erkannt habe, was sich zwar dazwischen stellt, sie aber eben nicht verschwinden lässt. In bildlicher Sprache können wir sagen, dass sich das Mysterium der Verhüllung zwischen Himmel und Erde ereignet, auf beide verweisend. Und deshalb ist es allein weder mit dem irdischen Verstand zu verstehen noch mit einer ins Jenseitige sich flüchtenden Vergeistigung.

Die Gottesfrage also geht nicht mit Sicherheiten einher, die aus Verstandeskräften oder sinnlichen Wahrnehmungen zu umfassenden Antworten führen. Stattdessen bleiben nur der Verzicht auf die Suche nach solchen Sicherheiten, das Ungewisse, das es zu wagen gilt und die konsequente Absage an einen entsprechenden Eigensinn. Jeder weitere Schlüssel und jegliche weitere innere Gewissheit liegen hierin und in der aus ihnen folgenden Hingabe. Hans Jürgen Baden:

„Erst wenn man weiß, daß das Schicksal in der Hand Gottes ruht, kann man es lieben – kann man auch lieben seine Verworrenheit, seine Schrecknisse, seine Rätsel. Das sind die dunklen Fäden, die Gott in den Teppich des individuellen Schicksals eingewoben hat; und weil Gott, nicht irgendein blindes Fatum der Weber ist, darum dürfen wir davon überzeugt sein, daß auch diese Fäden (und gerade sie) zum Muster unseres Lebens hinzugehören."[197]

---

[197] Baden 1952, S. 123

Auf die Dunkelheit, die ihn immer wieder einhüllt, trifft der suchende und strebende Mensch im Raum zwischen Erwartung und Erfüllung. Beide sind hier in Gleichzeitigkeit immer präsent. Es ist somit auch der Raum des göttlichen Zuspruchs. Dieser Raum will bereitet und gepflegt sein! Eine authentische und energetische Religiosität lebt von der Beziehung. Sie bedarf ihrer, wie der zu einer lebenden Person. Hierin liegt der tiefere Sinn, das Göttliche als personal zu verstehen, auch wenn es immer mehr als das ist und deshalb so auch nie wirklich vollständig zu greifen. Doch Beziehung mit all ihren zentralen Attributen wie Liebe, Selbstzurücknahme, hellhörige Zuwendung und Hingabe können wir wohl nur als persönliche leben, als Verhältnis zwischen Ich und Du. Und dann teilt sich alles in der Weise mit, in der ich selber bereit bin zu geben – und vielleicht gnadenhaft noch mehr als das. Es geht also in der Beziehung zwischen Mensch und Gott nicht darum, dass eine als Person gedachte Gottheit das Ganze verkörpere, sondern dass der Mensch sich zu ihm als Seiendes, das ihm gegenüber steht und ihn umgibt, verhält.[198]

Im Verhalten und im Handeln nähern wir uns dem Göttlichen und seiner Schöpferkraft an, gehen in Resonanz und werden in der uns möglichen Weise eins. Es stehen sich somit nicht reines Schöpfertum und ein willenloses in Distanz verharrenden Geschöpf gegenüber, sondern beide zeigen und beweisen sich als willentliches und tätiges Ineinander. Der Mensch antwortet in dieser Verbindung auf die Möglichkeit Gottes, ihm als Person zu begegnen. Das ist die Weise, in der schließlich das menschliche Wollen und Handeln aus seiner Einsamkeit ins Zentrum des kosmischen Schöpfungsprozesses eintaucht. Das menschliche Wesen streckt sich zwischen Himmel und Erde und wird seiner ureigensten Berufung gerecht, Immanenz und Transzendenz zu verbinden, ja zu vereinen. So leistet er seinen Beitrag zur Verwandlung und Veredlung der Welt. Dass die geistigen Wesen, die wir Engel nennen, dem Menschen dabei zur Seite stehen, mag nur denjenigen ein fremder Gedanke sein, die den Raum der Transzendenz als das Reich finaler Leere verkennen.[199]

---

[198] Vgl. Buber 1994
[199] Von großer Tiefe lesen wir über die Beziehung von Engel und Mensch im Werk Rainer Maria Rilkes, vor allem seinen Elegien. Sehr bereichernd sind dazu die Aussagen von Betz 2011, S. 135–149

Das Dunkel als dem Göttlichen zugehörig nicht nur zu verstehen, sondern es auch anzunehmen, ja es als eine für Gott wesentliche Weise der Erscheinung zu lieben, entreißt aus der Verfangenheit in die eigenen Bedürfnisse und Wunschwelten. Der Zweifel will durch Gewissheit im Handeln neutralisiert und widerlegt sein, aller scheinbaren Paradoxie zum Trotz. Treue in einer Beziehung und damit auch die Treue zu Gott besteht ihre größte Bewährungsprobe im Nichtverstehen des Du und im aufkeimenden Zweifel. Wachsende Empfindungsfähigkeit für die Berührungen aus dem transzendenten Raum und eine wachsende Geborgenheit sind die schönsten Früchte dieser Treue. Doch es sollte auch nicht übersehen werden, dass erst in der Treue des Menschen zur göttlichen Welt, selbst in den Stunden tiefster Einsamkeit, seine Sehnsucht Bestätigung findet und er sich somit selbst die Treue hält.

Der christliche Glaube will in die Gewissheit führen, dass in der Person des Jesus von Nazareth der unbekannte Gott sich selbst ausgedrückt und mitgeteilt hat. Diese Selbstmitteilung sollte nicht nur als eine sich zum Menschen hinwendende Geste der Versöhnung verstanden werden, sie will vor allem vielen Zweifeln den Grund und die Begründung nehmen. Zugleich leitet dieses von kosmischen Erscheinungen begleitete kosmische Ereignis eine neue Stufe der Menschwerdung ein. Es kann als der Beginn der auf Erfüllung wartenden großen Mutation zum integralen, ja transzendentalen Menschentum gedeutet werden. Alles Wesentliche für diesen evolutionären Sprung drückt sich in Leben und Gestalt der Christuserscheinung vorbildhaft aus – der Geist universaler Verbundenheit, der nicht zuletzt in der Theophanie des Alltäglichen und der Natur zum Ausdruck kommt, eine unmissverständliche Klarheit und Reinheit von Erkennen, Denken, Sprechen und Handeln, eine alles umfassende und integrierende Liebe und schließlich das bedingungslose Vertrauen durch den Tod hindurch.

Nicht nur durch seine Ideen und Worte, sondern vor allem durch sein zeichenhaftes und revolutionäres Handeln fordert der jüdische Prophet Jesus den neuen Menschen. Wir können sagen, dass an diesem Punkt evolutionärer Prozess und Heilsgeschichte neu zusammenfinden. Durch jeden daran anschließenden Gedanken und jedes Werk eines Menschen gewinnt diese Synergie an Gestaltungs- und Vollendungskraft. Dass die als Kirche und Tradition erkennbare mythisch-sakrale Haut des Christentums die

Botschaft und den Impuls des Mannes aus Nazareth schützt und bewahrt, aber eben noch immer auch verdeckt, weist darauf hin, dass sie sich selbst von ihrer Angst, ja vielleicht sogar von sich selbst befreien muss, soll ihre eigentliche Botschaft und ihr das Heil des Ganzen, nicht nur des Menschen umgreifende Berufung endlich vollständig zum Vorschein kommen. Denn die Botschaft, die sie bewahrt, stellt jede religiöse Engführung, ja vielleicht konventionelle Religion selbst in Frage.[200] Die Botschaft Jesu und der Geist des Christus sind zu groß und zu universal, als dass sie institutionell vereinnahmt und doktrinär verteidigt werden dürften. Die Überwindung der Ichverfangenheit mit all ihren Anhaftungen und teils gewaltsamen Abgrenzungen gilt auch am Beispiel von (jeglicher) Religion und Kirche, ja sie steht hier, in den spirituellen Feldern der Menschheit, sogar vor ihrer größten kollektiven Herausforderung.

Widersacherkräfte – Das Böse

Dem Licht des Menschen, der die Nähe Gottes sucht und sich mit ihm zu verbünden trachtet, steht ein gewaltig erscheinender Schatten gegenüber, das Böse.[201] Als universales und umfassendes Phänomen durchdringt es die Geschichte unserer Gattung. Seine mächtige Gestalt ist unübersehbar und allgegenwärtig. Es tritt auf als dunkle Energie, die mit Zerstörung, Unglück, Not und Leid einhergeht. Die Evidenz des Bösen liegt so offen, gerann im Durchlauf der Historie bis in die jüngste Gegenwart zu so unvergessenen Mahnmalen des Grauens, dass der Gedanke nicht abwegig scheint, dass die Mächte des Bösen dabei sind, den Erdkreis zu vereinnahmen. Sprach- und fassungsloses Entsetzen bleibt, wo das Böse sich zeigte, und doch wir können es nicht wirklich greifen. Es existiert, wirkt als grundlegende Potenz in jedem Menschen und ist doch durch die Vielfalt seiner Maskierungen nur schwer zu erkennen und zu durchschauen. Am Bösen versagt das systematische und kategoriale Denken, das erschöpfend sein möchte. Von Menschen in die Welt getragen, treten in jeder Erscheinungsform andere Rudimente zu Tage, die aus einem in tiefer Dunkelheit liegenden Abgrund zu kommen scheinen. Noch übersteigt das Böse menschliches Erfassen und die Fähigkeit, seine metaphysische Tatsächlich-

---

[200] Vgl. zu diesem Gedanken Rosenberg 1990
[201] Vgl. dazu ausführlich Eurich 2010

keit hinreichend zu ergründen. Sein – und doch undenkbar bleiben, das kennen wir sonst nur von dem, was wir Gott oder das Göttliche nennen.

Es mag die Einsicht schmerzen, dass auch die Frage nach Gut und Böse der Relativität nicht ausweichen kann – aller Ethik, allen Maximen und Normen, ja allem Glauben zum Trotz. Friedrich Nietzsche provoziert das zu der Aussage, dass der Blick auf beide eine Perspektive der Schwachen sei, die sich auf Moral berufen und Fürsorge einklagen, wo sie sich als Zukurzgekommene selbst bemitleiden. Handelten Hitler, Stalin und Pol Pot in den von ihnen initiierten rasenden Exzessen nicht in der Absicht, eine bessere Welt zu schaffen? Diesen Totengräbern der Menschlichkeit folgten Heerscharen in Glauben und Gehorsam. Und dieser Glaube und dieser Gehorsam waren selten blind. Auschwitz, die Gulags, die Killing Fields und auch Hiroshima sind in ihrer Entstehung und Tatsächlichkeit zwar nicht vergleichbar, weisen aber unter dem Gesichtspunkt des Verstehen-Wollens dramatisch darauf hin, dass Böse und Gut weit mehr sind als bloße individualpsychologische Kategorien. Das Rätsel verkompliziert sich damit weiter. Es fügt der Frage nach dem Willensakt der Person die Frage nach dem Sog des Kollektiven hinzu. Das lässt schon hier erahnen, dass wir beim Problem des Bösen beim Menschen alleine als Grund und Ursache nicht werden stehen bleiben können. Kein Gedanke und keine Einsicht sind dabei überflüssig, denn sie führen tiefer in das Rätsel hinein und zwingen zugleich zur ständigen Überprüfung, Infragestellung und Verfeinerung. Allerdings ist nicht auszuschließen, dass die Unterscheidung in Gut und Böse überhaupt erst das Bewusstsein des Bösen erweckt und in die Welt getragen hat – eine Spätfolge gleichsam des Abschieds aus Eden.

Seit wir als Gattung glauben, das Böse begrifflich identifiziert und damit unterscheidungsfähig gemacht zu haben, stellt es für jeden Menschen als potentiellen Täter die Probe auf die Freiheit dar. Es ist die Probe, die das Durchstehen der Polarität, des Widerspruchs und der Selbstentzweiung fordert, welche im Werdeprozess der Schöpfung liegen. Den Opfern des Bösen jedoch wurde dieses Privileg entzogen. Für sie gibt es nichts mehr zu durchstehen. Sie leben in dem Gefühl tiefster Verlassenheit, in Gottesfinsternis. Was einmal Sinn hätte sein können, es ging verloren. Selbst der Zwiespalt, der in allem Seienden liegt, zeigt sich nicht mehr, selbst die Absurdität dieser so zu erleidenden Welt dringt nicht mehr als Kategorie ins Bewusstsein. Die einzige noch existierende Beständigkeit, das nackte

Sein, klafft als offene, als unheilbare Wunde. Das mit dem Bösen verbundene Grauen löst alle Relationen auf. Es versperrt sich selbst der Seelenmaske des Zynismus.

Die Menschheitsgeschichte leidet in Sachen Gut und Böse daran, dass der Verzweiflung und Ohnmacht ob der Unergründlichkeit und Verderbensträchtigkeit des Bösen noch immer die Versuche folgten, das so genannte Böse im Namen des so genannten Guten auszulöschen, es aus der Welt zu verbannen. Jeder dieser Versuche führte selbst in böses Handeln. Die „Achse des Bösen" hat keinen Anfangs- und keinen Endpunkt. Sie umfasst als Spirale den ganzen Globus. In der Reduktion der Frage von Gut und Böse auf ein dualistisches Weltbild gehen der menschliche Grundauftrag und die Chance verloren, Welt und Kosmos als Ganzes zu sehen und zu verstehen. Jede Spaltung und Trennung verstärkt die Illusion. Sie nimmt uns hinsichtlich der weltumspannenden Macht des Bösen auch die Gelegenheit, der noch verborgenen und geheimnisvollen Rolle nachzuspüren, welche die dunkle Macht im Erlösungsprozess des Menschen möglicherweise hat[202] bzw. das so sehnsüchtig wartende Neue hinter den Dämonien zu erkennen, die aus unserer Gattungsgeschichte noch in das Jetzt hinüberragen.

In den heiligen Schriften der Weltreligionen werden die Mächte des Bösen als so selbstverständlich existierend gesehen wie Gott. Wirklich eindeutige Belege für das Entstehen des Bösen sind jedoch genauso wenig zu finden wie über den Ursprung des Absoluten selbst. In der Geschichte vom Sündenfall des Menschen begegnet uns zwar die Schlange als Verführerin, doch ihre Herkunft und ihre Rückbindung verbleiben im Dunklen. Das Interesse des Erzählers richtet sich stattdessen auf den Menschen als Resonanzfläche für die insinuierten Impulse. Wenn wir nicht in rein theologische Spekulationen verfallen wollen, wird es nicht anders gehen, als Gott und das Böse als gegeben zu sehen und entsprechend anzuerkennen. Diese Herausforderung stellt sich als eine immense dar. Aus ihr folgt nur zu oft ein durchaus nachvollziehbar begründeter Atheismus, wenn dem Leiden in der Welt und an der Welt dem der dann nur noch zynisch klingenden Satz aus der Schöpfungsgeschichte entgegengestellt wird: „Gott sah alles an, was er gemacht hatte: Es war sehr gut."[203] Doch wer mit dieser Gegen-

---

[202] Vgl. Jung 1990, S. 49 f.
[203] Genesis 1; 31

überstellung arbeitet, sollte zumindest im Blick haben, dass die Bewertung als „gut" vor dem so genannten Sündenfall und der in ihm sich vollziehenden Trennung des Menschen von Gott liegt.

Das Absolute steht in seinem transzendentalen Wesen außerhalb jeglicher Klassifizierungen, die für uns Menschen wichtig scheinen, bzw. es umfasst sie. Das Göttliche ruht, so betrachtet, jenseits von Gut und Böse bzw. nimmt beide in sich auf. Gott als das von Anfang an umfassende und ausschließliche Gute, das zudem von sich aus das Böse in der Welt verhindert, ist ein menschliches Missverständnis. Es sollte eigentlich seit den Wahnsinnsverbrechen des 20. Jahrhunderts ausgeräumt sein. Reichlich Studienmaterial bietet in dieser Hinsicht schon die hebräische Bibel, das so genannte Alte Testament. Jahwe gibt sich als gut und böse zu erkennen, wirkt Heil und Unheil. Er bringt beides in die Welt, erscheint als Helfer, umbarmherziger Verfolger, Retter und respektiert gar, wie im Falle des Hiob, den Versucher als ebenbürtig. Immer zwingt er den Menschen in die Entscheidung. Von dieser polaren Seinsweise des Göttlichen künden auch die hinduistischen Lehren. Die absolute Schöpfergottheit Brahman setzt das Widersprüchliche in all seinen Schattierungen selbst in das Sein. Es ist Ausfluss seiner integralen Wesenhaftigkeit.

So gesehen zeigt sich das Böse in seinem Ursprung und seinem Auftreten in der Welt nun als immanenter Teil des Lebens. Und doch gibt es, bezogen auf das Verhältnis von Gut und Böse in Beziehung auf die Gottheit, Entwicklung. Gott entwickelt sich, wie ich bereits herausgestellt hatte, mit den Menschen mit. Er zeigt sich selbst als Mitwerdender im Prozess der von ihm initiierten Schöpfung. Auf Kain und Abel folgt die Sintflut, die mit Noahs Erben in eine neue Ordnung der Welt mündet. Im Zenit der Heilsgeschichte taucht schließlich Jesus auf als Mensch gewordene Selbstmitteilung eines liebenden Gottes. Beide Schlüsselereignisse einer theozentrischen Geschichtsdeutung weisen unmissverständlich darauf hin, dass die Schöpfung mit dem ausgerufenen siebten Tag noch nicht abgeschlossen ist, ja dieser Tag vielleicht noch gar nicht begonnen hat. Schöpfung ist, so betrachtet, eine evolutionäre Entwicklungsdynamik. „Dieses Werden bringt ... mit dem Erscheinen gewisser Daseinsformen das Verschwinden anderer, mit dem Vollkommenen auch weniger Vollkommenes mit sich, mit dem Aufbau auch den

Abbau in der Natur. Solange die Schöpfung noch nicht zur Vollendung gelangt ist, gibt es mit dem physisch Guten folglich auch das *physische Übel*."[204] Und das moralische Übel, so der Katholische Katechismus weiter, resultiert aus der von Gott gewollten Notwendigkeit, dass Menschen ihrer Bestimmung aus freier Wahl entgegengehen müssen.

Von der Freiheit her betrachtet, erscheint das Böse als die bewusste Wahl der falschen Lebensorientierung. Wer diese Wahl trifft, richtet sich gegen die Gerechtigkeit, gegen die Liebe, gegen das Gestaltende und somit gegen das Leben. Er wendet sich durch die mit dem Bösen verursachten Folgefolgen, wie Lüge und Rechtfertigung, aber auch gegen die Freiheit selbst, der er seine Entscheidung verdankt, schwindet Freiheit doch zwangsläufig mit dem Anwachsen des Unrechts im Einzelnen, in der Gesellschaft und den Strukturen, die sie hervorbringt.[205]

Gehört die Wahlfreiheit zum Menschen, so setzt Wahl immer Vollkommenes und Unvollkommenes, Gutes und Böses voraus. Freiheit wäre nicht ohne Alternativen und ohne die Existenz der Differenz als Prinzip der Schöpfung. Nehmen wir das als gegeben, macht es keinen Sinn mehr, von einer unvollendeten Schöpfung zu sprechen. Ihre Vollendung liegt gerade in der Dynamik und Dialektik, die Freiheit und Entwicklung ermöglicht!

Wie suchen wir nach Bildern von Gott und dem Bösen, wie leiden wir an der Vorstellungslosigkeit, was den Sinn des Seins und die dahinter stehenden Wirkmächte anbelangt. Wie gerne würden wir das Absolute greifen, es haben und festhalten oder doch zumindest ein Abbild anschauen und anbeten. Es lässt uns nicht, was auch im „Du sollst dir kein Bildnis machen ..."[206] angemessen zum Ausdruck kommt. Denn indirekt spricht dieses Gebot von der unermesslichen Größe und definitiven Nicht-Fassbarkeit des Göttlichen. Das Gebot schützt die Würde unbegreifbarer Größe. Und den Menschen schützt es vor sich selbst und seiner Enge, die sich so schnell zu Gewissheiten aufbläht, die nichts anderem als Angst und Unsicherheit geschuldet sind. Kein Bildnis machen ... das will den Menschen in der Demut halten und damit zugleich in einem Reichtum des Ganzen, der

---

[204] Katholischer Katechismus 1993, S. 113
[205] Vgl. Görres/Rahner 1989, S. 26
[206] Exodus 20; 4

zwar keine äußere Sicherheit bietet, aber die Geborgenheit in der Weite des Kosmos und der Transzendenz des Göttlichen.

Gottesbilder, Teufelsbilder – sie entwerfen eine polare Welt, die Zuordnungen erleichtert und das Ertragen von Vielfalt in der Einheit überflüssig macht. Hinter dem, was wir ersehnen, erträumen und idealisieren, steht dann immer Gott. Das Andere ist des Teufels. Gott beten wir an, dem Teufel erklären wir den Krieg. Doch die Schöpfung und der sie tragende und bewegende Geist sind ein Integral. Das Böse ist eingewoben in das Netzwerk des Universums, ist Teil seiner natürlichen Ordnung, die, aus dem Nichts entstanden, nur in Symmetrie existieren kann, also im Ausgleich des Werdenden und Gewordenen durch sein Gegenteil.[207] Als unerlässlich wirkt es in diesem Sinne damit auch für die Erfahrungswelten des Menschen. Ohne das Böse wäre ein Gutes nicht zu benennen. Denn womit sollte es sich vergleichen? Teilhard de Chardin:

„Die Existenz der Hölle kann also im Göttlichen Bereich ... weder etwas zerstören noch etwas verderben. Im Gegenteil. Ich spüre, wie die Hölle darin etwas Großes und Neues bewirkt. Sie fügt dem Göttlichen Bereich einen Akzent, einen Ernst, eine Deutlichkeit und eine Tiefe hinzu, die er ohne sie nicht besäße. Die Bergzinne kann nur durch den Abgrund, über dem sie aufragt, recht gemessen werden."[208]

Gut und Böse, Himmel und Hölle entspringen beide der transzendentalen Wesenheit, die wir Gott nennen, als ihrem ersten Grund. Wäre dem nicht so, hätten wir es mit zwei nicht zu vereinbarenden Kategorien oder gar zwei Welten zu tun, die einen übergeordneten Begriff erforderten, der Gott selbst mit einbezöge. Polarität an sich trifft noch keine Aussage über Unvereinbarkeit. Denn erstens spiegelt sich das jeweils Eine im jeweils Anderen als Differenz und Potentialität zugleich. Zweitens erschließt diese Potentialität zwischen den Extremen immer Zwischentöne der Entwicklung. Drittens wird der Gedanke der Zusammengehörigkeit beider Pole und der Zwischenräume ja überhaupt erst aus der Polarität geboren. Von dualistischer Unvereinbarkeit des Guten und des Bösen könnte man also, wenn man diesem Gedankengang folgt, nur sprechen, wenn beide jeweils in finaler Klarheit und Reinheit und ohne das Bewusstsein des anderen existierten.

---

[207] Vgl. Grof 2000, S. 161 ff.
[208] Teilhard 1962, S. 184

Gut und Böse als Energien zu betrachten, die beide aus dem göttlichen Bereich fließen, die sich bedingen und benötigen, um überhaupt Unterscheidung möglich zu machen, sagt allerdings nichts über die Qualitäten aus, die der Mensch durch seine Entscheidung daraus jeweils formt. Insofern kann das ursächlich wirkende Prinzip allein nicht für die Ausdrucksweise der Folgen durch den Menschen verantwortlich gemacht werden. Das Böse als dem Strom des Lebens selbst zugehörig zu erkennen und es somit in seiner und damit meiner Existenz anzuerkennen, sollte nicht als Freibrief missverstanden werden, das moralisch Böse durch den Menschen als naturgegeben und selbstverständlich zu verharmlosen. Der Verantwortung für die Bestimmung der Grenzen innerhalb der Beziehungsgeschichte von Gut und Böse in meinem Leben und der Kultur, in der ich mich bewege, darf sich bewusstes, als zur Unterscheidung fähiges Leben nicht entziehen. Gerade die tragische Unentrinnbarkeit aus den polaren Energien zwingt in die fortwährende Prüfung und Entscheidung. Das Böse als Teil von mir ist die unerbittliche Provokation, die in das Wachstum hin zum Integralen führt.

Gegensätze haben nur dann eine vernichtende Macht, wenn Menschen sie trennen und ausrotten wollen. Je mehr Spaltung, umso mehr Macht des Gespaltenen. Wie arm und der Herausforderungen beraubt wäre vor allem aber eine Welt ohne ihre Schatten. Schnell mutete sie uns als unerträglich und langweilig an. Wer würde noch einen Roman lesen, einen Film ansehen, ein Schauspiel besuchen, wenn die Dramaturgie, die aus den Gegensätzen lebt, dem lauen Geplätscher der Harmlosigkeit gewichen wäre. Wo entstünden noch Achtung und Respekt gegenüber einem Menschen, wenn es das, mit dem er ringen und an dem er wachsen kann, die Schärfe, die ins Leben schneidet, nicht mehr gäbe.

„Dann wohnt der Wolf beim Lamm, der Panther liegt beim Böcklein, Kalb und Löwe weiden zusammen, ein kleiner Knabe kann sie hüten. Kuh und Bärin freunden sich an, ihre Jungen liegen beieinander. Der Löwe frisst Stroh wie das Rind. Der Säugling spielt vor dem Schlupfloch der Natter, das Kind streckt seine Hand in die Höhle der Schlange. Man tut nichts Böses mehr und begeht kein Verbrechen auf meinem ganzen heiligen Berg; denn das Land ist erfüllt von der Erkenntnis des Herrn, so wie das Meer mit Wasser gefüllt ist."[209]

---

[209] Jesaja 11; 6–9

Diese so oft herbeigerufene Vision des Propheten Jesaja ist nicht von dieser Welt. Und sie taugt nicht für diese Welt. Schwärmerisch verkennt sie die verzehrende Kraft der Lebensflamme und verkennt damit das Göttliche selbst. „Der Geist der Weisheit und der Einsicht, der Geist des Rates und der Stärke, der Geist der Erkenntnis und der Gottesfurcht ..."[210] werden ja gerade durch die Vielfalt und Unterschiedlichkeit der Schöpfung gefordert und gefördert. Die Welt der Gegensätze als Einheit in Unterschiedlichkeit ist als Schöpfungsprinzip von Gott gewollt. Gut und Böse können dann als sinnhaft gelten, ja als sich bedingende Momente in einem kosmischen Heilsplan. Und trotzdem mindert die Anerkennung dieser Integralität nicht die immer wieder zu konstatierende Unvereinbarkeit mit den spirituellen, ethischen und moralischen Vorstellungen des Menschen. Integralität als kosmisches Prinzip auf der einen und Paradoxie als diesbezügliche menschliche Empfindung auf der anderen Seite liegen auf völlig unterschiedlichen Ebenen der Betrachtung. Sie schließen sich deshalb nicht aus.

Die Sinnhaftigkeit und damit letztlich Unüberwindbarkeit von Gut und Böse als Zusammenhangsenergien bringt im Sehnsuchtswesen Mensch, das sich nach Zielen streckt und der Klarheit des Nordsterns folgen möchte, das existentielle Bedürfnis nach Identität innerhalb der Polarität hervor. Möge doch der Weg zum Guten führen, denn eine Heimat im Dazwischen ist keine. So entsteht aus der Hinwendung zum Guten die Hoffnung. So erhält in der Abkehr vom Bösen die Liebe mehr Entwicklungsraum. So erwacht der Ruf nach Gnade und stärkt die Verankerung im Glauben. So wird schließlich durch den Blick auf das Gute das Böse integriert. Es entsteht Ganzheit als bewusste Ganzheit, eine also, die mit den Gegensätzen als dazugehörig vertraut, sich doch in gewählter Orientierung übt. Keine Vollkommenheit steht am Endpunkt, aber verstandene Vollständigkeit.

Nähmen wir das Dunkle und Schmerzhafte aus dem Universum, verlören wir unsere Welt. Wir lebten gefangen in einem seligen Himmel, in dem alles schon immer da und ungefährdet ist, Gott inbegriffen. Paradiesisch entmündigt, nähmen wir kein Entwicklungspotential wahr, das zu füllen wir aufbrächen.

---

[210] Jesaja 11; 2

Ohne Krankheiten und das Leiden daran gäbe es keine Medizin und keine Heilkunst, strahlten nicht vorbildhaft manche ärztlichen Pioniere und Helden und unzählige Pflegekräfte, die sich selbstlos dem Dienst am beschädigten Leben hingeben. Dem Geist und der Seele des Menschen wäre also die Chance genommen, das Feld der karitativen Liebe, der heilenden und tröstenden Zuwendung und des Erbarmens zu entdecken und zu bestellen.[211]

Träumten wir von einer Welt ohne Unrecht, Verfolgung und Unterdrückung, so müssten wir in diesem Traum auch auf die Geschichte von Aufbegehren, Auflehnung und Widerstand verzichten. Es hätte keine Freiheitskämpfer, Märtyrer und Visionäre gegeben, die ohne Rücksicht auf das eigene Leben sich ganz dem Dienst an der Menschlichkeit und an der Freiheit verschrieben haben. In uns lebte keinerlei Erinnerung an die kleinen und großen Siege über das Unrecht und die Tyrannei. Wir könnten von keiner Erfahrung zehren, in der Menschen sich verbündet und gemeinsam erhoben haben, um dem Miteinandersein ein edleres Gesicht zu schenken. Dem Geist und der Seele des Menschen wäre also die Chance genommen, das Feld der Humanität, der Solidarität und der gerechten Weltgestaltung zu entdecken und zu bestellen.

Könnten wir das physische sowie das moralische und das metaphysische Böse verbannen, hätte es wohl nie eine Religion gegeben. Gott als unser alleiniges Gegenüber, ohne Widersacherkräfte, ohne den Stachel der Versuchung und den Zwang zur Entscheidung, wäre ein zu selbstverständliches Gut, als dass wir nach ihm suchen und um ihn ringen würden. Keine Erlösergestalt hätte sich inkarniert, kein Heiliger den Menschen Orientierung gegeben. Und der Kulturraum der Menschen verbliebe öde ohne die verzaubernden Werke der Musik, der bildenden Kunst und der Architektur, die, dem Wahren, Guten und Schönen dienend, erhaben das Göttliche verherrlichen. Dem Geist und der Seele des Menschen wäre also die Chance genommen, das Feld der Gottessehnsucht und der Wahl zu entdecken und im täglichen Bemühen zu bestellen.

Das Übel wird sichtbar in den Schwachstellen des Menschen, die in seiner physischen Endlichkeit wurzeln. Das moralische Böse nutzt die geistige

---

[211] Vgl. Grof 2000, S. 163 f.

und sinnliche Anfälligkeit. Das metaphysische Böse erkennt alle Schwächen und versucht sich in ihnen auszubreiten und sie sich dienstbar zu machen. Moralisches und metaphysisches Böses finden in Unrechtsstrukturen, die bis zur Errichtung von Staaten und Reichen führen können, gelegentlich zusammen und darin eine mächtige Heimstatt. Doch diese Bollwerke, die auf der Anfälligkeit und Trägheit errichtet wurden, sehen sich selbst gefährdet, sobald der Widerstandsgeist des Menschen erwacht und Gottessehnsucht und Liebe sein Handeln bestimmen. Neues entsteht nun, auf einer höheren Stufe, für die das ungute Alte die Voraussetzung bildete. So wandelt sich, was angetreten war zu versklaven, zum Vorboten einer neuen Freiheit.

Der Blick in das Gute des Bösen legt den Verdacht nahe, dass da kein an sich Gutes, ganz aus sich heraus ist, sondern es immer des Kontrastes bedarf, um überhaupt erkennbar zu werden. Führen wir den Gedanken weiter, erscheint das Böse schnell als eine eigentlich unverzichtbare heilsgeschichtliche Notwendigkeit, um das Gute zu bewirken. Dann aber wäre auch nichts wirklich schlecht. Das Böse in all seinen Schattierungen fände sich, teleologisch übersteigert als guter Zweck, grundsätzlich rechtfertigt. Was für ein verheerender Irrtum!

Im Bösen neben seiner zeitlich wirksam werdenden Grunddestruktivität auch einen besseren Zweck da zu erkennen, wo es den Anlass bildet, dass die Menschen sich auf seine Überwindung hin weiterentwickeln, ist das Eine. Doch darf diese evolutionäre Sichtweise nicht verdecken, dass das Gute immer auch an sich sein kann. Die reine Liebe ist unbedingt und bedarf nicht ihrer dunklen Schwester. Die reine Güte wird und lebt aus innerstem eigenem Antrieb zu jeder Zeit. In dieser Qualität hat das Göttliche sich in Erlösergestalt in die Welt gegeben; als Zeichen für das Mögliche; als Stern, der durch jede dunkle Nacht zu führen vermag; als machtvoller Hinweis darauf, was hinter allem Ringen zwischen Gut und Böse als Zielpunkt wartet.

„Das eben ist der Fluch der bösen Tat, dass sie fortzeugend Böses muss gebären."

Friedrich von Schiller bringt in diesem Satz aus seinem Werk „Die Piccolomini" das Grundgesetz des Bösen auf den Punkt. Wie ein System, dessen einziges Trachten darauf gerichtet ist, sich zu erhalten, zu bestätigen und auszudehnen, und wie ein Krebsgeschwür, das unablässig seine

Metastasen streut, so liegt der Vermehrungsdrang des Bösen in seiner Natur. Trifft es auf anderes Böses, verstärkt sich seine Energie. Die Akkumulation des Bösen in der Kulturgeschichte der Menschheit hat die Wahrscheinlichkeitsfelder für seine Ermöglichung ins Unermessliche wachsen lassen. Das 20. Jahrhundert gibt Zeugnis. Die Macht dieser Felder übersteigt dabei die Bosheit einer einzelnen Person gewaltig. Tritt sie aber in Resonanz mit der Anlage für das Böse in einer Person, zieht sie diese Person in einen Handlungssog, der aus ihr alleine nie hätte entstehen können. Der Einzelne wird dann größer, als er an sich ist. Er wächst in der Wechselwirkung von persönlichem Hang, kollektiver Empfänglichkeit und metaphysischer Endlosenergie zu einer Repräsentation des Bösen an sich, zum Teufel in Menschengestalt. Mit jedem Menschen, der dem Hang zum Bösen erliegt, differenziert sich nicht nur das System des Bösen weiter, verstärkt es nicht nur seine Sogkraft, sondern es wird auch alltäglicher und selbstverständlicher. Es erhebt sich zur Normalität, gegen die man sich nicht erhebt, umgibt sie uns doch allenthalben.

Rupert Sheldrake hat mit seiner Theorie der morphischen Resonanz eine Weltbilddeutung vorgelegt, die sich bruchlos zur Erklärung der Ausbreitung des Bösen heranziehen lässt.[212] Im Kern seines Ansatzes der formbildenden Kausalität steht der Gedanke, dass es auf allen Ebenen der Entwicklung so genannte morphische Felder gibt, die für die Organisation eines Organismus, von Wahrnehmungen und Verhaltensweisen, aber auch für die Organisation von Organisationen, Gesellschaften und Kulturen verantwortlich und maßgeblich sind. Man kann diese Felder als Einflussgebiete in Raum und Zeit sehen. Sie umgeben die Systeme, die sie organisieren. Durch Wiederholung wird das morphische Feld stärker. „Das gleiche Muster wird wahrscheinlich wieder auftreten. Je häufiger Muster sich wiederholen, desto wahrscheinlicher werden sie – die Felder enthalten eine Art von kumulativem Gedächtnis und werden zunehmend gewohnheitsmäßig. Felder entwickeln sich in der Zeit und bilden die Basis von Gewohnheiten ... Bei der morphischen Resonanz handelt es sich um den Einfluss von Gleichem auf Gleiches, von Handlungsmustern auf nachfolgende ähnliche Handlungsmuster, ein Einfluss, der sich durch Raum und Zeit

---

[212] Vgl. Sheldrake 1994 und 1997

fortpflanzt."²¹³ So entstehen kollektive Gedächtnisfelder, die verwandt mit dem sind, was C. G. Jung als das kollektive Unbewusste charakterisierte.

Je mehr Gleiches von Gleichem wir als Wahrnehmungs- und Verhaltensweisen im Raum des Menschlichen haben, desto wahrscheinlicher wird, dass es sich wieder und weiter ereignet. Je mehr mit Gewalt auf Gewalt reagiert wird, desto sicherer ist, dass dem wieder Gewalt folgen wird. Und daran ändert auch nichts die Maskierung von Gewalt als „Krieg gegen das Böse". Friedrich Nietzsche:

„Wer mit Ungeheuern kämpft, mag zusehn, daß er nicht dabei zum Ungeheuer wird. Und wenn du lange in einen Abgrund blickst, blickt der Abgrund auch in dich hinein."²¹⁴

Jeder böse Gedanke und jede böse Handlung baut das Feld des Bösen weiter auf. Das Böse schafft den Hang zum Bösen, die Sünde bewirkt den Hang zur Sünde. Beide neigen dazu, sich zu wiederholen. Der Frucht der bösen Taten können wir somit nicht entkommen. Doch was für das Böse gilt, gilt auch für das Gute. Jeder gute Gedanke, jede Handlung aus Liebe webt an dem Feld von Wahrscheinlichkeitsenergien, die den Einflussraum des Bösen mindern, indem sie die eigenen Resonanzflächen erweitern.

Resonanz ist das Grundprinzip des Universums. Das Böse benötigt als Resonanzfeld den Geist, der sich entscheidet. Es hat Macht über unsere Gedanken, auch wenn wir es als metaphysisches Prinzip selbst nicht denken können. Solange unsere Welt andauert, wird das Böse also seinen Nährboden finden und sich fortpflanzen. Denn die Resonanzfähigkeit für das Böse liegt in der Natur des Menschen. Das Eintrittstor öffnet sich durch die geistige Haltung, durch das, was wir Acedia, Trägheit, nannten und durch eine geminderte Urteilskraft. Ein fehlender Erkenntnis- und Entwicklungswille, ungezügelte Triebe und Affekte und die fehlende Ausrichtung auf das Göttliche sind die Treibmittel. Alle Weisheitsschriften und Weisheitstraditionen auf dieser Erde weisen unmissverständlich darauf hin. So wie wir uns nach dem Himmel voller Sehnsucht strecken, so sehr sollten wir uns bewusst sein, dass die Hölle manchmal sehr nah ist.

---

[213] Sheldrake 1997, S. 19
[214] Nietzsche 1990, S. 616

Unwissenheit und die damit verbundene Selbsttäuschung geben dem Leiden und dem Bösen Raum. Dies gilt für alle Ebenen des Bewusstseins und alle Berührungspunkte im alltäglichen Leben. Erkenntnis mit der aus ihr fließenden Fähigkeit zur Unterscheidung ist deshalb die Mutter der freien und begründeten Wahl und Entscheidung. Wie fundamental für das Selbstverständnis menschlicher Existenz diese an sich banale Einsicht ist, ergibt sich aus dem für unsere Gattung grundlegenden Umstand der Gotteskindschaft. Gott als alles umfassendes Integral hält jegliche Potentialität in seinen bewussten Geschöpfen bereit. Ohne den Erkenntniskampf um die Kraft der Unterscheidung aber wäre bereits die Differenzierung zwischen dem Göttlichen und dem Satanischen in Unkenntlichkeit und Beliebigkeit aufgehoben. Der menschliche Geist verkäme zum Spielball der unterschiedlichsten Stimmen, die ihn zu beeinflussen suchen. Ihm fehlte die Fähigkeit, eine Differenz zwischen dem Licht der Weisheit und dem der Anmaßung und der Verführung zu erkennen. Wenig Prophetie gehört zu der Prognose, dass in dem Dialog der inneren Stimmen dann die obsiegten, die den zunächst einfacheren, glitzernderen und ichbezogeneren Weg versprächen.

Die Erkenntniskraft des Bewusstseins und die aus ihr erwachsende Kunst der Unterscheidung heben das Böse nicht auf. Aber sie vermögen es zu identifizieren und zu markieren. Die Aufmerksamkeit, die ich dem Dunklen entgegenbringe, schwächt alleine schon seine Energie, ist es doch da am mächtigsten, wo es unbeachtet im Unerkannten wirken kann. Auch dieses also meint Aufklärung: Die Gnade und das Privileg der menschlichen Erkenntnisfähigkeit annehmen, den eigenen Geist erheben und die Augen da weit öffnen, wo sie aus Angst oder Trägheit so gerne wegsehen. So wächst Erkenntnis zur Vernunft in Mündigkeit und bewährt sich, indem sie dem widersteht, das wie das Böse sich außerhalb jeglicher Vernunft begeben hat.

Über die verstehende Identifikation hinaus leistet das Erkennen einen wesentlichen Beitrag zur Transformation und Heilung des im Bösen verursachten. Es geht dem Bereuen und der Verhaltensänderung voraus.

Nun kann an dieser Stelle berechtigt angemerkt werden, dass es dem metaphysisch beheimateten Bösen ja gerade eigentümlich ist, das menschliche Bewusstsein zu übersteigen, ja sich diesem sogar vollständig zu entziehen, wenn es nicht zumindest zunächst grundsätzlich und an sich anerkannt wird. Um so wichtiger ist der Hinweis, dass der hier verwendete und im folgenden Kapitel ausführlich entwickelte Erkenntnis- und Bewusstseinsbegriff auf Integralität zielt. Es geht um eine Weise der Erkenntnis, in der Intellekt, sinnliche Wahrnehmung, Intuition, kontemplative Schau und heilige Weisheit sich zu einer höheren Vernunft und tieferen Weise der Selbsterkenntnis formen. Aus dem Heilswissen kommt dabei die grundsätzliche Anerkennung des Bösen, und der mit Einfühlungsvermögen gepaarten Intuition verdankt sich die Erfahrung da, wo das kognitive Erkennen scheitert.

Verstehen, respektieren und pflegen wir das Bewusstsein als Integral der verschiedenen Weltzugänge, dann kann es in seiner ganzen Tiefe und Schönheit der letzten Instanz im Menschen dienen, die über Gut und Böse richtet – dem Gewissen. Das integrale Bewusstsein lässt uns *gewissen*haft urteilen. Hilfreiche Überlegungen, Einsichten und Erfahrungen verbinden sich mit der unüberhörbaren inneren Stimme, die auf das Sollen unseres Handelns zielt. Sie urteilt aus dem Einblick in die Ambivalenz und Gegensätzlichkeit des Seins, stimmt zu oder missbilligt und gebietet. Im Gewissen ist dem Menschen neben aller biografischen Prägung immer auch ein Zugang zur göttlichen Weisheit gegeben. Ja, es kann als der göttliche Zeuge im menschlichen Bewusstsein gesehen werden.

4 Integrale Erkenntnis

> „Die Welle der Vernichtung, die heute über die Erde dahingeht, hat wie keine vordem der Menschheit Leid und Verzweiflung gebracht – und wie ein Alp liegt die Möglichkeit noch größerer Zerstörung auf allen. Etwas anderes aber als die menschlichen Tragödien, die als Vergangenheit, Gegenwart und Zukunft unsere Herzen bewegen, ist die ins Überraumzeitliche reichende Entwicklung des Geistes, zu der sie aufrufen und die sie als Chance enthalten."[215]
>
> Karlfried Graf von Dürckheim

Alles im Verlauf unserer Gattungsgeschichte, das zu den großen Zeitaltermutationen führte, ist ursächlich mit der Entwicklung von Geist und Erkenntnis verbunden. Im Entwicklungsstand beider spiegelt sich das Sosein des Menschen auf ausnahmslos jeder Ebene, einhergehend mit den entsprechenden kulturellen Unterschieden auf dieser Erde. Geistiges Voranschreiten und Erkenntnis fundieren den vorgezeichneten Weg der Evolution, und so dienen sie auch als Ferment für die anstehende Mutation hin zum integralen Menschen. In ihm wird Geist sich nicht mehr auf den personalen Verstand und Intellekt begrenzen, sondern sich zur transpersonalen, universalen Bewusstheit ausweiten, um neue, geistig-kreative Felder zu erschließen, die einen Beitrag dazu leisten können, das Dunkel der verbliebenen Unwissenheit und das diffuse Licht des Halbwissens stärker zu durchleuchten.

Ähnlich wie Geist ist der Begriff der Erkenntnis so umfassend, dass er kaum zu definieren ist, vor allem nicht, ohne auf sich selbst Bezug zu nehmen. Er hat mit Verstand und Bewusstsein genauso zu tun wie mit Vernunft, Wissen, Erfahrung, Intelligenz, Gefühl, Glauben, Einsicht, Ahnung oder Vermutung. Vor allem aber kennzeichnen ihn zwei Seiten, nämlich einmal der Prozess des Erkennens und zum anderen das, was als Erkanntes aus diesem Prozess resultiert.

In den vergangenen Jahrhunderten setzten sich in westlicher Wissenschaft und Gesellschaft ein Erkenntnis- und in der Folge Vernunftverständnis

---

[215] Dürckheim 1958/2, S. 7

durch, die wesentlich vom analytischen und rationalen Geist durchdrungen sind – mit den bekannten Folgen für Wahrnehmung und die Gestaltung von Welt. Die Korrektur dieses Irrwegs ist überfällig, wenn wir wieder das Ganze in den Blick und ins Zentrum unseres Handelns führen und wenn wir in die anstehenden Transformationsprozesse nicht nur mit Erkenntnis, sondern auch mit Verständnis eintreten wollen. Das spezialisierte Funktionärswissen jedenfalls und die unselige Spaltung zwischen Natur- und Ingenieurswissenschaften auf der einen und Geistes- und Sozialwissenschaften auf der anderen Seite werden die Heilung und Fortentwicklung des Menschheitsweges nicht befördern können. Vielmehr noch werden sie auch keine Gegenmittel haben, um den durchaus denkbaren Rückfall in die unterschiedlichsten Formen von Barbarei zu verhindern.

Die gesamte sogenannte Wirklichkeit repräsentiert in gewissem Sinne Geist, Bewusstsein und Erfahrung, die im und durch den Menschen ihre Reflexivität erhalten können. Dieses ‚kosmische Bewusstsein' setzt sich aus unzähligen Spuren und Elementen zusammen, die in ihrer Vielgestaltigkeit, ihrer Komplexität und ihrer Verwobenheit das Individuum als Bewusstseinsträger zwar immer weit übersteigen, gleichwohl Schritt um Schritt der Erkenntnis zugänglich gemacht werden können. Vorausgesetzt, die gewählten Erkenntniswege sind in ihrem Gesamt selbst entsprechend vielfältig, multizentrisch und komplex und verschließen sich nicht transrationalen Erkenntniszugängen wie Schau, Intuition und Offenbarung. Erkenntnis dergestalt verstanden, setzt zuallererst das Bemühen voraus, Geist, Leib, Psyche, Seele, Bios, Kosmos und das Transzendente als Integral zu verstehen und sich ihnen mit Augen und Blicken zuzuwenden, die beidem, dem Besonderen und dem Ganzen angemessen sind und zugleich die wechselseitigen Verbindungen erfassen. Das rein kategoriale Erfassen und Durchdenken wird in diesem Akt genauso überwunden wie die Begrenzungen von Raum und Zeit. Dafür allerdings müssen die Schleusen der Wahrnehmung gereinigt sein und die Wahrnehmungssinne sich nicht nur unablässig in ihrer Verfeinerung und Durchlässigkeit üben, sondern auch in der Bereitschaft und Fähigkeit zu einem dynamischen Wechsel der Perspektiven. Es steht die Einsicht hinter dieser Forderung, dass *neben* den Instrumenten, die in natur- und geisteswissenschaftlicher Forschung zur Erkundung und Messung der Wirklichkeit entwickelt worden sind, endlich die Dinge auch selber wieder eine Chance erhalten sollen zur Erkenntnis zu sprechen und ihr auf eigene Weise zu sagen, was sie sind.

Die Welt, wie wir sie bislang verstanden, haben wir vor allem als eine äußere, in ihren äußeren Erscheinungen wahrgenommen. Entsprechend reduziert zeigt sich unser Wirklichkeitsverständnis. Das Innen und die Innenseiten wollen nun entdeckt werden und damit der Zugang zum Wesen, nicht bloß zur Erscheinung. Damit sind wir zunächst wieder bei uns selbst angelangt. Denn das Innere, das wir erleben und erkunden können, ist als erstes immer das eigene.[216] Von dem Grundgedanken her kommend, dass das eigene Innere auch ein Spiegel des Kosmos ist, gewährt sich so ein erstes Verstehen des Ganzen über tiefe Selbstwahrnehmung und Selbstverstehen. Doch was gehört an Augen der Erkenntnis zu dieser Introspektion? Sicher steht das Denken im Vordergrund, doch es erhält seine Nahrung neben dem bewusst gelenkten Erkennen vor allem auch durch Fühlen, sinnliche Erfahrung, Wollen, Wünschen, Sehnen, Fürchten, Ahnen, Träumen – und Glauben. Die Empfindungskräfte wie Liebe, Trauer, Leid, Hoffnung, Verzweiflung und Freude, die sich in Lebenswissen und Lebensweisheit zusammenfinden, fügen den „Dingen" so ihre Vorbedingungen, ihre Eingebundenheiten sowie ihre Primär- und Nebenwirkungen hinzu. Sie werden so zu eigenen Erkenntniskräften und einem mahnenden Gegenüber der kalten Rationalität. Solche Erkenntnis erhebt sich aus dem bewusst empfundenen Vollzug des Lebens selbst, sie bleibt nicht eingekerkert in der sterilen Reinheit theoretischer Entwürfe. Vor allem hebt sie nun, vom Innen her kommend, das Außen besser verstehend, die Trennung zwischen beiden auf. Selbiges gilt für die künstliche Spaltung zwischen subjektiv und objektiv, transzendent und immanent und jegliche Formen von Dualität. Fallen die Mauern der Dualität, öffnet sich dahinter das Land für Erkenntnis und Erfahrung von Einssein und Verbundensein. Von dieser Erfahrung ist es nur noch ein Schritt zu jener, in der auch Welt und Bewusstsein selbst sich als eins erkennen, wie es nach den östlichen Weisheitslehren auch die westlichen Naturwissenschaften mehr und mehr erkennen.[217]

Vielleicht können wir hier nun nachvollziehen, warum es in Zukunft nicht mehr geduldet werden kann, Wissens- und Erkenntniszugänge den so genannten Wissensberufen monopolisiert zuzuweisen. Integrale Erkennt-

---

[216] Vgl. dazu ausführlich Teilhard 1959
[217] Vgl. Wilber 1998, Erster Teil, S. 29–87

nis führt die unterschiedlichsten Gaben, Charismen und Weltzugänge zusammen, befreit sie füreinander und lässt sie sich gemeinsam weiterentwickeln auf das Ganze zu. Der Naturwissenschaftler und der Naturmystiker, die Medizinerin und der Schamane, der Geologe und die Geomantin, der Sprachanalytiker und der Dichter, der Physiker und die Komponistin, der Anthropologe und der Theologe, der Künstler und die Tänzerin, der Philosoph und der Zen-Meister – sie alle sind gerufen, wenn hinter ihrem Leben und Streben die Suche nach tiefer Erkenntnis von Gott und Welt, von Himmel und Hölle, dem Woher und dem Wohin und den schöpferischen Kräften für das Sein steht. Erfahrung und die so genannte Empirie sind also als schlechthin umfassend und vielseitig wie die Wirklichkeit selbst zu verstehen, anzunehmen und anzuwenden. Letztlich stehen auch sie wie alle Erkenntnisweisen und geistigen Regungen im Dienste daran, durch die Phänomene hindurch eine Tür des Bewusstseins zu dem hin zu öffnen, was als der reine Geist gesehen werden kann, der seine Identität nicht aus bloßen Erscheinungen hervorgehen lässt. Dann wird auch die Zeit anbrechen, wo wir das Wort „Zufall" aus dem Repertoire der Suche nach Erkenntnis streichen können. Mehr und mehr wird sich zeigen, dass das als zufällig sowohl in der grundsätzlichen Entwicklung alles Seienden als auch in einzelnen Geschehnissen kategorisierte schlichtweg ein Mangel an Information ist.[218]

Das integrale Erkenntnisverständnis schenkt dem forschenden und suchenden Menschen ein Höchstmaß an Freiheit. Durch die Wahl eines Erkenntnisweges, der nicht mehr vom Selbst entfremdet ist, wird zugleich auch mehr Vertrautheit und damit Lebensnähe hinsichtlich des Erkenntnisgegenstandes entstehen können. Gemeint ist jene Nähe, die Erkennenden und Erkanntes unter den einen Horizont des einen Seins stellt, wo beide sich in eine Schicksals- und auch Verantwortungsgemeinschaft gestellt sehen.[219] Das erfordert nicht nur eine Haltung des Nichtverletzens und höchster Achtsamkeit, sondern auch die Bewusstheit hinsichtlich der Intention und der Methode, mit der ich mich dem zuwende, das besser erkannt und verstanden sein will. Und wieder ruft es nach hoher Selbstreflexion. Denn auf dem Weg in das innere Verständnis eines „Dinges" und

---

[218] Das formulierte bereits Baruch de Spinoza (1632–1677)
[219] Vgl. dazu auch Tillich 1964, S. 53–61

seiner Bedingungszusammenhänge begegnet sich der Erkennende zunächst immer selbst. Und diese Begegnung prägt sowohl die Wahrnehmung des „Gegenüber" wie auch die der gegenseitigen Verbundenheit.

Mit der Freiheit, die das integrale Erkenntnisverständnis in den Erkenntnisprozess einbringt, finden die Absolutsetzungen spezifischer Erkenntnisschulen und methodischer Wege und die damit einhergehende Diskriminierung des anderen ein Ende. Und so wird sich auch Wissenschaft mit der Tatsache konfrontiert sehen, dass sie, bei aller Systematik und methodischen Verfeinerung, letztlich genauso nur Interpretationen von Welt und Wirklichkeit zu liefern in der Lage ist wie etwa Kunst, Poesie und eine freie Spiritualität auch. Gleichzeitig allerdings sollte die Argumentation unter dem Vorzeichen der neuen Hervorhebung von Kontemplation, Intuition und Schau sich ebenfalls nun nicht alter Muster bedienen, um Lesen, Denken und Studieren gering zu reden, was die Einsicht in das große Ganze anbelangt. Hermann Hesse bringt dazu seine eigene Erfahrung ins Spiel:

„Ich halte viel vom Heiligsein, aber ich bin kein Heiliger, ich bin von einer ganz anderen Art, und was ich an Wissen um das Geheimnis habe, ist mir nicht offenbart worden, sondern gelernt und zusammengesucht, es ging bei mir den Weg über das Lesen und Denken und Suchen, und das ist nicht der göttlichste und unmittelbarste Weg, aber ein Weg ist es auch. Einmal bei Buddha, einmal bei Laotse oder Dschuang Dsi, einmal auch bei Goethe oder anderen Dichtern spürte ich mich vom Geheimnis berührt, und mit der Zeit merkte ich, daß es stets dasselbe Geheimnis war, stets aus derselben Quelle kam, über alle Sprachen, Zeiten und Denkformen hinweg."[220]

Die Freiheit eines integralen Erkenntnisbegriffs und einer integralen Weltzuwendung schließt die Respektierung der Tatsache ein, dass einzelne Menschen und auch ganze Kulturen sich auf unterschiedlichsten Niveaus von Wissen und Erkenntnis und den jeweiligen Wegen, diese zu erlangen, befinden. Die anstehende Mutation des Bewusstseins kann deshalb nie eine alle zugleich erfassende und eine gleichzeitige sein, auch wenn die verschiedenen Strömungen und Entwicklungsniveaus der Menschheit sich mit außerordentlicher Geschwindigkeit aufeinander und eine gemeinsame höhere Stufe zubewegen. Und jeder Schritt des Einzelnen voran mag dabei

---

[220] Hesse 1986, S. 188

Impuls für andere sein, das eigene Bewusstsein für sich selbst und für die Verfeinerung der gesamten planetarischen Gemeinschaft voranzutreiben.

„Weg nach innen
Wer den Weg nach innen fand,
wer in glühndem Sichversenken
Je der Weisheit Kern geahnt,
Daß sein Sinn sich Gott und Welt
Nur als Bild und Gleichnis wähle:
Ihm wird jedes Tun und Denken
Zwiegespräch mit seiner eignen Seele,
Welche Welt und Gott enthält."[221]

Stets landen wir auf der Suche nach Wegen der Erkenntnis bei der Innenschau. In ihr ruht jeder Schlüssel sowohl zum Teil als auch zum Ganzen, zum Bedingten und zum Unbedingten. Kein tieferer Lebens- und Wessenssinn erschließt sich ohne sie. Und jedes Wissen, das sich mir zeigt, hält doch nur seine Oberflächenstruktur bereit, wenn der Kompass für die Reise nach innen und das Logbuch der Erfahrungen fehlen. Das Herz, das die Dinge schauen will, sieht nur gut, wenn es durch Innenschau gereinigt wurde. Gewiss, der innere Weg führt durch das Tor der Relativität, weswegen ihn ja auch die alten Naturwissenschaften als Quelle des Fehlerhaften verwarfen.[222] Genau diese Relativität ist es aber eben *auch*, durch die hindurch sich dem relativen Sein die Verbundenheit und Wesensidentität mit dem Sein an sich offenbart. Jedoch gilt es hier zweierlei zu beachten. Die Innenschau bedarf erstens genau wie spirituelle Erfahrungen der Deutung im Kontext der Lebenskoordinaten, in denen der Mensch steht – sprich seiner psychischen Verfassung, seiner sozialen und gesellschaftlich/kulturell/strukturellen Einbettung sowie seiner physisch-leiblichen Gewordenheit.[223] Zweitens kann die Introspektion wissenschaftliche Zugänge selbstredend nicht ersetzen, sondern sie ergänzt diese und führt sie

---

[221] Hesse 1986, S. 102
[222] Vgl. Dürckheim 1958/2, S. 14 f.
[223] Durchgängig durch sein gesamtes Werk spricht Ken Wilber bezüglich dieser Kontextebenen von vier Quadranten, die das körperliche und psychische Innen des Menschen sowie das soziale und strukturelle Außen umfassen – und das jeweils in ihrer evolutionären Gewordenheit. Siehe dazu die Schriften von Wilber im Literaturverzeichnis.

weiter – wie dies auch umgekehrt gilt. Vor allem jedoch fügt der innere Weg dem integralen Prozess der Ganzheitsschau und damit auch den wissenschaftlichen Orientierungen die Faktoren Gewissen und Verantwortung hinzu.

Zugänge – Die fünf Säulen der Vernunft

Kein Wissenssystem und kein Erkenntniszugang ist unveränderlich im Strom der Zeit. Nicht wirklich auf Dauer gegeben, müssen sie immer wieder von jedem einzelnen Menschen, der um Wahrheit ringt, genau wie von jedem System, das auf Erkenntnis ausgerichtet ist, erschlossen und mit Lebens- und Geistesenergie gefüllt werden. Wege öffnen und erschließen sich im Vollzug des Gehens. So sind sie einmalig und auf ihre Weise nicht wiederholbar. Doch eines können wir aus der Verengung der zurückliegenden Jahrhunderte lernen: Vielfalt und Integralität der Erkenntnisweisen und Schrittfolgen allein sind in der Lage, der Größe und Umfassendheit dessen, was Sein und Sinn ausmachen, gerecht zu werden. Auf fünf Säulen ruht deshalb das Gebäude der zukunftsweisenden Erkenntnis und Vernunft. Es sind:

I   Analyse, logisches Schließen und wissenschaftlich begründete Erkenntniszugänge

II Sinnlicher und erfahrungsbezogener Weltzugang

III Intuition

IV Weisheit

V   Kontemplation

Diese Säulen unterscheiden sich sicherlich in den Methoden des Erkenntniszugangs und der Erkenntnisgewinnung, doch nicht in ihrer Wertigkeit. Keine ist der anderen über- oder untergeordnet.

Säule I: Rationale Analyse

Zu Säule I soll an dieser Stelle nur noch wenig gesagt werden. Die Bibliotheken auf dieser Erde sind gefüllt mit Literatur, die sich ihr beschreibend, begründend, verherrlichend, relativierend und auch kritisierend zuwenden. Die Folgen des Blicks auf das Sein und des dahinter stehenden Weltbildes liegen bei Säule I offensichtlich vor uns. Große Dispute sind darüber entbrannt, von den bedeutendsten Geistern auf dieser Erde geführt. Ich möchte sie nicht noch einmal aufgreifen. Vor allem soll nun der Dualismus keine Rolle mehr spielen, der diese Debatten prägte, ja beherrschte. Der Blick muss endlich nach vorne gehen. Denn auch der dominante Geist in dieser Säule steht ja in stetem, wenn auch oft noch recht zögerlichem Wandel. Und es darf nicht übersehen werden, dass es herausragende Vertreter von Säule I waren und sind, die, gerade in den Naturwissenschaften – insbesondere in Mathematik, Physik und Biologie – begonnen haben, das alte szientistische Weltbild in Frage zu stellen. Teils wurden sie durch Beharrlichkeit und Konsequenz in ihrem Denken und ihren Experimenten dorthin geführt, teils war es die Größe ihres Geistes, der sich als souveräne Intelligenz jeglichen Engführungen, Mechanisierungen und Begrenzungen verweigerte, teils war es genau die kostbare Mitte aus beidem, die voran führte. Es wird Außerordentliches von den künftigen Repräsentanten dieser Säule zu erwarten sein, wenn es ihnen gelingt, mit den Energien von Säule II bis V zu verschmelzen und den Geist der Trennung und Unterscheidung in dem der Verbundenheit aufgehen zu lassen.

Säule II: Sinnliche Erfahrung

Wissen, das sich auf Erfahrung und deren systematische Auswertung bezieht, trägt jeden Weg der Erkenntnis und jedes wissenschaftliche System, die reine Mathematik, die reine Logik und apriorische Aussagen ausgenommen. Der Bezug auf die Erfahrung erdet den Geist und stellt ihn in lebensweltliche Bedeutung. Er gibt darüber hinaus dem nach Erkenntnis strebenden Menschen sein eigenes Gesicht und seine biografische Gestalt. Wer sich seiner Gewordenheit, seines leiblichen, geistigen, sozialen und gefühlsmäßigen So-Seins auf der Erfahrungsebene nicht bewusst ist, droht fortwährend Täuschungen zu erliegen, denn er negiert, was seine Wahrnehmungen und seine Gewissheiten steuert. Wer nicht gelernt hat, sich selbst in seiner leiblich-seelisch-geistigen Ganzheit auch als Natur zu sehen und zu fühlen, dem werden Natur und Kosmos jenseits der Oberflächenphänomene immer ein Rätsel bleiben.

Eine besondere Rolle im Prozess der Erkenntnis nun spielen Gefühl und Empfindungsvermögen. Sie gehen jedem Akt der vernunftgesteuerten Betrachtung und Analyse voraus.[224] Es ist von herausragender Bedeutung, sie nicht nur als innere Wahrnehmungen zu sehen und anzunehmen, sondern auch als eine Erkenntnisweise. Die Empfindung und das Gefühl lassen mich Seiten der Wirklichkeit sehen, die vor dem Auge der rationalen Vernunft verborgen bleiben. Nehmen wir als bekanntes Beispiel die Phänomene Licht und Farbe. Isaac Newton (1643–1727) erforschte die gradlinige Ausbreitung und Reflexion des Lichts und führte verschiedene Farben auf unterschiedliche Teilchengrößen des Lichts und auf Brechungsphänomene zurück. Als Ergebnis seiner Spektroskopie identifizierte er weißes Licht, das mit Prismen in Spektralfarben – die Farben des Regenbogens – zerlegt werden kann. Johann Wolfgang von Goethe (1749–1832) fügte seinen eigenen gleichfalls physikalischen Experimenten den ganzheitlichen Blick des Poeten und Künstlers hinzu. So spricht seine Farbenlehre von Empfindungen, die einzelne Farben auslösen und ihrer sinnlich-sittlichen Wirkung.[225]

Wir spüren Gefühle einerseits als vorübergehend und vergänglich und zugleich als etwas Wiederkehrendes, zumindest so lange, wie wir es – im Falle negativer Gefühle – versäumt haben, uns mit ihnen wahrhaft auseinanderzusetzen.[226] Die Erkenntniskraft der Gefühle liegt in ihrem dynamischen Wesen und einer sich kontinuierlich verändernden Energie, die den Gesetzen der Resonanz folgt. Gefühle beeinflussen die Person und ihre Umwelt, und sie werden von dieser beeinflusst. Sie reichen somit über die Person, in der sie momenthaft leben, immer hinaus. Hinsichtlich des Resonanzphänomens zeigte die jüngere neurobiologische Forschung die bedeutende Rolle, die Spiegelneurone hierbei spielen. Das, was wir beim anderen wahrnehmen, aktiviert in uns ein „Programm", dieselbe Handlung oder Empfindung für sich selber zu aktivieren. So reagieren wir oft wie vom

---

[224] Vgl. Goleman 1996
[225] Vgl. Goethe 1970
[226] Vgl. Vest-Rusan 2005/2006

Schmerz getroffen, wenn wir bei anderen Menschen Schmerz wahrnehmen, und je näher uns dieser Mensch steht, um so intensiver ist die Empfindung. Joachim Bauer: „Nervenzellen, die im eigenen Körper ein bestimmtes Programm realisieren können, die aber auch dann aktiv werden, wenn man beobachtet oder auf andere Weise miterlebt, wie ein anderes Individuum dieses Programm in die Tat umsetzt, werden als Spiegelneurone bezeichnet ... Der Vorgang der Spiegelung passiert simultan, unwillkürlich und ohne jedes Nachdenken. Von der wahrgenommenen Handlung wird eine interne neuronale Kopie hergestellt, so als vollzöge der Beobachter die Handlung selbst. Ob er sie wirklich vollzieht, bleibt ihm freigestellt. Wogegen er sich aber nicht wehren kann, ist, dass seine in Resonanz versetzten Spiegelneurone das in ihnen gespeicherte Handlungsprogramm in seine innere Vorstellung heben."[227] Von der Wirkkraft der Spiegelneurone sind nicht nur motorische Handlungsabläufe, sondern eben auch Empfindungen und Gefühle betroffen. Die Gefühle anderer Menschen werden so für das eigene Erleben verständlich, und sie lösen damit wiederum Gefühle aus.

Gefühle ermöglichen, wie der analytische Geist alleine es nie könnte, die Erfahrung und Empfindung des Einsseins und der Verschmelzung. Sie vermögen zu trennen und unvergleichlich zu verbinden. Aus ihnen und mit ihnen eröffnet sich ein Blick auf die Welt, der ständig neue Facetten offenbart. Auch wenn ich sie überspiele und im rationalen, kühlen Denken aus dem Wachbewusstsein dränge, so bleiben sie doch existent und als Wirkkraft in den Tiefenschichten der Persönlichkeit gegenwärtig.

Gefühle haben eine kognitive und eine emotionale Seite. Sie sollten nicht mit Emotion an sich gleichgesetzt werden, denn während Emotionen als tief im Wesen und auch der Physis eines Menschen verankerte und oft unkontrolliert zum Ausbruch drängende Energien betrachtet werden können, begegnen uns in den Gefühlen zartere Regungen, die dem Drang, sich unmittelbar impulsiv auszuleben, nicht unterworfen sind.

Es sind die Gefühle, die den Menschen ins Herz des Lebens führen und ihn Leben wahrhaft spüren lassen. Freude, Leid, Trauer, Begeisterung, Melancholie, Liebe, Hass, Zuneigung, Abneigung, Wut, Erhabenheit, Furcht,

---

[227] Bauer 2006, S. 23/26

Wohlbefinden, Ekel, Scham, Reue – jedes dieser Gefühle verändert die Wahrnehmung und wirkt wie ein Filter für äußere und innere Vorgänge. Jedes dieser Gefühle beeinflusst meine leiblich-seelisch-geistige Verfassung und meine Beziehung zur Mitwelt. Die Folgen reichen bis tief in unsere Handlungen hinein. Was etwa treibt mich dazu, etwas zu tun? Waren es rein äußere, sachbedingte Impulse, war es eine überzeugende Idee mit den in ihr ruhenden Möglichkeiten, war es ein positives oder negatives Gefühl, verbunden mit einer Druck- oder Stresssituation, waren es auf mich abstrahlende Gefühle eines anderen oder eine spezifische Mischung als allem?

Unter dem Obergesichtspunkt der Erkenntnis ist es unsere Aufgabe, uns Fähigkeiten anzueignen, die in eine angemessene Wahrnehmung eigener und fremder Gefühle sowie deren Verursachung führen. Das heißt, sich den Gefühlen wahrhaft anzunähern und in sie einzutauchen, ohne sich von ihnen vereinnahmen zu lassen. Dies ermöglicht die Haltung der bereits oben ausführlich angesprochenen Zeugenschaft, also jene gegenwärtige, unverstellte, unverfangene Aufmerksamkeit und Achtsamkeit. Sie identifiziert nicht nur Gefühle, sie hilft dabei, der Regung zu widerstehen, sie unmittelbar auszudrücken. Die Reflexivität der Zeugenschaft lässt Urteile auf dem Erkenntnisweg behutsam entstehen. Beobachtung und behutsame Kontrolle der Gedanken, ein vorurteilsfreier Blick auf das Gegenüber, auf Person und Situation und das Selbst helfen dabei genauso wie eine Differenzierung und fortwährende Schulung der Sinne.

Säule III: Intuition

Als wohl unmittelbarste und stärkste Erkenntniskraft des Menschen kann die Intuition gesehen werden. Von der sich als rational verstehenden Wissenschaft und dem rationalen Geist nicht ernst genommen, ja verbannt, ist sie es doch in nahezu allen Bereichen des Lebens, die einem verstockten Denken und einem sich selbst im Wege stehenden Geist unter die Arme greift bzw. auf die Sprünge hilft. Was verstehen wir unter dieser oft als reines Bauchgefühl diskriminierten Energie? Für den französischen Philosophen und Schriftsteller Henri Bergson, dem bahnbrechende Texte zum Verständnis der Intuition zu verdanken sind, ruht die Wirklichkeit auf geistigem Grunde und kann deshalb auch nur entsprechend erfasst werden. In seinem Werk über Denken und schöpferisches Werden schreibt er:

„Die Intuition ... erfaßt ... ein Wachstum von innen her, die ununterbrochene Verlängerung der Vergangenheit in eine Gegenwart hinein, die ihrerseits in die Zukunft eingreift. Es ist die direkte Schau des Geistes durch den Geist. Nichts schiebt sich mehr dazwischen, keine Brechung der Strahlen durch das Prisma, dessen eine Fläche der Raum und dessen andere die Sprache ist ... Intuition bedeutet also zunächst Bewußtsein, aber ein unmittelbares Bewußtsein, eine direkte Schau, die sich kaum von dem gesehenen Gegenstand unterscheidet, eine Erkenntnis, die Berührung und sogar Koinzidenz ist. Es ist zudem ein erweitertes Bewußtsein, das gleichsam die Schranken des Unterbewußten vorübergehend durchbricht."[228]

Schau des Geistes durch den Geist, die vor dem Unbewussten nicht halt macht ... in der Intuition, und das meint Schau, begegnen wir keinem analytischen oder diskursiven Denken, wird auch nicht bloß ein Gefühl emporgespült.[229] Vielmehr entsteht in einem hochkomplexen Akt der Koordination aus einzelnen bewussten und unbewussten Erkenntniselementen ein neues Ganzes, eine neue Wissensgestalt. Sie bricht aus dem geistigen Raum als Einsicht an der Schnittstelle unterschiedlichster Erfahrungs-, Wissens- und Erkenntnisquellen auf. Sie fällt uns zu, oder besser: wird uns geschenkt, ohne dass wir den Weg nachzeichnen können, den sie ging, bevor sie zur erkennbaren Form mutierte. Wer sich durch Intuition bereichern lassen möchte, sollte eine gewisse Unbefangenheit und das unschuldige Staunen nicht verlernt haben, um auch da eine Existenz in ahnender Gewissheit zu erspüren, wo sie sich der Frage nach ihrem Woher entzieht.

Selbst wenn also, sobald sich das genauere Hinsehen einstellt, abgesicherte Informationen und ein einschlägiges Wissen zu fehlen scheinen, ermöglicht die Intuition bei allen Fehlern und Irrtümern, vor denen sie nicht gefeit ist, doch Schlüsse, die hinsichtlich einer auf Klärung wartenden Situation sinnvoll erscheinen. Sicherlich besteht eine enorme Antwortbreite hinsichtlich der Frage, was unter einer auf Klärung wartenden Situation zu verstehen ist. Das reicht von der intuitiven Erfassung der Fahrzeugbewegungen

---

[228] Bergson 1948, S. 44
[229] Für Carl Gustav Jung war Intuition eine der vier psychischen Hauptelemente, neben Denken, Gefühl und Empfinden. Vgl. Jung 1981

anderer Verkehrsteilnehmer, die permanente Unfälle verhindert,[230] über den klar vor mir stehenden Ausweg aus einer verfahrenen Lebenssituation, die Entscheidungsfindung in einem komplexen Verhandlungsvorgang oder auch den Durchbruch in einem künstlerischen oder schriftstellerischen Prozess, bis hin zu dem Erscheinen einer neuen Idee, der mit Leidenschaft nachgegangen werden will, auch wenn sie abseits von allen bisherigen Erfahrungen liegt und vielleicht deshalb zunächst nur Unverständnis hervorruft.

Neben unbewussten Spuren integriert die Intuition zielgerichtet geistige und sinnliche Prozesse und verdichtet diese sprunghaft, zumindest aber schnell zu einer Eingebung, die Klarheit und eine umfassende Orientierung gibt und zur Handlung drängt. In Freiheit von allem mechanisierten und routinisierten Geschehen, aber in der auch zeitlichen Spannung zwischen Wollen und Müssen, wächst dieser Handlungsimpuls zur Verwirklichung und setzt dabei spezifische Energien und emotionale Zustände frei. In der Folge befreit er vor allem vom Stress, in einer ausweglosen Situation zu sein.

Das Reich der Intuition liegt im einzelnen Menschen selbst, auch wenn der Akt der Intuition vor transpersonalen und transzendenten Territorien nicht Halt macht. Er muss sich dessen nur bewusst sein, will er das unerschöpfliche Reservoir nutzen. Zum entsprechenden Bewusstsein tritt die innere Ausrichtung. Das meint in diesem Zusammenhang zweierlei:

Der Mensch und sein Geist verschmelzen mit dem Gegenstand. Das intuitive Geschehen durchbricht dabei die bisherigen Muster des Denkens und der Wahrnehmung. Dazu jedoch benötigt es Spielraum und innere Freiheit. Ausrichtung bedeutet dann vor allem, das Korsett der Gewohnheiten und Routinen, der mechanisierten Prozess- und Gedankenabläufe, der Verengungen von Problemsicht und Handlungsoptionen abzulegen. So wird jegliches Intuieren, sei es das bewusst gesuchte oder das ungewollt und unerwartet sich ereignende, gefördert und unterstützt. Denn es sind die ausgetretenen inneren Wege und gedanklichen Verhaftungen genau wie

---

[230] Hier stoßen wir wieder auf die bereits angesprochene Bedeutung der Spiegelneurone, die manche Situationen intuitiv vorhersehbar machen. Gerne wird diesbezüglich vom siebten Sinn gesprochen. Vgl. Bauer 2006, S. 28 ff.

die unhinterfragten und festgefahrenen äußeren Gewohnheiten, die Überraschungen und neuen Orientierungen entgegenstehen. Als vergleichbar kontraproduktiv können Tabus und Verbote gesehen werden, die zu einschneidenden Begrenzungen der Wahrnehmung sowie der sichtbaren Deutungs- und Handlungsoptionen führen. Auch Angst und Stress verursachen entsprechende Blockaden in der äußeren und inneren Wahrnehmung.

Ausrichtung hängt aber vor allem auch mit einer inneren Haltung der Achtsamkeit bzw. Zeugenschaft zusammen, in der ich alle Regungen wach und gegenwärtig wahr- und aufnehme, seien sie geistig, seelisch oder leiblich. Bestimmt diese Achtsamkeit in Konstanz die innere Präsenz, hält sie auch die Intuition immer mit im Spiel.

Das für die Intuition wesentliche Erfassen der Welt in ihrer sich momenthaft darstellenden Weite und Fülle bereichert und erweitert die Bilder von Wirklichkeit, die eine Person in sich trägt. Das geschieht unmittelbar und vor allem nichtsprachlich. Damit wird Intuition zur eigentlichen Quelle von Bedeutung, unverstellt und unkanalisiert durch Worte, Begriffe und Codes, die ja immer schon als eigene Bedeutungsträger fungieren.[231] Der Blick, den die Intuition eröffnet, führt unter die Oberflächenschicht und abseits von dem raumzeitlichen Komplex, in dem sich unsere Wahrnehmung normalerweise aufhält. Zwar bezieht sie sich immer auch auf Gewohnheiten und Muster bisheriger Erfahrungen in räumlichem und zeitlichem Kontext, durchbricht diese aber auch. Sie konfrontiert also nicht nur mit dem Ungedachten und Unerwarteten, sondern auch mit neuen Perspektiven im Raum und einer neuen Abfolge von Zeit. So widersetzt Intuition sich den Gesetzen des Chronos und befreit aus seiner Umklammerung. Sie lebt im sich Bewegenden und im Fließenden. Zeit macht sie nicht als Sequenz und als Abfolge erfahrbar, sondern als erlebte und metaphysisch gegebene Unmittelbarkeit, in der alle Zeitlinien, das Zukünftige eingeschlossen, verschmelzen.

In der Intuition wird ein neues Erfassen der Wirklichkeit geboren. Der Vision an diesem Punkte durchaus ähnlich, konfrontiert sie mit einer Defiziterfahrung von Sein und Welt und dem darüber hinausweisenden Mögli-

---

[231] Vgl. auch Lévinas 1989, S. 10

chen. Sie zeigt, was für ein gelingendes Leben fehlt. Unmittelbar steht dieses vor dem inneren Auge, als wäre eine Tür aufgestoßen, die den Blick freigibt in einen zwar schon immer vorhandenen, aber erst jetzt entdeckten Raum. Veränderung, Optionen und Spielräume bestimmen somit den Wirklichkeitsblick und nicht allein eine Statik, die unserer Konstruktion entspringt. Alte Erfahrungen sowie Denk- und Verhaltensmuster fügen sich mit bislang unbekannten Impressionen zu einem neuen Ganzen zusammen. Es ist zugleich das erste Erfassen einer Wirklichkeitssicht, die erst später auch analytisch zugänglich wird. Ordnungen, die noch im Entstehen begriffen sind, können so bereits in ihrer entfalteten Gestalt erahnt werden.[232]

Neben diesem auf Erkenntnis bezogenen Wert der Intuition sollte der außerordentliche Beitrag beachtet werden, den sie gleichzeitig dadurch leistet, dass sie den Kreislauf der Selbstbezüglichkeit sowie der konditionierten Wahrnehmungen und Reflexe durchbricht. Der intuitive Zugang zur grenzenlosen geistigen Welt lässt Anteil haben an dieser, den göttlichen Bereich inbegriffen. So können wir die Intuition auch als ein Synonym für Freiheit und eine positive, sich dem Ganzen zuneigende Individualität sehen.

Aus welchen Quellen nun schöpft die Intuition?

Sie greift auf alles zurück, was geistig und energetisch im Menschen und in seinem lebendigen Umfeld ruht, die Übertragung von Gedanken und Gefühlen selbstredend nicht ausgeschlossen. Ihr dienen das biografische und das Leibgedächtnis genauso wie das universale Menschheitsgedächtnis und das kosmische Gedächtnis der Noosphäre. Sie stellt die Verbindung her zwischen Bewusstsein und Unterbewusstem, die Botschaft der Träume und den Schatz der Archetypen inbegriffen. Sie bedient sich im Vorbewusstsein als all dem, was aktuell nicht bewusst ist, es aber einmal war und was wieder aktualisiert werden kann. Wie unermesslich allein dieser Fundus ist, wird aus der Tatsache ersichtlich, dass wir zwar nahezu alle Informationen speichern können, uns aber eben nicht an alle bewusst erinnern. Besonders hervorgehoben werden soll an dieser Stelle allerdings das Leibgedächtnis des Menschen. Im Alltagsverständnis reduzieren wir Ge-

---

[232] Vgl. Kriz 2001, S. 226

dächtnis und Gehirn gerne auf unser Kopfgehirn. Doch von nicht minderer Bedeutung ist dessen Abbild, das im Bauch des Menschen lebt und wirkt. Es besteht aus nahezu 100 Millionen Nervenzellen, steuert psychische Prozesse wie Freude und Leid, es fühlt und hält eine kontinuierliche Kommunikation mit dem Kopfhirn von unten nach oben aufrecht.[233] Seine Emotions-Gedächtnisbank beinhaltet Erinnerungen aus dem gesamten Leben, die pränatale Phase inbegriffen. Die Wissenschaft hat begonnen, dieses Nervensystem neu zu verstehen und damit seine herausragende Bedeutung für intuitive Prozesse. Das so genannte „Bauchgefühl" und die „Weisheit des Bauches" erhalten damit einen neuen Sinn.

Um sich zum Durchbruch zu verhelfen, nutzt die Intuition jene besonderen Gelegenheiten im Leib-Seele-Geist-Komplex, in denen dieser empfänglich und offen ist für intuitive Botschaften. Das sind z.B. die Pausen nach langem, anstrengendem Denken und Grübeln, in denen sich schon so mancher wissenschaftliche Durchbruch „wie von selbst" ereignet hat, auch wenn er anschließend wieder dem rationalen Geist zugeschrieben wurde. Für den einzelnen Menschen kann es deshalb von größter Bedeutung sein, die persönlichen Bedingungen zu erkunden, die für solche Kairos-Phasen der Empfänglichkeit hilfreich oder ausschlaggebend sind.

Intuition und Ratio bilden grundlegend verschiedene Erkenntniszugänge, doch stehen sie sich nicht unvereinbar gegenüber. Dem Intellekt bleibt der Zugang zu den Quellen der Intuition zwar verborgen, genau wie er daran scheitert, Gefühle, Befindlichkeiten und Absichten anderer Menschen zu erkennen, doch wäre ohne seine analytische Durchdringungskraft alles Erkennen immer nur rudimentär und nicht selten großer Beliebigkeit ausgesetzt. Ratio/Intellekt und Intuition müssen deshalb komplementär und sich ergänzend gesehen werden. Keiner ist für sich alleine hinreichend, was allein schon aus der Tatsache resultiert, dass beide irren können. So wie jede rationale Analyse bedarf auch jede Intuition der kritischen Befragung und Reflexion, da sie nie vor der Überlagerung durch Erfahrungen, Gefühle und Urteile gefeit ist und sich nicht selber kontrollieren kann. Hat sie aber den Reflexionsprozess des analytischen Geistes durchlaufen, kann sie nicht nur zur Orientierungs- und Entscheidungshilfe werden, sondern

---

[233] Vgl. Roth 2008 und Luczak 2000

auch zur mitteilbaren Erkenntnis. Prüfen Intellekt und Intuition sich gegenseitig und kommen sie zu ähnlichen Resultaten bzw. bestätigt der eine die Schlussfolgerungen des anderen, so liegt eine hohe Wahrscheinlichkeit für die Angemessenheit der eigenen Einschätzung vor.[234]

Recht verstandene Intuition ist integral und wirkt integrierend für die unterschiedlichsten Wirklichkeitszugänge. So fügt sie Intellekt und Ratio genau wie all ihre anderen Quellen zusammen. Der Blick wird damit ganzheitlich, bewegt sich zwischen Spüren und Schau und sieht sich eingebettet in eine umfassende geistige, leibliche und seelische Erfahrungswelt. Kann man diese Welt genauer beschreiben? Ein englisches Sprichwort sagt: „You will know it, when you feel it." Eine Umschreibung, losgelöst von der konkreten inneren Erlebnisdimension, also ist schwer und wird immer einen Rest an Abstraktion behalten. Die Erfahrung zeigt sich, während wir sie erfahren. Dann können wir nach Worten suchen. Allerdings müssen wir uns, um sprach- und vermittlungsfähiger zu werden und um das ausdrücken zu können, was die Intuition erfahrbar machte, um sprachliche Wendungen bemühen, die nicht reduzieren und scheiden, sondern Viel- und Ganzheit im Spiel halten. Bergson weist darauf hin, dass die Intuition sich der Formulierung als Idee bedient und Bildhaftigkeit verwendet, genau wie Vergleiche und Metaphern.[235] Auch Gleichnisse können sicher das Verständnis eher heben als eine nüchterne deskriptive Sprache.

Auch wenn also der intuitive Blick methodisch und begrifflich nie vollständig greifbar ist, kann die Intuition selbst, neben aller Spontanität und Unberechenbarkeit, durchaus als eine Methode gesehen werden, die allerdings fortwährender Versuche, ihr Wesen zu erkennen und ihre verborgenen Schritte zu erhellen, genauso bedarf wie der Übung und Selbstbeobachtung.

Als eine der großen Geistgestalten der letzten Jahrhunderte hat Albert Einstein (1879–1955) unter Verweis auf seine eigenen geistigen Durchbrüche, etwa im Kontext der Relativitätstheorie, immer wieder auf die Komplementarität von Intellekt und Intuition hingewiesen. Zu den elementaren Gesetzen der Physik führt nach seiner Auffassung und Erfahrung kein

---

[234] Vgl. dazu Bauer 2006, S. 34 und die dort angeführten Beispiele
[235] Vgl. Bergson 1948, S. 57 f.

„logischer Weg, sondern nur die auf Einfühlung in die Erfahrung sich stützende Intuition."[236] Nicht nur für die Wissenschaft, sondern gerade auch für künstlerische Berufe und Prozesse und auch für das unternehmerische Entscheiden und Handeln ist dieses Kreativpotential, das in der Intuition ruht, geradezu existentiell.

Man kann den Annäherungsvorgang der Intuition an ihren Gegenstand auch als makroskopisch bezeichnen. Im Gegensatz zu den Erkenntniswegen des analytischen Geistes separiert und seziert die Intuition nicht das zu Betrachtende, sondern nähert sich der Einbettung in seine lebendige Ganzheit an und ist auf Teilhabe an dieser Ganzheit gerichtet. Das Erfassen des Ganzen geht also im intuitiven Prozess der Betrachtung des Besonderen und der Elemente voraus.[237] Nur so können dann auch Aussagen über die Beziehung des Besonderen zum Ganzen getroffen werden. In einem Bild ließe sich sagen: Wir versuchen die Blume zu verstehen, indem wir sie in ihrer Ganzheit und Harmonie betrachten und ihrer Eingebundenheit in die natürliche Umgebung. Aber wir zerpflücken und zerdrücken sie nicht, um mikroskopisch die Substanzen zu bestimmen, aus denen sie sich zusammensetzt.[238]

Säule IV: Weisheit

Von dem rationalen, dem sinnlichen, dem intuitiven und dem kontemplativen Erkenntniszugang unterscheidet sich diese Säule sicherlich vor allem dadurch, dass sie zunächst weniger eine Erkenntnisweise bzw. einen Zugang zur Erkenntnis darstellt, als vielmehr die Inhalte umfassender Erkenntnis selbst. Trotzdem findet sie ihren Platz im Gesamt integraler Erkenntnis. Denn es ist das Auge der Weisheit, der Blick auf das Sein im Rahmen und im Kontext der Weisheitslehren, die einen ganz eigenen Wirklichkeitszugang eröffnen.

Jahrhunderte lang war Wissenschaft nahezu schamhaft bemüht, die Weisheitslehren zu ignorieren, zumindest, wenn es um ihr eigenes Selbstver-

---

[236] Einstein 1981, S. 111; vgl. auch Einstein 1979
[237] Vgl. Topakkaya 2007
[238] Vgl. auch Goos 2004, S. 94 ff.

ständnis und ihren Erkenntnisanspruch ging. Sie verriegelte damit den Zugang zu letzten Einsichten in eine Wirklichkeit, die immer mehr ist als das, was die empirischen und rationalen Augen zu sehen vermögen. Selbst die Philosophie, als eigentlich Liebe (philia) zur Weisheit (sophia), verlor in diesem Kontext auf der Suche nach Fortbestand ihrer wissenschaftlichen Anerkennung die Liebe zum Größeren und reduzierte sich selbstverschuldet auf eine rein rationale Weltsicht und die entsprechenden methodischen Zugänge. Dies gilt zumindest in den die universitäre Philosophie prägenden und vorherrschenden Zügen.

Die Weisheit ist eine Zeiten und Kulturen übergreifende Tiefsicht allen Geschehens. Deswegen trägt sie als so genannte ewige Weisheit auch den Namen Philosophia Perennis, also immerwährende Weisheit. In ihr berühren sich naturhafte Gegebenheiten und Naturgesetzlichkeiten, kulturelle Ausprägungen und Ansprüche, gesellschaftliche Entwicklungsgegebenheiten und Anforderungen, psychische und physische Konstellationen des Menschen sowie nicht zuletzt die Frage nach Gottheit und Transzendenz. Mit der Grundlegung und Autorität zum Teil Jahrtausende alter Überlieferungen richtet die Weisheit einen gelassenen und souveränen Blick auf das Sein, das Werden und Vergehen von Kosmos und Mensch. Die Vernunft der Weisheit gründet auf menschlichen Erfahrungen, gesammeltem Wissen, intuitiv erworbenen Einsichten und Offenbarung. Der Bogen, den sie schlägt, umfasst somit Immanenz und Transzendenz, Erde und Himmel, Zeit und Ewigkeit. Getragen wird dieser gewaltige Bogen von den Säulen der Tugenden, die bei aller sprachlichen und kulturellen Unterschiedlichkeit, in der sie Ausdruck finden, doch in einem authentischen Wesenskern ruhen. Aus ihm erwuchsen die ethischen und spirituellen Traditionen der Menschheit, wie sie in den Weltreligionen und ihren heiligen Schriften bekundet werden. Wir können nicht von Weisheit und der mit ihr verbundenen Erkenntnis sprechen, ohne dass die Verinnerlichung der Tugenden bei jeder Einsicht, jeder Regung, jeder Orientierung und jeder Handlung mitbedacht ist. Weisheit, so betrachtet, ist damit selbst eine Meta-Tugend, die alle Einzeltugenden in sich vereinigt. Worin mündet dies?

- In die Liebe zu Gott und der Welt;
- in die Einsicht, Gutes tun zu wollen und die Zuversicht, es zu können;

- in die Gewissheit, dass da immer ein Größeres ist als unsere leiblichen und geistigen Augen erfassen;

- in die Hoffnung, dass wir zwar für unser Leben selbst verantwortlich, doch zugleich durch eine höhere Energie getragen sind, die alle wahrhaft Suchenden zur Erkenntnis und damit den Kosmos selbst zu einer größeren Tiefe führen will.

Die Weisheit lehrt, manchmal behutsam, ein anderes Mal schmerzhaft bis nahe zum Tode, dass die Verfehlungen und das Scheitern in Vergangenheit, Gegenwart und Zukunft auf fehlende Einsicht, fehlende Erkenntnis und mangelndes Wissen zurückgeführt werden können. Deshalb gilt wohl die Aussage, dass nur mit der in der Weisheit ruhenden Erkenntnis wir unserem Entwicklungsanspruch in Fülle gerecht werden und Tiefenheilung erfahren können. Damit er nicht vorzeitig an den Bedingungen scheitert, die ihn umgeben, stellt die Weisheit den sich zu ihr hin streckenden Menschen dabei immer in die notwendige Distanz zu der Verfangenheit im Moment und den Wahrnehmungsbegrenzungen, die in der Situation liegen.

Die herausragende Bedeutung, die der Weisheit für die menschliche Entwicklung und das menschliche Sein schlechthin zugebilligt werden kann, hat sie in den verschiedensten Traditionen auf unserer Erde seit je in eine Sonderrolle gehoben. Dem asiatischen Kulturraum gesteht man dies in Selbstverständlichkeit zu, rekurrieren doch vor allem der Buddhismus, der Taoismus und auch der Konfuzianismus auf die alles überstrahlende Relevanz der Erkenntnis. Aber auch für die Hemisphäre der abrahamitischen Offenbarungsreligionen Judentum, Christentum und Islam kann diese Sonderposition der Weisheit reklamiert werden. Zu denken ist etwa an die Stellen in der hebräischen Bibel, dem so genannten Alten Testament, in der die heilige Weisheit als Gottes Erstling vor aller Schöpfung dargestellt wird.[239] Oder führen wir uns die Wesensähnlichkeit von Heiliger Weisheit und Heiligem Geist vor Augen. Nach neutestamentlicher Auffassung ist Jesus Christus die Person gewordene Weisheit Gottes, was in der Aussage mündet, dass er denjenigen verkörpert, „in welchem verborgen liegen alle Schätze der Weisheit und Erkenntnis."[240] Und der Koran, vor allem aber

---

[239] etwa Sprüche 8, 22–31
[240] Kolosser 2, 3

auch die Hadithen, als Überlieferungen der Aussagen und Handlungsweisen des Propheten Mohammed, sind gefüllt mit Weisheitsimpulsen und den entsprechenden Ermahnungen zu einem in der Weisheit und damit der Gottgefälligkeit stehenden Leben. Wir können zusammenfassend feststellen, dass Erkenntnis schlechthin und eine integrale Vernunft ohne den Zugang zur Weisheit nicht vorstellbar sind.

Säule V: Kontemplation

Rationale Analyse, sinnliche Erfahrung, Intuition und Weisheit finden ihre Vollendung und die ihnen mögliche Tiefe in der Welt der Stille, der Kontemplation und der inneren Haltung der Achtsamkeit.

Der Lärm der Gegenwart lastet wie ein Fluch über der Menschheit. Unablässig sind wir umgeben von Bildern, Tönen und den Geräuschen der Industriezivilisation. Kehrt einmal Stille ein, ist sofort ein Gerät zur Hand, das von ihr befreit. Die Ablenkungskultur funktioniert in erschreckend perfekter Weise. Die Stille ist ihr Todfeind. Der Mensch flieht vor sich selbst, weicht sich und der Leere in ihm aus. Vor allem blockiert er jene tieferen Erkenntnisse und Einsichten, die nur zu erzielen sind, wenn der Rhythmus der sich endlos wiederholenden medialen Botschaften und des alltäglichen Geschwätzes unter- und durchbrochen wird. Schweigen wirkt oft nur bedrohlich, reduziert und in jeder Hinsicht unbefriedigend. Es hat seinen Stellenwert als ganz eigene Ausdrucksform und Weise der Kommunikation und des Sagens nahezu vollständig verloren.

Worte und das begriffliche, diskursive Bewusstsein an sich können, so unverzichtbar sie zur Errichtung der menschlichen Lebenswelt und der Orientierung darin auch sind, nicht das alleinige Medium des Erkennens, der Identifikation und der Verwirklichung des großen Selbst sein. Vor der Tiefe des Unsagbaren errichten sie die Mauern der Benennung und Trennung. Ihre Aufgabe, den rationalen Geist in Sprache und entsprechende Bilder zu fassen, widerstrebt allen Versuchen, sich der Tiefe der geistigen und der göttlichen Welt analog, ja wesenseins zu nähern. Was nun meint an diesem Punkte wesenseins? Wir können vielleicht von geistgewirkt und der Bewegung im ruhenden Geiste sprechen, die sich nicht in Worten um Erklärung bemüht, sich nicht im sprachlichen und kategorialen Universum beschränkt. Es geht hier also um eine spezifische Weise des spirituellen Wirklichkeitszuganges.

Spiritualität möchte ich verstehen als Suche nach und Eintauchen in die unermessliche Weite und Fülle des Seinsganzen – mit dem Göttlichen im Herzpunkt. Gelebte Gottessehnsucht wäre ein anderes Wort für diese innere Haltung und Ausrichtung, die ihre eigentliche Heimat findet in dem Bewusstsein, das sich vom kategorialen und vergleichenden Denken befreit hat.

Der durch Spiritualität hervorgerufenen Erkenntnis ist eine Ergriffenheit zu eigen, die von der Berührung aus dem Geist-Raum der Transzendenz hervorgerufen wird. Der ergriffene Mensch lässt das, was ihn berührte, in sich zur Entfaltung kommen und wirken. Die Seele ist ganz geöffnet, der Wesensgrund erspürbar. Was nun erkannt wird, trägt eine Wahrheit in sich, die von innen her kommt, entschlackt von den Normen, Regeln und Kategorien einer konstruierten Welt. Die Ahnung kosmischer Teilhabe wandelt sich zur Gewissheit des Einsseins. Und doch verbindet sich mit diesem Akt des suchenden Geistes keine Flucht aus der Welt. Im Gegenteil. Die Suche, um die es hier geht, erschöpft sich nicht im reinen Selbstzweck. Auch sie findet ihre Erfüllung in einer um so intensiveren Wiederannäherung an die Welt, in einer tiefen Weise der Begegnung mit dem Leben, das in der Stille neu erkannt wurde. Deshalb findet Spiritualität als der Weg des Menschen zu Gott und zu sich selbst, als der Prozess der ultimativen Befreiung vom Schein eines oberflächlichen Weltverstehens, in der Kontemplation ihren stärksten Ausdruck. Das soll nun näher betrachtet werden.

Im Prolog des Johannes-Evangeliums finden wir den Hinweis, dass am Anfang das Wort bzw. der Logos gewesen sei.[241] Aber war es nicht vielmehr so, dass vor dem Wort das Schweigen lag? Aus dem Schweigen ergießt sich der Strom der Schöpfung. Der Quell des Lebens entspringt aus der Tiefe der Stille, so wie in großen Kompositionen Stille vor dem ersten Klang liegt und der Moment des Schweigens aller Töne auch dem fantastischen Schlussakkord vorausgeht. Das Buch der Weisheit formuliert deshalb auch:

---

[241] Johannes 1, 1 ff.

„Als tiefes Schweigen das All umfing ... da sprang dein allmächtiges Wort vom Himmel."[242]

Den Unendlichkeitsraum des Göttlichen und Transzendenten können wir nicht räsonierend und abstrahierend erfahren. Beweise scheitern. Gefordert sind Konstanz, Ringen, Wachheit und immer wieder Schweigen. Im Schweigen bricht das Numinose in uns herein. Über das Schweigen finden wir zu uns selbst und dem, was wir das Göttliche nennen.

Das Schweigen öffnet den Sehnsuchtsraum des Menschen, holt aus der Bindung an das Vergängliche in das Gewahrwerden des Überzeitlichen. Die Tiefe des Augenblicks, der Gehalt des besonderen Moments, die Kairoshaltigkeit einer Stunde offenbaren sich in der Stille. So ist dem Menschen, der danach strebt, die unendliche Wirklichkeit kennenzulernen, ohne dass Lebensumstände und Wünsche filtern und verzerren, der Weg der Stille, der Weg der Kontemplation vorgegeben. Zum rechten Zeitpunkt sucht die Seele Ruhe im Schweigen, zur rechten Zeit erwächst aus der Stille Kraft und Erkenntnis.

Was uns aus der Oberfläche in die Tiefe holen will, mahnt die Stille an. Wo alle Vernunft scheitert, führt das Gewissen in sie hinein. Nun scheidet sich Licht vom Dunkel, bricht Klarheit auf für Tun und Nicht-Tun. Der Geist berührt im Schweigen und Schweigen geht dem geisterfüllten Tun voraus. Aktion und Kontemplation sind so untrennbar miteinander verbunden.

Für die mystischen Glaubenswege bilden der kontemplative Weg und die Aktion etwas Zusammengehöriges. Beide stellen in die Verantwortung des Tuns um des Schon-Jetzt auf dieser Erde willen. Der Umstand, Aktion und Kontemplation als zwei Pole einer Grundhaltung der Lebensgestaltung zu sehen, sollte gleichwohl nicht dazu verleiten, beide in ihrer Wesenhaftigkeit doch voneinander zu trennen. So ist die Kontemplation selbst kein bloßes Nicht-Tun. Mag es auch paradox klingen, Kontemplation meint Tun des Höchsten, sie führt die Bewegung der Seele auf das Transzendente und Absolute zu und nähert sich damit vollkommener Tätigkeit. Und auch das, was wir Aktion, Kampf oder das Tun nennen, steckt voller kontemplativer Haltung, wenn es aus dem Schweigen geboren wurde.

---

[242] Weisheit 18, 14

Doch was meint Schweigen in dem hier angesprochenen Zusammenhang eigentlich? Denn Schweigen an sich führt noch nicht zu dem, was wir Kontemplation nennen. Ein Schweigen, das aus Betroffenheit, Unsicherheit, Angst, Scham, Müdigkeit, Unwissenheit, Taktik, Wut oder auch Trotz resultiert – solches Schweigen geschieht ja eher aus einer Erfahrung des Mangels. Kontemplation steht auch nicht für das Schweigen, das mit einer erwarteten oder eingetretenen Fülle einhergeht; etwa dem gewaltigen Gewitter im Angesicht einer verzaubernden Landschaft, eines faszinierenden Menschen, eines überwältigenden Kunstwerks oder in der gegenseitigen wortlosen Zuwendung der Liebenden. Solches Schweigen erfüllt, weil wir erfüllt sind von Glück, Bewunderung, Staunen, Ergriffenheit. Es lässt uns selbst innerlich verstummen, denn welcher Gedanke könnte dem Eindruck des Augenblicks standhalten. Doch auch dieses Schweigen bleibt der äußeren Welt verhaftet, trägt immer momenthaften und vorläufigen Charakter. Gleichwohl markiert es bereits einen Zwischenzustand, der über sich selbst hinausweist – hin zum Schweigen vor dem, in dem und aus dem alles entspringt.[243] Diesem gab man bereits in der Antike den Namen Kontemplation. Mit (con) dem Heiligsten (templum) eins werden, so lässt sich die Kernbedeutung ausdrücken. Wir könnten auch von der erstrebten Vereinigung mit dem Urgrund allen Seins sprechen, dem wir auf dem Grunde unseres Wesens begegnen. Der kontemplative Mensch lässt sich ganz ein in den Grund aller Gründe, wendet sich ihm zu in innerer Schau der Mysterien. In der orthodoxen Christenheit gab man dem kontemplativen Weg den Namen Hesychasmus. Das griechische Wort „hesychia" meint sowohl „sitzen", aber auch „in Ruhe sein". Der Heyschast sucht die Ruhe, um eins zu werden mit dem Göttlichen. Gregor Palamas (1296–1359), Erzbischof von Thessalonich und zuvor Mönch auf dem Athos, durch den der Hesychasmus seine theologische Begründung erfuhr, sagte über die Hesychia, die Kontemplation:

„Hesychia ist Stillesein des Geistes und der Welt, Vergessen des Niedrigen, geheimnisvolles Erkennen des Höheren, das Hingeben der Gedanken an etwas Besseres, als sie selber sind. So schauen die, die ihr Herz durch solches Schweigen gereinigt und sich auf unaussprechliche Weise mit dem alles Denken und Erkennen übersteigenden Licht vereinigt haben, Gott wie sich selbst in einem Spiegel."[244]

---

[243] Vgl. Baden 1952, S. 78
[244] Zit. N. Jungclaussen 1980/18, S. 13

Nur das Schweigen ist der Größe des Göttlichen angemessen, ja es ist die Sprache zwischen Mensch und Gott. Worte lassen sich nur aus über das doch eigentlich Unsagbare, zeigen die Unsagbarkeit des Unaussprechlichen. Der Schweigende hört! Er gibt sich hin, ohne Erwartungen, ohne Wertungen, ohne Regung der Gefühle. Kontemplation nähert an das nicht Fassbare an, will sich vereinigen im reinen Geist. Wo Kontemplation so durchbricht und erfahren wird, wertet sie in der Folge auch alle Vorstufen auf. Aus ihrer Wahrnehmung heraus gelangt das momenthafte, erfüllte Schweigen im Alltag, gelangt die tiefe körperliche Ruhe, die Versunkenheit in Wort, Symbol, Bild und Idee zu ihrer ganzen Wesensfülle. Wir erleben die Welt, in der wir leben, vom Göttlichen her, getroffen in unserer Wesensmitte. Das geschieht zunächst unspektakulär und unbemerkt, wandelt aber langsam alles Denken, Fühlen und Tun.[245]

Der kontemplative Weltzugang stellt in eine besondere Beziehung zur Zeit, lässt er doch momenthaft eins werden mit dem Pulsschlag der Unendlichkeit, mit der überzeitlichen Stille des Universums, aus der alles geboren wird. Für den Moment geschieht Befreiung aus dem ansonsten zeitlebens unentrinnbaren Zeitschicksal und an der nur in Stille erfahrbaren Unsterblichkeit. Ganz im Hier und Jetzt gibt es kein Früher oder Später, sondern nur Unmittelbarkeit. Jeder Augenblick enthält alles. Das Göttliche nimmt den Menschen so, wie es ihn im Schweigen findet, und nimmt ihn an. Für die Wahrnehmung des Kairos hatten wir die Unterbrechung der Bewegung, das Durchbrechen von Routinen als notwendig erklärt. In der Kontemplation geschieht diese Unterbrechung. Aus ihr heraus erst erschließt sich die Fülle des rechten Augenblicks und der rechten Stunde.

Das kontemplative Schweigen reinigt, erfüllt und führt ins innere Wachstum. Und es heilt in dem ihm eigenen Heimatraum die gejagte und zerrissene Seele. Vor dem verwundenden Außen schirmt dieser Raum uns ab, nach innen lässt er heilende Energien zu, im Innen erweckt er Hingabe und Selbstheilungskräfte. Krisen bedürfen der Einkehr, und das erkennende und erwachende Leben, genau wie das Sein des Mystikers, befinden sich in Krisis als Dauerzustand. Das Wachstum, in das wir als Sinn des Seins ge-

---

[245] Vgl. hierzu und dem folgenden Eurich 1996/1998, S. 93–137

stellt sind, zieht fortwährend Energien und leert die Zisternen, die im Schweigen sich wieder füllen.

Der uns im Alltag so leicht entgleitenden geistigen Welt nähern wir uns im Schweigen wieder an und tauchen in sie hinein. Hier werden die Augenblicke geboren, in denen das Ewige aufscheint. Und mit diesem Emporsteigen des Numinosen legen wir die Gewänder und Masken ab, mit denen wir uns auf der so genannten Bühne des Lebens bewegen. Die äußeren Attribute, die so viel an Lebenszeit und Energie für sich fordern, und die Tyranneien der Gewohnheit, die jede Veräußerlichung mit sich bringt – sie verlieren hier ihre Geltung und ihre Macht. Regelhaftes und regelkonformes Verhalten muss die Selbstverständlichkeit seiner Begründung aufgeben. Die Ablenkungen, derer das sich selbst ausweichende Leben bedarf, und die Langeweile, die einsetzt, wenn ihr Reiz ermüdet, lösen sich im Heimatraum des Schweigens als Täuschung und Verkennen auf.

In der kontemplativen Zuwendung und Ausrichtung reinigt sich das innere Auge der Seele. Ihm tritt alle Wirklichkeit klarer und schärfer gegenüber. Was das Denken kategorial und wertend, einengend und fixierend kolonialisiert, wird im Schweigen von Geist und Seele abgestreift. Es wächst eine Fähigkeit neu, die wir aus Kindertagen kennen, die Fähigkeit, bar jedes Erkenntnisbegriffs zu staunen. Es entsteht Ehrfurcht in größter Tiefe neu. Und es findet sich eine Gelassenheit hinsichtlich der Unmöglichkeit, alles zu begreifen, die Gelassenheit gegenüber den letzten Geheimnissen des Universums. In neuer Unschuld betritt der äußerlich und innerlich schweigende Mensch den Raum der Schöpfung, sein Selbst inbegriffen. Wie das Licht zur Dunkelheit verhält sich das kontemplative, das dem Göttlichen zugewandte Schweigen zu allen äußeren Darbietungen des Seins. So, wie das Licht erst angesichts der Erfahrung der Dunkelheit das Eigentliche enthüllt, so gelangen aus der Erfahrung des Schweigens und der Begegnung im Raum spiritueller Sehnsucht alle mit den äußeren Sinnen wahrnehmbaren Wesenheiten erst zu ihrer ganzen Wesensfülle. Die sinnliche Wahrnehmung wird von scheinbar eindeutigen Zuordnungen entlastet, von Grenzziehungen, die ein begrenztes Weltbild in einem begrenzten Geist zieht und vielleicht immer wieder ziehen muss, um sich nicht selbst zu verlieren. Nun stehen wir der Welt nicht mehr gegenüber, jetzt erkennen und fühlen wir uns als teilhaftig. Die universale Verbundenheit wird sicht- und spürbar und dass nichts in ihr, kein Gedanke, keine Regung, kein Wort und keine Tat folgenlos bleiben.

Im erfüllten Schweigen sticht kein Defizit. Es genügt sich selbst und beklagt keinen Mangel. Das Leben hat zu sich selbst zurückgefunden. Wir stehen nun am Rand der ewigen Stille und erahnen jenseits der Logik ihre grenzenlose Ausdruckskraft. An diesem Punkt, oder besser: In diesem Feld entdecken und erfahren wir uns als Person und Kosmos neu, und wir stellen uns in eine neue Beziehung bezüglich des Umgangs mit uns selbst und mit der Welt, die uns umgibt und derer wir teilhaftig sind. Diese Erfahrung erschließt sich nicht durch Wollen und durch Planen, nicht durch ungestümes Voraneilen, nicht durch unruhige Erwartungshaltung, vor allem sich selbst gegenüber. Sie wartet hinter der Demut und sie findet sich in der Hingabe.

In der Tiefe solchen Schweigens üben wir uns darin, fernab unserer Ansprüche, unserer Erwartungen und unserer Projektionen zu enden. Dieses Enden ist ein Ankommen, in Berührung mit dem Ewigen. Auch wenn es selbst nicht ewig ist, scheint in ihm die Ewigkeit durch den kairoshaltigen Moment hindurch. In der Tiefe des Schweigens richten wir uns aus auf das uns Übersteigende, dessen Teil wir zugleich doch auch selber sind. Hier entstehen die Orientierungen für unser Wachsen und wir richten uns auf zu dem, was wir sein können. Zumindest aber spüren wir die Potentialität.

Jetzt fallen Trennungen, etwa zwischen Leid und Glück, lösen anscheinende Widersprüche sich auf, wächst Einheitserfahrung. Es bildet sich Bewusstsein von der Ganzheit des Seins und der Ganzheit des Schicksals in der Ganzheit des Menschen. Vergleiche und Aufrechnungen tragen hier nicht mehr. In alter Sprache würde man sagen, dass der Mensch geborgen in Gottes Hand liegt, herausgenommen aus den Stürmen der Welt, herausgenommen auch aus den Verkennungen, die seinem Ego entwachsen sind. Vielleicht lässt sich so, in diesem mütterlichen Angenommensein, das keiner Begründung und keiner Rechtfertigungen mehr bedarf, sogar jene letzte, metaphysische Einsamkeit überwinden, die allem bewussten Endlichen beigegeben ist. Du kommst zu Hause an, momenthaft immer nur, aber wer das Feld einmal betreten hat, findet wieder zurück.

In der kontemplativen Stille und in der Leere, die sie erfüllt, erwacht der Mensch zu sich selbst und tritt er ein in die allumfassende Wirklichkeit und Einheit. Das Schweigen muss nicht geschaffen werden, es ist immer schon da, es will nur erkannt und besucht werden. In diesem zweckfreien und doch alle Zwecke übersteigenden schlichten Dasein liegt seine erhabene Größe. Wie besonders gilt dies in der gegenwärtigen Zeit! Ohne dass wir ein Ende voraussehen können bzw. den Ausgang des Umbruchgeschehens, geht doch in Stetigkeit der Wandel vor sich, aus einer geheimnisvollen Stille hinter dem Lärm der alten kollabierenden Epoche. Es ist eben jene, aus dem Ungeformten hinüberragende Stille, in der sich auch vor dem Urknall das Werden vorbereitete.

Was nun bedeutet dieses Verständnis von Kontemplation und die Haltung der schweigenden Annäherung an das Numinose für den Akt der Erkenntnis? Max Picard:

„Die Weite des Geistes und die Weite des Schweigens gehören zueinander, die Weite des Geistes braucht eine naturhafte Entsprechung außerhalb seiner. Wohl ist der Geist autonom und kann von sich aus die Weite schaffen, aber die Weite des Schweigens ist, von der Natur her, eine Mahnung an den Geist, weit zu sein. Wenn der Blick des Menschen von der Breite des Schweigens her kommt, bleibt er nicht am Spezialisierten, nicht am bloßen Teil eines Phänomens, haften."[246]

Je ringender und drängender die Sehnsucht nach Erkenntnis wird, und je mehr dabei die „normalen" Wege an ihre Grenzen kommen, desto stärker wird der Ruf der Weisheit in die Stille, damit das Tor sich öffnen kann, durch welches das Überbewusste ins Bewusstsein findet, um erkannt werden zu können. Denn auch jede noch so tiefe Schau muss ins Bewusstsein finden, soll Verständnis sich ereignen.

Wo wollen wir denn auf das nicht zu Erdenkende treffen, wenn nicht im Schweigen und der tiefen Stille, in diesem Raum der Offenbarung?

Das kontemplative Auge führt in ein überbewusstes Seinsverständnis. Aus seiner Maulwurfperspektive befreit, eröffnet sich dem suchenden Menschen in überzeitlicher Gegenwärtigkeit und einer Zeugenschaft des reinen

---

[246] Picard 1959, S. 49

Gewahrseins der unverstellte Blick auf den Daseinsgrund, den möglichen Zukunftsraum des Menschlichen inbegriffen. Das Sein und Wesen als Ganzes wird durch die Teilhabe am Ganzen in der Kontemplation erkennbar, und zwar in einer Weise der Gewissheit, die nicht zum Nachfragen, nicht zur ergebnislosen Verstrickung in ein Für und Wider, nicht zum Zweifel provoziert. Wir sehen uns hier einer Qualität von Erkenntnis und Wissen gegenüber, die als transrational nur in der Stille erlangt werden kann. Die Klarheit dieser Erkenntnis, und dies muss hervorgehoben werden, integriert alle weiteren Erkenntnisweisen und damit die ersten vier Säulen, durchleuchtet sie zugleich und führt sie zu ihrem nichtdiskursiven Kern.

Die Tiefe des Schweigens, die Leere einer überbewussten Seinsempfindung und die unvermeidbare Begegnung mit unserem wahren Selbst sind nicht frei von Empfindungen. Überwältigt davon zu sein, so unnachahmlich berührt zu werden, schwingt immer mit. Und es mag sich in Tränen befreien. Doch dies sind keine Tränen der Melancholie, der Traurigkeit, Sorge oder Verzweiflung, sondern der Ergriffenheit. Eine ganz eigene Erkenntnis als Seinsgewissheit höchster Ordnung wird geboren, wenn das unermessliche und vollendete Ganze wortlos seinen Ausbruch aus der Enge des Leibes sucht.

Beendet damit das Schweigen und die in ihm ruhende und zur Anschauung kommende Erkenntnis die Macht des Wortes und die dem Erkennen Gestalt gebende Kraft der Sprache? Das Gegenteil ist der Fall.

Das Wort erblasst, vereinsamt und verliert an Gehalt, wenn es der Bindung an das Schweigen entrissen wurde. Das lehrt der mediale und politische Wort-Tsunami allenthalben. So kann schon um der Worte willen der Stille ein Eigenwert beigemessen werden.

Worte und das Sprechen an sich erlangen ihre tiefe Bedeutung und ihre kommunikative Potentialität erst aus der Stille, aus dem bewussten Aussetzen alles Gesagten, ja des sprachlichen Denkens selbst. Hier reinigen sich die durch den flüchtigen Alltagsgebrauch abgegriffenen und oft verklebten Worte hin zu ihrer wesenhaften Bedeutung. Der bis zur Unkenntlichkeit gedehnte und seiner Befugnis enthobene Begriff sieht sich entsühnt. Das Sagbare als Quelle aller Missverständnisse, Täuschungen und

Enttäuschungen nimmt sich absichtslos zurück, entgleitet seiner Form, um neu komponiert werden zu können. Hierzu zählen wir auch den vorübergehend bewussten Verzicht auf Worte da, wo sie nicht mehr taugen, wo sie auch nichts mehr verteidigen können, weil das Urteil doch längst feststeht. Das Schweigen Jesu vor den Hohepriestern und vor Pilatus[247], literarisch grandios neu aufgegriffen durch Dostojewski in „Die Brüder Karamasow", steht exemplarisch hierfür.[248] Solches Schweigen in existentieller Situation ist gereinigt vom unnützen und vergeudeten Wort. Es hält die Perlen zurück, die jene nicht zu würdigen wissen, die sich an die Spiele der Welt verkauft haben. Das Schweigen Jesu ist das Schweigen des Wissenden, das Schweigen auch aus dem Wissen heraus, dass jetzt die Worte versagen und keine Verteidigung mehr nützt. Es gibt wenig höhere Tugend, als im Schweigen anzunehmen, was unausweichlich ist und schweigend hinzunehmen, wo Worte nichts mehr ändern können.

Und so wird das Schweigen zu einer eigenen Sprache, bedeutungsvoll und unverstellt, auf seine Weise Wahrheit bekundend. Es erscheint jetzt wie der scheinbar leere Raum des Universums, der die Sonnen und Planeten trägt und ihnen Bewegungsraum verschafft. Will ich einen Menschen und sein Denken verstehen, muss ich sein Schweigen verstehen, den Hintergrund für die Gedanken als Geburtsstationen alles Zukünftigen, nicht nur des Gesagten. Ich muss sein Schweigen verstehen, denn im Schweigen wird er immer wieder enden als dem Ort der letzten Bedeutungen, die sich der Sprache und damit der Sagbarkeit entziehen – nicht erst im Tod, sondern schon an jenen unzähligen Wegstationen vorher, die Loslassen, Abschied und innere Wandlung erfordern. Ich muss sein Schweigen verstehen als die Raumzeit, in der er sich selbst und dem, was ihn trägt, begegnet, wo er die Möglichkeit hat, sich zu erkennen, sich anzunehmen und zu lieben – das, was man das eigene Schicksal nennt, inbegriffen.

Solches Schweigen umgibt das aus ihm geborene, entsprungene und befugte Wort mit einer Aura, die es in Resonanz hält mit dem numinosen Feld, aus dem es entstand. Es sind die Worte, die erschüttern und die heilen können. Das ist der in Sprache gefasste Ton, der in kairoshaltiger Zeit

---

[247] Matthäus 27, 12–14
[248] Vgl. oben den Abschnitt über Vorwürfe aushalten im Kapitel über Kommunikation

eine unabsehbare Wirkkraft entfaltet.[249] Die Sprache entdeckt sich neu und gewinnt sich zurück als Medium zwischen den Mysterien des Seins und der so genannten Alltagswelt. Zwar werden immer die Dinge bleiben, die wir wohl erfahren, aber nicht sagen können. Doch die aus dem Erfahrungsraum des Schweigens in den Klang tretende Sprache verschiebt die Barrieren schrittweise, und sie entgrenzt.

Was dem Worte zugedacht, hat Ähnlichkeit auch für das Bild. Frei zu werden von inneren Bildern gehört ja zum Wesen der Kontemplation. Doch liegt in der Betonung einer auf den Schweigeweg bezogenen Notwendigkeit weder eine grundsätzliche Ablehnung des bildhaften Verstehens noch der Hinwendung zum Numinosen mittels des Symbolgehaltes, den viele Bilder und die Bildersprache der Mythen in sich tragen. Vielmehr wird gerade auch in dieser Hinsicht, ähnlich der Sprache, das Schweigen zur Quelle der Erneuerung, zur Präzisierung des Blicks auf das Wesentliche. So liegt ja in manchen bildbezogenen spirituellen und mythologischen Traditionen das Eigentliche nicht in der vordergründigen Darstellung, sondern offenbart sich erst im Blick des Hindurch und in der Schau des Dahinter.[250] Die erste Realität übersteigend gibt sich eine weitere, oft unfassbare zu erkennen. Dass unser heutiger symbolischer Kosmos so verarmt ist,[251] dass aus so vielen Bildern, Symbolen und Ritualen nur die Oberfläche spricht, hat mit der Unfähigkeit zu tun, sich immer wieder der Reinigung auszusetzen und sich in die wort- und bildfreie Stille zu begeben.

Als Geistkultur steht die kontemplative Kultur in Immanenz und Transzendenz zugleich. Hier fallen Erleben und das als überzeitliche Wahrheit Erkannte zusammen. Dogmen lösen sich als angstbesetzte Verhärtungen genauso auf wie Starrheit und trotziges Beharren. Im Schweigen können wir uns nicht selbst belügen. Klarheit, Radikalität und persönliche Wahrheit treten uns authentisch gegenüber. Wer aus dem Schweigen kommt und immer wieder ins Schweigen geht, der kann nicht unauthentisch leben, kann nicht bürgen mit ungedeckten Schecks. Denn jedes hohle Wort und jede hohle Geste holen ihn im Schweigen wieder ein.

---

[249] Vgl. Baden 1952, S. 166 ff.
[250] Manchen, von Meisterhand gemalten Ikonen, ist diese Kraft zu eigen.
[251] Vgl. Halbfas 1982, S. 112 f.

Gewiss, der kontemplative Weg ist steil. Und er erfordert hohe Kontinuität und Disziplin darin, immer wieder in die Übung zu gehen und jeden Lebensschritt entsprechend zu sehen. Insofern ist es ein radikaler Entwicklungs- und Erkenntnisweg. Auf ihm dürfen weder der Mut fehlen, auch dem Unerwarteten genauso zu begegnen wie dem Dunkel der eigenen Seele, noch die Bereitschaft, selbst ein letztes Nichtverstehen gelassen und sich nüchtern allem Schwärmerischen versagend da auszuhalten, wo neben den ersten vier Säulen auch die vollendende fünfte nicht weiter führt. Denn anders sind der innere Meister, das innere Auge der Erkenntnis und des Erwachens nicht zu befreien.

Ein letztes mag hier noch gesagt werden. Die in der Vita Contemplativa integral zusammenfindende Erkenntnis ist nie eine solche um der nackten Erkenntnis und um des nackten Wissens willen. Sie wahrt bei jedem Erkenntnisschritt die Würde des zu Erkennenden und den Respekt vor letzten Geheimnissen, die nicht ans Licht gezerrt werden wollen. Was dazu zählt? Das wird in der Kontemplation offenbar.

Wiedervereinigung.
Zur Synthese von Mystik und Wissenschaft

Die fünf Säulen der Vernunft wollen die Trennungen überwinden, die trotz einer besseren Einsicht noch immer unseren Erkenntnisalltag und die sich dort vollziehende Praxis beherrschen, übrigens selbst bei den großen Denkern, die seit Äonen von der Einheit sprechen. Dazu ist es erforderlich, auch wenn immer wieder in konkreten Lebenssituationen sich die eine oder andere Säule im Vordergrund hält, dass wir lernen, die bestehenden Mauern der grundsätzlichen Abgrenzung zwischen den Erkenntniswegen zu überwinden. Dies wird nur gehen, wenn sie endlich als komplementär erkannt werden und wenn all unser Erkenntnisstreben davon durchdrungen ist, dass nur ihre Verbindung in jenes Wissen führt, das der Ganzheit der Wirklichkeit und der Komplexität, in der sie sich zeigt, gerecht wird. Kein anderer Weg auch führt aus der Crisis der Gegenwart, die ja keine singuläre und partielle ist, sondern eine, die von den Wurzeln her kommend das Ganze betrifft, nichts unberührt lassend.

Keiner Vereinheitlichung der Erkenntniswege wird hier das Wort geredet, sondern der Integration des Unterschiedlichen und der Gleichzeitigkeit des Ungleichzeitigen. Der jeweils eine Blick wird dabei den jeweils anderen zu höherer Einsicht führen, hinsichtlich seiner selbst und hinsichtlich des Ganzen. Damit nun stehen alte Abgrenzungen und Definitionen genau wie überkommene Alleinvertretungsansprüche in Wissenschaft, Alltagserkenntnis und Religion zur Disposition. Schulen und Dogmen, die solches noch immer propagieren und in Praxis halten, haben als evolutionäre Übergangsphänomene ihre Ansprüche und ihren angestammten Platz verloren.

Spiritualität, Glaube und Religion bleiben ohne die Kraft des denkenden Erkennens und ohne die Suche nach Wissen blind und unverständlich. Sie erkennen und durchschauen sich nicht selber, werden nicht durch Bewusstsein ständig erweitert und verfeinert. Vor allem auch lässt sich das im Denken Unverstandene des Glaubens, das in Begriffen nicht Durchleuchtete und in den Zusammenhängen und Kontexten nicht Verbundene nahezu beliebig instrumentalisieren und missbrauchen. Die fundamentalistischen Bewegungen auf dieser Erde, die letztlich nichts anderes tun, als zu trennen, zu spalten und ihren Puppenstubenhorizont als letzte Wahrheit zu behaupten, geben davon beschämendes Zeugnis. Andererseits hat die wissenschaftliche Vernunft in ihren großen Fragen keinen tragenden Grund und keinen über sie hinausweisenden Horizont, wenn sie Transzendenzerfahrung ignoriert und sich von ihr lossagt. Ihr fehlen Begriff und Verständnis ihres wesenhaften Ursprungs und Impulses, nämlich Gott und das Absolute zu erkennen. Ihr Wirken und das, was wiederum daraus entsteht an Denkweisen, an Technik, an Struktur und Organisation, verbleiben ohne die Bindung an überzeitliche Werte.

Authentische Wissenschaft und authentische Religion, wahrhafte Vernunft und wahre Mystik stehen nicht nur in keinem Gegensatz zueinander, sie bedingen und benötigen sich. Sie beziehen sich auf unterschiedliche Bereiche der einen Wirklichkeit und repräsentieren zwei Erscheinungsformen des vollkommenen Erkenntnisaktes. Max Planck (1858–1947) betonte in einer wegweisenden Rede im Jahr 1937 diesen Zusammenhang:

„Danach ist die Gottheit, die der religiöse Mensch mit seinen anschaulichen Symbolen sich nahezubringen sucht, wesensgleich mit der naturgesetzlichen Macht,

von der dem forschenden Menschen die Sinnesempfindungen bis zu einem gewissen Grade Kunde geben ... Wenn also beide, Religion und Naturwissenschaft, zu ihrer Betätigung des Glaubens an Gott bedürfen, so steht Gott für die eine am Anfang, für die andere am Ende allen Denkens. Der einen bedeutet er das Fundament, der anderen die Krone des Aufbaus jeglicher weltanschaulicher Betrachtung ... Wohin und wie weit wir also blicken mögen, zwischen Religion und Naturwissenschaft finden wir nirgends einen Widerspruch, wohl aber in den entscheidenden Punkten volle Übereinstimmung."[252]

Wenn auch von einem anderen Gottesverständnis, nämlich dem pantheistischen Spinozas her kommend, schildert Albert Einstein in einem Briefwechsel mit Sigmund Freud die ihn bewegende Berührung von Mystik und Wissenschaft: „Die wunderbarste und tiefste Erregung, die wir erfahren können, ist die Empfindung des Mystischen. Sie ist die Grundlage aller wahren Wissenschaft. Wem diese Erregung fremd ist, wer nicht mehr staunen und in Ehrfurcht versunken stehen kann, ist so gut wie tot ... Die kosmische religiöse Erfahrung ist der stärkste und edelste Ursprung wissenschaftlicher Forschung."[253] Für den Entdecker der Relativitätstheorie war wirkliches Forschen ohne Glauben nicht vorstellbar. Wissenschaft ohne Religion charakterisierte er als „lahm", Religion ohne Wissenschaft als „blind". Nicht Daseinsfurcht, sondern Erkennen machen für ihn die wahre Religiosität aus.[254]

Albert Schweitzer beschrieb die Verbindung von Mystik und Wissenschaft als eine grundlegend notwendige, damit die Erkenntniskräfte und Erkenntnismöglichkeiten des Menschen auf allen Ebenen ihr höchstes Niveau erreichen. Durch Denken und den rationalen Geist hindurch, so seine Überzeugung, soll der Mensch zum tiefen Erleben der Welt und zur religiösen Erfahrung finden.[255]

Diese drei herausragenden Gestalten des 20. Jahrhunderts stehen exemplarisch für einen Aufbruch, in dem das abendländische Bewusstsein begonnen hat, die Ketten alter Polarisierungen abzustreifen, um sich endlich seinen edelsten Ansprüchen und höchsten Möglichkeiten anzunähern,

---

[252] Planck 2010, S. 50, 51, 52
[253] Zit. n. Barnett 1954, S. 117; Übersetzung von mir (C.E.)
[254] Vgl. Einstein 2010, S. 65
[255] Vgl. Schweitzer 1923, S. 241 ff.

allen voran der Erkundung und Erfahrung der inneren Einheit alles Seienden, die ja auch die Wesenseinheit allen Bewusstseins meint. So wie die Erde unzählige Formen von Leben hervorbringt, die doch alle aus derselben Quelle entspringen, so lebt in jedem Menschen ein eigen scheinendes Bewusstsein, das doch dem einen Bewusstseinsstrom bzw. der einen Bewusstseinssphäre entstammt.[256] Deshalb sagen wir, dass jeder Mensch für das Ganze steht, ja es ist! Die Arbeit mit den fünf Säulen der Vernunft kann dieser Einsicht näher bringen und die entsprechende Erfahrung schenken.

In der Vermählung von Wissenschaft und Mystik finden das zu Erdenkende, das Abzuleitende und das logisch Schließende zusammen mit dem Unaussprechlichen, dem Hingebungsvollen und dem Gnadenhaften. Die Einheitserfahrung lässt alles in Differenz Erkannte und Analysierte in einem völlig neuen Licht erstrahlen, das die Verbundenheit erkennbar macht. Wissen erhält damit eine Bedeutung, die es als Ausfluss eines unendlichen Wissensstromes zeigt. Wissenschaft lernt, sich als Dienst an der Schönheit des Ganzen zu verstehen, und der in Religion gefasste Glaube findet zu seinem transreligiösen und posttheologischen übernatürlichen Ursprung und Grund. Es ist von höchster Bedeutung, die Integration von Spiritualität und Wissenschaft nicht nur in den Folgen für die Wissenschaft zu betrachten, sondern eben auch für Mystik und Religion, um sie aus der ihnen so schnell zugewiesenen Ecke der Vernunftferne und Erkenntnisverweigerung zu holen. Die kontextuelle Interpretation spiritueller Erfahrungen wird hierzu eine große Hilfe sein. Sie kann sich dabei auf die Tatsache berufen, dass die spirituelle Empirie der sinnlichen/sensomotorischen, der biografisch-lebensweltlichen und der geistigen Empirie[257] in ihrer Aussagefähigkeit über Sein, Welt und Unendlichkeit nicht nachsteht. Vor allem sind es doch die spirituellen Augen, die jede Begrenzung von sich aus überwinden.

Die Zeit der Dogmen ist vorbei. Das betrifft alle Dogmatisierungen, nicht nur die des Religiösen, sondern auch die wissenschaftlichen, die ökonomischen und die politischen. Wahrheitssuche in der Offenheit selbst für das

---

[256] Darauf hat, auch unter Bezugnahme auf die vedantischen Lehren, der Physiker Erwin Schrödinger (1887–1961) in mehreren Beiträgen ausführlich hingewiesen. Vgl. etwa Schrödinger 2010
[257] Hierzu zählen exemplarisch Mathematik, Logik, Phänomenologie, Semiotik, Symbolismus etc. (vgl. Wilber 1998, S. 198 f.)

noch so Verschiedene kann keine angstbesetzten oder der Hybris oder der Uneinsichtigkeit entstammenden Festschreibungen und Absolutsetzungen mehr dulden. Sie würde sich damit selbst aufgeben und dem in ihr ringenden Menschen da eine Sicherheit vorgaukeln und ihn zur Trägheit verführen, wo Unruhe, Zweifel und hingebungsvolle Öffnung die angemessenen Wegbegleiter sind.

Nun sind wir als Gattung und als Wesen, die sich der Erkenntnis verschrieben haben, an dem Punkte angelangt, wo sich die verschiedenen Arten und Formen von Wahrheiten nicht nur gegenseitig respektieren, statt sich selbstbezogen abzugrenzen und abzustoßen, sondern auch das Eigensein im Lichte der anderen Seinsgewissheiten besser verstehen. In solcher Offenheit kann der Mensch dem Leben endlich in seiner Ganzheit verstehend gegenübertreten und ihm auf eine der Ganzheit angemessene und sie würdigende Weise dienen. Nichts mutet dann noch entbehrlich, überflüssig oder gering an, kein Weg, kein so genannter Umweg, kein Glaube und kein Zweifel, kein Segen und kein Leiden. Schließlich hat auch das Herz als Wegweiser seinen ihm zustehenden Platz gefunden. Es weiterhin aus der Erkenntnissuche herausnehmen zu wollen, hieße das Leben selbst weiterhin von der Schau auf das Sein fernzuhalten. Denn es ist, wie Blaise Pascal (1623–1663) sagte, das Herz, das Gott spürt, nicht aber die Vernunft.[258] Wo der Zugang zum Herzen fehlt, regiert der kalte und nüchterne Blick auf die vorgeblichen Tatsachen in ihrer Vergänglichkeit. Es ist sicher keine kitschig schwärmerische Verkennung und man muss dazu nicht den Kleinen Prinzen zitieren, wenn wir das Herz als den eigentlichen Sitz auch des Denkens bezeichnen, zumindest aber dessen übergeordnete Kontrollinstanz.[259] Das Auge des Herzens bewahrt schließlich auch davor, sich dem Prozess des Lebens in lebensfeindlicher Haltung und mit lebensverachtenden Methoden zuzuwenden. Die Liebe und die Ehrfurcht bestimmen den Rahmen der Eingriffstiefe und das Verfahren von Zuwendung und Analyse. Die Liebeskraft selbst wird damit zur Erkenntniskraft und zum mahnenden Gegenüber sowohl der reinen Neu-Gier als auch einem Verständnis von Bewusstseinserweiterung, dem es nur um ein quantitatives Mehr an Wissen geht. So verschmilzt das Streben und die

---

[258] Vgl. Pascal 1963/6, S. 141, Gedanke 278
[259] Vgl. dazu die umfassenden Ausführungen von Nasr 1990

nicht nachlassende Suche nach Weisheit und konvivialer Erkenntnis mit der Einsicht, dass der Weg dorthin den größten menschlichen Tugenden folgen muss, als da sind:

- Sehnsucht nach dem Absoluten
- Ausrichtung auf das Edle und Erhabene
- Geist des Nichtverletzens und die aus ihm erwachsende Freiheit des Lassens
- Wahrhaftigkeit
- Selbstlosigkeit und Dienst
- Frei von Hass, Lüge, Ehrsucht und Hochmut
- Reinheit der Gedanken, der Sinne, des Sprechens und des Tuns.

Diese interkulturell gültigen Orientierungen entsprechen der möglichen Wesenstiefe des Menschen und damit dem Entwicklungsauftrag des bewussten Lebens selbst. In ihnen drückt sich der Wille zur Entwicklung und zur Überwindung niederer Instinkte und Emotionen aus, ohne den integrale Vernunft nicht wachsen kann. Wo diese Wesenstiefe nicht gegeben ist, wird es immer auch an Erkenntnistiefe mangeln. Lebt die Liebe nicht in mir, wie soll ich sie erspüren?

Wer nach der Essenz des Ursprungs, der Entwicklung, der Einheit und der Liebe erkennend strebt, muss sie also bereits als Sehnsuchtsregung und Antriebsenergie in sich geboren haben. Dann können Sehnsucht und Erkenntnis sich vereinigen und den suchenden Geist erlösen, indem sie ihn über sich hinausführen.

Freiheit und Erkenntnis –
Schlussgedanken

So Vieles verstellt den Zugang zu einem Leben in Tiefe. So mannigfache Prägungen, Konditionierungen, ja Determiniertheiten führen uns wie auf Schienen durch die Erdenexistenz, lenken die Blickrichtung, nehmen Weite, binden Sinne und Geist. Und so hängt der Erfolg eines jeden Schrittes, der sich auf ein neues Menschsein zubewegen will, an der Freiheit, aus der er kommt und in der er sich im Gehen orientiert. Das Ringen um Befreiung liegt jeglicher Entwicklung zugrunde, ihm dienen alle Übungen und alle Lebenspraxis. In der Verwirklichung des Freiheitsdranges ersteht der Lebenssinn. Er folgt der Sehnsucht nach Erlösung, die es ohne Erkennen nicht gibt.

Inwieweit es gelingt, die bestehenden Evidenzen und die mit ihnen verbundene, oft geradezu imperialistische ideologische Macht zu transzendieren, liegt an den Freiheitsräumen, die wir bereits innerhalb dieser Bedingungen zu schaffen in der Lage sind. Sie können als grundlegend für jede Form von Entwicklung gesehen werden, da nur sie die Voraussetzung dafür schaffen, die eigenen Ausgangsbedingungen zu überwinden.

Der Ruf der Freiheit ist uns mitgegeben. Er wurzelt in unserem alle Zeitlichkeit transzendierenden Wesen. Dass wir zur Freiheit befreit sind, bleibt auch als Vermächtnis der alten Religionen. Aber wie weit reicht die Freiheit?

Manche Theologie lehrt bis in unsere Tage, dass die Freiheit als Willensfreiheit uns dahin führt, etwas zu tun oder zu lassen. Das sei der Sinn aller Gebote und Verbote. Ohne freien Willen gebe es keinen Verdienst und keine Sünde, keine gerechte Strafe und keinen gerechten Lohn. Wir sprechen damit von einer Freiheit, die sich sowohl auf das so genannte Gute als auch das so genannte Böse richten kann. Doch dieses Freiheitsverständnis kann einer nun am Wendepunkt ihrer Entwicklung stehenden Menschheit nicht länger als Selbstverständnis dienen. Die Freiheit, in der wir uns als Leben entfalten, hat nur Wert im Hinblick auf Optionen, welche die Freiheit nicht selbst gefährden oder aufheben durch Infragestellung der Seins-Möglichkeiten schlechthin. Freiheit ist eben kein einmal gegebener Zustand. Sie *ist* nicht, wir *haben* sie nicht, sie *wird*. Und sie wandelt sich, eingebunden in die Wandlung unseres menschlichen Selbst. Mit dem Grad der Erkenntnis und dem inneren Wachstum veredeln sich auch die Anforderungen an sie; und es differenziert und veredelt sich zugleich die innere Instanz für das freiheitliche Handeln – das Gewissen. Die Erkenntnis des dem Leben und seinen Erfordernissen Zugewandten wächst mit den individuellen und den kollektiven Entscheidungen für diese Erfordernisse. Bestimmte Optionen enthält dieses Freiheitsverständnis demnach nicht mehr, ja der Verzicht auf sie erst macht im eigentlichen Sinne frei. Die Freiheit des Lassens schafft Freiheitsraum. Sie lässt Optionen hinter sich und öffnet neue. Der Stern, der den Weg dahin zeigt und der uns immer wieder ausrichtet, leuchtet aus dem Feld des Vollkommenen, aus jener überzeitlichen Ordnung, die jenseits aller menschlichen Konstruktionen und Projektionen liegt. Es ist der Stern, zu dem hin sich das kontemplative Auge öffnet.

Mit der Freiheit halten wir das wohl kostbarste Gut der Menschheit und eines jeden einzelnen Menschen in Händen. Sie gibt ihm eine Würde, die jene dem Sein an sich immer schon verliehene noch einmal übersteigt, führt sie doch den bewussten Geist in die Selbstbestimmung. Als Hauptdarsteller und nicht als Komparse sollen wir uns auf der Bühne des Lebens bewegen. Doch diese aus der Selbstbestimmung hin zum Größeren erwachsende Würde will stets neu errungen sein. Mit jenem billigem Behagen, das dem Anspruch entflieht, über sich hinaus zu wachsen, kann sie den Raum nicht teilen. Wir sprechen hier also von jener Freiheit und jener Würde, die sich nicht libertär missverstehen als Haltungen des anything goes. Vielmehr stehen sie für eine Orientierung, die bereits einer Richtungsentscheidung im Geist des absoluten Seins entsprungen ist. Aus diesem erklingt die Stimme des Gewissens, aus diesem kommt der Ruf zum Weiterschreiten auf das wahre Wesen zu. Hinter die einmal erlangte Einsicht unseres Werdeauftrags gibt es damit kein Zurück. Wir sind ins Schicksal der Verwirklichung gestellt, das es nun wiederum in Freiheit und doch als unbedingt anzunehmen gilt. An dieser Stelle des Seinsweges fallen Freiheit und Pflicht zusammen, besteht kein Widerspruch zwischen Selbstbestimmung und Hingabe.

Man sollte der Einsicht nicht ausweichen, dass eine Freiheit, die sich aus dem Drang zum Höchsten nährt, mit Entscheidungen verbunden ist, die scheiden und schmerzen. Freiheit befreit nicht von Verlust, Entbehrung und Leid. Sie fordert dem Kräftehaushalt alles ab, und viel Kraft kostet allein die Klarheit, sich dem eigenen Schicksalsweg, in den mich die Erkenntnis führte, nicht gewaltsam zu widersetzen. Doch gilt auch hier das Gebot der Achtsamkeit. Es lehrt, an den Weggabelungen des Lebens nicht voreilig den Ausschluss von Möglichkeiten zu wählen, sondern zunächst den Versuch der Integration. Ausschluss kappt Potentialität da ab, wo noch gar nicht erkannt werden kann, welches Land hinter der Abzweigung liegt. Deshalb sind Offenheit, Experiment, Wagnis und Abenteuer, und vielleicht ein wenig Hoffnung als Tugend des Noch-Nicht der Freiheit immer beigegeben.

Trotz aller Verbundenheit im allgemeinen Feld des Lebens und dem unserer Gattung im Besonderen bleibt der personale Wesenskern mit seinen Möglichkeiten, seinen Anforderungen, seinem Schicksal. Erst wenn ich dies liebend und in wahrhafter Gelassenheit angenommen habe, kann Freiheit sich entfalten und zu einem kraftvollen und heilenden Lebensstrom werden, der sich in das Leben um mich herum ergießt. *Nach* der Entscheidung für das Ganze im akzeptierten Rahmen des Eigenseins und damit der Einsicht in die eigenen Möglichkeiten und Unvollkommenheiten, aber auch der Gewissheit einer letzten göttlichen Unverfügbarkeit, schreitet die Verwandlung fort und vertieft sich alle Seinserfahrung aus der in Unbedingtheit gelebten Eigenerfahrung. Solche Verwandlung und Erfahrungstiefe können also nur entstehen, wenn der Möglichkeit, notwendigen Entscheidungen auszuweichen, möge der Preis auch noch so hoch sein, in ganzem Wollen entsagt wurde, wenn ich also meinem schicksalhaften Eigensein, inklusive allen Scheiterns, aller Umstürze und Untergänge, auf dem Weg in die große Verwandlung gelassen die Treue halte.

Was meint Gelassenheit in diesem Zusammenhang?

Der Blick auf unser Leben ist in der Schicksalsannahme und Treue gegenüber dem Ruf aus dem Reich der Verwandlung ein anderer geworden. Die Verhältnisse haben sich in einer Weise zurechtgerückt, die den alltäglichen Belanglosigkeiten, Affekten und Anhaftungen ihre destruktive und nervende Energie nehmen. Die Drangsale und viele vorgebliche Dringlichkeiten lösen sich zwar nicht auf, aber sie berühren nicht mehr den innersten Kern, verunreinigen nicht den Raum der Erlösung, der in jedem Menschen an sich ruht. Über sein Ausgeliefertsein an das kleine Glück und das so schnell sich aufplusternde launische Leid ist der verwandelte Mensch, der nach seinem Wesen und auf sein Wesen zu lebt, hinausgewachsen.

Bei aller persönlichen Herausforderung und allen zu erbringenden Opfern verbindet sich der Prozess der Verwandlung mit einem Gefühl, ohne das nachhaltiges Voranschreiten undenkbar scheint – der Freude. Als tiefe Lebensfreude entsteht sie, wenn das Sein sich bewährt in der Erfüllung, die jeder Augenblick bewusster Ausrichtung auf die Möglichkeiten des Werdens enthält. Freude ist ein Zustand, der sich nicht an alltägliche Glücksmomente, die dem Menschen zufallen, bindet, sind diese doch vergänglich wie ein Windhauch. Sie erschöpft sich auch nicht in Zufriedenheit, die aus bewältigten Ansprüchen anderer Menschen oder von Systemerfordernissen resultiert. In der hier gemeinten Freude spiegeln sich vielmehr Schönheit und Ästhetik des Werdens als tragende Wesensmerkmale der Schöpfung. Als Glanz der Wahrheit hat Platon die Schönheit umschrieben. Sie macht den tiefen Wesenskern der Schöpfung aus, verweist auf das Göttliche. Wo sie den Menschen berührt und überwältigt, ruft sie existentielle Freude hervor. Sind die Augen des Menschen geöffnet für die Wunder des Lebens, kehrt die Freude ein, und sie versiegt nicht, solange die Augen dafür geöffnet bleiben. Deshalb ist es so bedeutsam, ja geradezu existentiell, dass unabhängig davon, womit uns das Leben konfrontiert, wir die Wahrnehmung für das Schöne und Erhabene, das in jeder Blume am Wegesrand zum Ausdruck kommt, nicht trüben.

Geht die Lebensfreude verloren, blockiert jede Entwicklung, stagniert jeder Prozess, versiegt das Elixier des Werdens. So will die Freude sorgsam behütet sein. Sie bedarf der Zuwendung und der Pflege. Es mag sein, dass das Schicksal sie gelegentlich zurückdrängt oder für eine Zeitspanne verdunkelt. Dann allerdings möchte sie wieder gesucht sein, freigelegt und in Dankbarkeit willkommen geheißen. Dass sie, wie alle Wandlung und Erfüllung, als Möglichkeit immer schon vorhanden ist, darauf kann der Mensch vertrauen. Und je mehr dieses Vertrauen zur orientierenden und tätigen Praxis wird, desto stärker gilt das Gesetz der Resonanz, begegnet uns das Ersehnte in steigender Wahrscheinlichkeit. Schritt für Schritt wird so der Glaube an die ewige Präsenz und eine letzte Unzerstörbarkeit des

Werdens und der Verwirklichung gestärkt. Und damit nimmt der Drang zu, unseren wesenhaften Auftrag zur Vollendung zu führen.

Mit sich selber ernstzumachen und sich der empfangenen Gnade, bewusstes und gestaltendes Leben zu sein, würdig zu erweisen, kann in diesem Sinne als das freudige Geschehen schlechthin in unserem Leben gesehen werden.

In einem 1925 gehaltenen Vortrag wies Max Scheler darauf hin, dass der „... Mensch als Vitalwesen ganz ohne Zweifel eine Sackgasse der Natur ..." sei. Zugleich aber liege in ihm als Geistwesen der „herrliche Ausweg aus dieser Sackgasse."[260] Dem Gedanken, dass nun das Reich des Geistes die Führung über das als absurd und in die Ausweglosigkeit treibend Erkannte übernehmen muss, möchte ich uneingeschränkt zustimmen. Wandlung und die Freisetzung der in uns ruhenden Potenzen kann ohne einen Neuentwurf von Sinn, der neue Realitäten schafft, nicht erhofft und schon gar nicht erwartet werden. Dafür hat sich unsere Evolutionsstufe als zu selbstverliebt, zu blind, zu sehr auf die eigene Vermehrung bedacht, zu gefräßig und zerstörerisch in jede Richtung erwiesen. Doch sollte diese überfällige Einsicht nicht wieder in einen neuen Dualismus führen, in dem das Geistwesen Mensch gegen das Leib- und Triebwesen ausgespielt wird. Vielmehr werden eine lebenswerte Zukunft und die Höherverwandlung der Welt gerade daran hängen, wie wir es vermögen, unsere erdenhafte Leiblichkeit und Bedürfnisstruktur in eine Harmonie mit dem zu fügen, was Erkenntnis, demutsvolles Erwachen, eine höhere Weisheit und der Geist der Verbundenheit mit allem Leben vor uns entfalten.

Das Leibliche ist jederzeit von der Vergänglichkeit umfangen. In ihm kann der Mensch deshalb nicht zur Vollendung gelangen und auch nicht seine letzten Maßstäbe ziehen. Die leuchten allein aus dem Reich des Geistes und der Erkenntnis, über das Verwehende und Vergehende hinaus, damit auch über jedes menschliche Einzelwesen, jede Gruppe und jedes Kollektiv hinaus. Die Aufgabe der gegenwärtigen Generationen kann somit nur noch einem Impuls folgen: Die Fundamente zu legen, damit die Kommenden nicht nur eine Chance zum Überleben haben, sondern dass der Weg bereitet ist für eine Menschheit, die dem Ganzen dient, darin ihre Erfüllung

---

[260] Vgl. Scheler 1954, S. 27

findet und schließlich erkennt, dass dieser Dienst zugleich der beste und schönste ist, den sie sich selber tun kann. Wir sind, ganz im Sinne der Lebensethik Albert Schweitzers, ultimativ und final gerufen, den selbstverschuldeten Denk-, Erkenntnis- und Empfindungsblockaden ein Ende zu setzen. Der Geist unbedingter Welt- und Lebensbejahung, die mystische Seinsorientierung und die daraus sprechende Wahrheit werden sich dabei als kraftvoller erweisen als jede Macht der Verhältnisse.

Trotz aller düsteren und verhängnisvollen Zeichen im Prozess weltweiter Entwicklung hat der entsprechende Aufbruch bereits begonnen. Überzeitliche Erkenntnis lässt sich nicht dauerhaft unterdrücken, der Ruf nach einer erneuten, großen Mutation des Menschen sich nicht länger überhören, auch wenn ihm bislang nur wenige zu folgen vermögen. Doch Masse war noch nie das entscheidende Ausgangskriterium für qualitative Sprünge in der evolutionären Dynamik. Es sind die wenigen, aber überzeugten und entschlossenen Personen zur rechten Zeit am rechten Ort, die das anstoßen und in die rechte Spur bringen, was die Schicksalsbeziehung von Mensch und Erde, des Menschen zu sich selbst und zu Gott auf eine neue Basis stellt.[261] Mensch in der ihm zugewiesenen und möglichen Vollgestalt zu werden, ist also kein illusionäres Traumgebilde. Es regt sich wie das Innere der Larve, die kurz davor ist, ihre Schmetterlingsgestalt zu befreien und endlich zu fliegen ...

---

[261] Dem System der *Bildung* ist es auferlegt, seinen Beitrag zu leisten, Menschen bereits in jungen Jahren entsprechend vorzubereiten und zu sensibilisieren. Seine zukünftige Aufgabe wird darin liegen, Kreativität und Potentialität zu befreien und nicht weiterhin eng zu führen und zu kanalisieren. Bildung im umfassenden Sinne und Ausbildung benötigen eine neue Integration im Vorzeichen der großen Mutation.
Führung in den unterschiedlichsten gesellschaftlichen Bereichen bedarf eines neuen Selbstverständnisses, um sich endlich seiner Verantwortung zu stellen und visionär über das Eigeninteresse der jeweiligen Systeme integral hinauszusehen.
Journalismus dient heute als Weltbildstifter auf nahezu allen Ebenen von Gesellschaft und Kultur. Die globale technische Vernetzung intensiviert diese Bedeutung in immer kürzeren Intervallen. Nur ein integraler und über Partialinteressen hinausweisender Journalismus wird seinen Beitrag dazu leisten können, dass aus dem Aufbruch weniger ein Menschenbeben wird. Dazu an späterer Stelle mehr.

Für wertvolle Hinweise bei der Durchsicht des Manuskripts danke ich:

Veronika Beckmann

Tobias Gostomzyk

Uwe Krüger

Literaturverzeichnis

Theodor W. Adorno: Minima Moralia. Reflexionen aus dem beschädigten Leben. Frankfurt a. M. 1987/1951

Robert Aitken: Ethik des Zen. München 1989

Günter Anders: Die Antiquiertheit des Menschen. Bd. 1. Über die Seele im Zeitalter der zweiten industriellen Revolution. München 1980/5

Arul M. Arokiasamy: Leere und Fülle. Zen aus Indien in christlicher Praxis. München 1991

Roberto Assagioli: Psychosynthese – Prinzipien, Methoden und Techniken. Freiburg 1978

Roberto Assagioli: Die Schulung des Willens. Methoden der Psychotherapie und der Selbsttherapie. Paderborn 1982

Jan Assmann: Das kulturelle Gedächtnis. München 1992

Marc Augé: Orte und Nicht-Orte. Vorüberlegungen zu einer Ethnologie der Einsamkeit. Frankfurt a. M. 1994

Aurelius Augustinus: Bekenntnisse. Zürich 1950

Hans Jürgen Baden: Das Schweigen. Gütersloh 1952

Lincoln Barnett: The Universe and Dr. Einstein. New York 1954

Roland Barthes: Mythen des Alltags. Frankfurt a. M. 1964

Joachim Bauer, Warum ich fühle, was du fühlst. Intuitive Kommunikation und das Geheimnis der Spiegelneurone. München 2006

Kurt Becsi: Galaktische Philosophie. Der Mensch als Meister des Universums. Wien/Düsseldorf 1979

Alfred Bellebaum: Schweigen und Verschweigen. Bedeutungen und Erscheinungsvielfalt einer Kommunikationsform. Opladen 1992

Henri Bergson: Denken und schöpferisches Werden. Meisenheim 1948

Eric Berne: Transaktionsanalyse der Intuition – ein Beitrag der Ich-Psychologie. Paderborn 1991

Otto Betz: Weiter als die letzte Ferne. Mit Rainer Maria Rilke die Welt meditieren. Ostfildern 2011

Omar al Raschid Bey/Helene Böhlau (Hrsg.): Das hohe Ziel der Erkenntnis. Aranada Upanishad. München 1917/2

Susan Blackmore: Die Macht der Meme oder Die Evolution von Kultur und Geist. München 2005

Ernst Bloch: Das Prinzip Hoffnung. Frankfurt a. M. 1985

Leonardo Boff: Die Erde Gottes. In: Christ in der Gegenwart, Heft 47/2010, S. 529

Pierre Bourdieu: Die biographische Illusion. In Derselbe: Praktische Vernunft. Zur Theorie des Handelns. Frankfurt a. M. 1998, S. 75–83

Hans-Jürg Braun: Religion, Universum und Mensch in Schleiermachers Reden. In: Fritz Stolz (Hrsg.): Religiöse Wahrnehmung der Welt. Zürich 1988, S. 179–195

Richard Brüllmann/Harald Schützeichel (Hrsg.): Leben in der Kultur. Weinheim 1995

Paul Brunton: Der Weg nach Innen. Praktische Anleitung zur geistigen Selbstfindung in der heutigen Zeit. Bern/München/Wien 1976/1985

Martin Buber: Das dialogische Prinzip. Gerlingen 1962

Martin Buber: Gottesfinsternis. Gerlingen 1994

Martin Bürgy: Selbstreflexion, Interpersonalität und psychoanalytische Ethik. In: PPmP Psychother. Psychosom. med. Psychol., 47/1997, S. 181–186

Günter Burkart (Hrsg.): Die Ausweitung der Bekenntniskultur – neue Formen der Selbstthematisierung? Wiesbaden 2006

Joseph Campbell: Die Kraft der Mythen. Zürich/München 1989

Albert Camus: Der Mythos des Sisyphos. Reinbek 2000/1942

Albert Camus: Der Mensch in der Revolte. Essays. Reinbek 2001/1953

Quassim Cassam (Hrsg.): Self-knowledge. Oxford 2004

Cornelius Castoriadis: Gesellschaft als imaginäre Institution. Entwurf einer politischen Philosophie. Frankfurt a. M. 1984

Literaturverzeichnis

Andy Chicken: Die Sprachen des Selbst. In: Österreichischer Arbeitskreis für Transpersonale Psychologie und Psychotherapie. Ausgabe 2004, S. 9–18

Deepak Chopra: Das Buch der Geheimnisse. München 2005

Johann Amos Comenius: Große Didaktik. Düsseldorf/München 1960/2

Dalai Lama: Logik der Liebe. Aus den Lehren des Tibetischen Buddhismus für den Westen. München 1989

Heinrich Dauber: Selbstreflexion im Zentrum pädagogischer Praxis. In: Heinrich Dauber/Ralf Zwiebel (Hrsg.): Professionelle Selbstreflexion aus pädagogischer und psychoanalytischer Sicht. Bad Heilbrunn 2006, S. 11–39

Friedrich Dessauer: Philosophie der Technik. Bonn 1927

Fjodor M. Dostojewski: Die Brüder Karamasow. Frankfurt a. M. 1986/1921

Eugen Drewermann: Der tödliche Fortschritt. Von der Zerstörung der Erde und des Menschen im Erbe des Christentums. Regensburg 1981

Eugen Drewermann: Tiefenpsychologie und Exegese. Bd. 1. Olten/Freiburg 1991/2

Karlfried Graf von Dürckheim: Im Zeichen der großen Erfahrung. München-Planegg 1958/2

Otfried Eberz: Sophia und Logos oder die Philosophie der Wiederherstellung. München 1983

John C. Eccles/Daniel N. Robinson: Das Wunder des Menschseins – Gehirn und Geist. München/Zürich 1985

Meister Eckehart: Predigten und Traktate. Zürich 1979

Manfred Ecker: Evolution und Ethik. Der Begriff der Denknotwendigkeit in Albert Schweitzers Ethik der Ehrfurcht vor dem Leben. In: Claus Günzler u.a. (Hrsg.): Albert Schweitzer heute. Brennpunkte seines Denkens. Tübingen 1990, S. 51–81

Ein Kurs in Wundern. Textbuch, Übungsbuch, Handbuch für Lehrer. Gutach 2004/6

Albert Einstein: Aus meinen späten Jahren. Stuttgart 1979

Albert Einstein: Mein Weltbild. Frankfurt a. M./Berlin/Wien 1979

Albert Einstein: Religion und Wissenschaft. In: Hans-Peter Dürr (Hrsg.): Physik und Transzendenz. Ibbenbüren 2010, S. 55–59

Albert Einstein: Naturwissenschaft und Religion. In: Hans-Peter Dürr (Hrsg.): Physik und Transzendenz. Ibbenbüren 2010, S. 60–69

Mircea Eliade: Geschichte der religiösen Ideen. Bd. 4. Quellentexte. Freiburg 1993/1981

Martin Engelbrecht: Formen des virtuos-religiösen Unterwegsseins in Zeiten der Globalisierung. In: Winfried Gebhardt/Ronald Hitzler (Hrsg.): Nomaden, Flaneure, Vagabunden. Wissensformen und Denkstile der Gegenwart. Wiesbaden 2006, S. 244–255

Claus Eurich: Die Megamaschine. Vom Sturm der Technik auf das Leben und Möglichkeiten des Widerstands. Frankfurt a. M. 1991/1988

Claus Eurich: Die Kraft der Sehnsucht. Kontemplation und ökologisches Engagement. München 1996/1998

Claus Eurich: Mythos Multimedia. Über die Macht der neuen Technik. München 1998

Claus Eurich: Die Kraft der Friedfertigkeit. Gewaltlos leben. München 2000

Claus Eurich: Mythos und Maschine. In: Bernd Flessner (Hrsg.): Nach dem Menschen. Der Mythos einer zweiten Schöpfung und das Entstehen einer posthumanen Kultur. Freiburg 2000a, S. 19–41

Claus Eurich: Spiritualität und Ethik. Auf dem Weg zu einem Ethos des Einsseins. Stuttgart 2003

Claus Eurich: Die heilende Kraft des Scheiterns. Ein Weg zu Wachstum, Aufbruch und Erneuerung. Petersberg 2006

Claus Eurich: Interbeing. Vom kleinen Ich zum großen Selbst. In: Transpersonale Psychologie und Psychotherapie, Heft 2/2006, S. 41–53

Claus Eurich: Wege der Achtsamkeit. Über die Ethik der gewaltfreien Kommunikation. Petersberg 2008

Claus Eurich: Das Gute im Bösen. Die Versuchung als Impuls für das innere Wachstum. Petersberg 2010

Tilman Evers: Mythos und Emanzipation. Hamburg 1987

Todd E. Feinberg: Altered Egos. How the Brain creates the Self. Oxford 2001

Peter Fenner: Reines Gewahrsein. Ein praktischer Weg zum Erwachen. Bielefeld 2008

Paul Ferrini: Die 12 Schritte der Vergebung. Aus der Tiefe des Herzens leben. Darmstadt 2007

Ludwig Frambach: Kontemplative christliche Spiritualität heute. Quellen – Praxis – Wirkungen. In: Reinhard Kirste/Paul Schwarzenau/Udo Tworuschka (Hrsg.): Die dialogische Kraft des Mystischen. Balve 1998, S. 407–422

Marie Luise von Franz/Ulrich Mann/Hans-W. Heidland: C.G. Jung und die Theologen. Selbsterfahrung und Gotteserfahrung bei C.G. Jung. Stuttgart 1971

Mahatma Gandhi: Freiheit ohne Gewalt. Köln 1968

Jean Gebser: Ursprung und Gegenwart. 2. Teil: Die Manifestationen der aperspektivischen Welt. München 1992/1973

Jean Gebser: Gesamtausgabe. Bd. I. Schaffhausen 1975

Jean Gebser: Gesamtausgabe. Bd. II. Schaffhausen 1978

Jean Gebser: Gesamtausgabe. Bd. VI. Schaffhausen 1986/1999

Jean Gebser: Einbruch der Zeit. Schaffhausen 1995

Arnold Gehlen: Die Seele im technischen Zeitalter. Sozialpsychologische Probleme in der industriellen Gesellschaft. Hamburg 1957

Arnold van Gennep: Übergangsriten. Frankfurt a. M. 1986

Gerd Gigerenzer: Bauchentscheidungen. Die Intelligenz des Unbewussten und die Macht der Intuition. München 2007

Albert Görres/Karl Rahner: Das Böse. Wege zu seiner Bewältigung in Psychotherapie und Christentum. Freiburg 1989

Albrecht Goes: Über das Gespräch. Hamburg 1954

Johann Wolfgang v. Goethe: Zur Farbenlehre Didaktischer Teil. München 1970

Erving Goffman: Das Individuum im öffentlichen Austausch. Frankfurt a. M. 1982

Daniel Goleman: Emotionale Intelligenz. München/Wien 1996

Dagmar Greitemeyer: Trennungsrituale. In: Systhema, Heft 2/1999, S. 149–162

Stanislav Grof: Kosmos und Psyche. An den Grenzen menschlichen Bewusstseins. Frankfurt a. M. 2000

Stanislav Grof: Außergewöhnliche Bewusstseinszustände. In: Derselbe u.a.: Wir wissen mehr als unser Gehirn. Freiburg/Basel/Wien 2008, S. 7–35

Michael Grosso: Psi-Forschung und Transpersonale Psychologie. In: Stanislav Grof u.a.: Wir wissen mehr als unser Gehirn. Freiburg/Basel/Wien 2008, S. 57–90

Anselm Grün: Gebet und Selbsterkenntnis. Münsterschwarzach 2002

Klaus Gutowski: Vom Homo Sapiens zum Homo Divinus. Stuttgart o. J.

Alois M. Haas: Nim Din Selbes War. Studien zur Lehre von der Selbsterkenntnis bei Meister Eckehart, Johannes Tauler und Heinrich Seuse. Freiburg (Schweiz) 1971

Gerhard Häberli: Die Einheit von Kosmos, Atom und Geist. Düsseldorf, 1989/2

Wilfried Härle/Reiner Preul (Hrsg.): Das Selbst in der Evolution. Marburg 2004

Alois Hahn: Konstruktion des Selbst, der Welt und der Geschichte. Aufsätze zur Kultursoziologie. Frankfurt a. M. 2000

Hubertus Halbfas: Das dritte Auge. Religionsdidaktische Anstöße. Düsseldorf 1982

Stewart Hall: Rassismus und kulturelle Identität. Hamburg 1994

Dag Hammarskjöld. Zeichen am Weg. München 1965

Arnold Hauser: Kunst und Gesellschaft. München 1986

Friedrich Heer: Der Sprung über den Schatten. Christsein ist kein Hobby. Freiburg 1959

Martin Heidegger: Sein und Zeit. Halle 1929/2 und Neuausgabe Frankfurt a. M. 1977

Barbara Heimannsberg/Christoph J. Schmidt (Hrsg.): Das kollektive Schweigen. Köln 1992

Werner Heisenberg: Erste Gespräche über das Verhältnis von Naturwissenschaft und Religion. In: Hans-Peter Dürr (Hrsg.): Physik und Transzendenz. Ibbenbüren 2010, S. 243–257

Michael Henderson. Die Macht der Vergebung. Oberursel 2007

Martin Herz: Strukturelle Behinderung: Abschiedsszenario für einen liebgewordenen Unterschied. In: Birgit Warzecha (Hrsg.): Medien und gesellschaftliche Stigmatisierungsprozesse. Hamburg 1999, S. 7–15

Hermann Hesse: Lektüre für Minuten. Frankfurt a. M. 1981/10

Hermann Hesse: Die Einheit hinter den Gegensätzen. Religionen und Mythen. Frankfurt a. M. 1986

Joachim Hesse: Ergreife, was dich ergreift oder: der Witz intuitiver Kommunikation. In: Systhema, Heft 3/2001, S. 243–249

Ronald Hitzler: Vagabundierende Geister. Skeptizismus, Irrsinn und Narretei als Irritationen der Wirklichkeit. In: Winfried Gebhardt/Ronald Hitzler (Hrsg.): Nomaden, Flaneure, Vagabunden. Wissensformen und Denkstile der Gegenwart. Wiesbaden 2006, S. 67–83

Douglas R. Hofstadter/Daniel C. Dennett (Hrsg.): Einsicht ins Ich. Fantasien und Reflexionen über Selbst und Seele. Stuttgart 1988

Sigrid Hunke: Das Ende des Zwiespalts. Zur Diagnose und Therapie einer kranken Gesellschaft. Bergisch Gladbach 1971

Ivan Illich: Tools for Conviviality. New York 1973

Robert Innes: Discourses of the Self. Seeking Wholeness in Theology and Psychology. Bern 1999

Karl Jaspers: Der philosophische Glaube. München 1948/1963

Karl Jaspers: Vom Ursprung und Ziel der Geschichte. München 1949

Karl Jaspers: Philosophie. III. Metaphysik. Berlin u.a. 1956

Benjamin Jörissen: Identität und Selbst. Systematische, begriffsgeschichtliche und kritische Aspekte. Berlin 2000

Karin Joisten: Die Überwindung der Anthropozentrizität durch Friedrich Nietzsche. Würzburg 1994

Hans Jonas: Das Prinzip Verantwortung: Versuch einer Ethik für die technologische Zivilisation. Frankfurt a. M. 1979

Hans Jonas: Macht oder Ohnmacht der Subjektivität? Das Leib-Seele-Problem im Vorfeld des Prinzips Verantwortung. Frankfurt a. M. 1987

Carl Gustav Jung: Von den Wurzeln des Bewusstseins. Studien über den Archetypus. Zürich 1954

Carl Gustav Jung: Die Beziehungen zwischen dem Ich und dem Unbewußten. Olten/Freiburg i.B. 1971

Carl Gustav Jung: Aion. Beiträge zur Symbolik des Selbst. Olten/Freiburg 1976

Carl Gustav Jung: Psychologische Typen. Gesammelte Werke, Bd. 6. Olten 1981

Carl Gustav Jung: Von Gut und Böse. Einsichten und Weisheiten. Olten/Freiburg 1990

Emmanuel Jungclaussen (Hrsg.): Aufrichtige Erzählungen eines russischen Pilgers. Freiburg u.a. 1980/18

Matthias Junge: Identifikation durch mimetische Imagination und die Bedeutung von Ähnlichkeit für die Vergesellschaftung. In: Winfried Gebhardt/Ronald Hitzler (Hrsg.): Nomaden, Flaneure, Vagabunden. Wiesbaden 2006, S. 84–99

Gert Kaiser/Dirk Matejovski/Jutta Fedrowitz (Hrsg.): Kultur und Technik im 21. Jahrhundert. Frankfurt a. M./New York 1993

Dietmar Kamper (Hrsg.): Macht und Ohnmacht der Phantasie. Darmstadt/Neuwied 1986

Immanuel Kant: Kritik der reinen Vernunft. Riga 1781/Leipzig 1930

Katechismus der Katholischen Kirche. München u.a. 1993

Jean-Claude Kaufmann: Die Erfindung des Ich. Eine Theorie der Identität. Konstanz 2005

Hans Kessler: Auf der Suche nach einem planetarischen Öko-Ethos. In: Hans Kessler (Hrsg.): Ökologisches Weltethos im Dialog der Kulturen und Religionen. Darmstadt 1996, S. 246–277

Sören Kierkegaard: Der Augenblick. Aufsätze und Schriften des letzten Streits. Düsseldorf/Köln 1959

Sören Kierkegaard: Entweder – Oder. Teil 1 und 2. München 1988

Josef Vital Kopp: Entstehung und Zukunft des Menschen. Pierre Teilhard de Chardin und sein Weltbild. Luzern/München 1961

Jack Kornfield: Das Tor des Erwachens. Wie Erleuchtung das tägliche Leben verändert. München 2001

Jürgen Kriz: Intuition in therapeutischen Prozessen. In: Systhema, Heft 3/2001, S. 217–229

Wolfgang Kraus: Das erzählte Selbst. Die narrative Konstruktion von Identität in der Spätmoderne. Pfaffenweiler 1996

Raymond Kurzweil: Das Zeitalter der künstlichen Intelligenz. München 1993

Ervin Laszlo: Global denken. Die Neu-Gestaltung der vernetzten Welt. Rosenheim 1989

Ervin Laszlo: Kosmische Kreativität. Neue Grundlagen einer einheitlichen Wissenschaft von Materie, Geist und Leben. Frankfurt a. M./Leipzig 1995

Ervin Laszlo: Das dritte Jahrtausend. Zukunftsvisionen. Frankfurt a. M. 1998

Ervin Laszlo: Holos. Die Welt der neuen Wissenschaften. Petersberg 2002

Roman Lesmeister: Selbst und Individuation. Facetten von Subjektivität und Intersubjektivität in der Psychoanalyse. Frankfurt a. M. 2009

Emmanuel Lévinas: Humanismus des anderen Menschen. Hamburg 1989

Hans Lieb: Krise – Herausforderung und Chance. Teil 1. In: Systhema, Heft 1/2009, S. 25–39

Hans Lieb/Barbara Brink: Krise – Herausforderung und Chance. Teil 2. In: Systhema, Heft 2/2009, S. 151–165

Theodor Litt: Die Selbsterkenntnis des Menschen. Hamburg 1948

Hans Lohberger: Kosmische Philosophie – zeitgemäß? Meisenheim am Glan 1970

Wolfgang Loth: Intuition: Erkunden einer Dauerbaustelle. In: Systhema, Heft 3/2001, S. 230–242

Hania Luczak: Wie der Bauch den Kopf bestimmt. In: GEO, Heft 11/2000 (http://www.geo.de/GEO/mensch/medizin/686.html?p=9)

Niklas Luhmann: Gesellschaftsstruktur und Semantik. Studien zur Wissenssoziologie der modernen Gesellschaft. Bd. 3. Frankfurt a. M. 1993

Niklas Luhmann: Die Kunst der Gesellschaft. Frankfurt a. M. 1997

Maurice Merleau-Ponty: Die Abenteuer der Dialektik. Frankfurt a. M. 1968

Thomas Merton: Im Einklang mit sich und der Welt. Zürich 1986

Julien Offray de La Mettrie: Der Mensch eine Maschine. Leipzig 1984/1747

Thomas Metzinger: Der Ego-Tunnel. Eine neue Philosophie des Selbst: Von der Hirnforschung zur Bewusstseinsethik. Berlin 2009

Jürgen Mittelstraß: Leonardo-Welt. Aspekte einer Epochenschwelle. In: Gert Kaiser/Dirk Matejovski/Jutta Fedrowitz (Hrsg.), a.a.O., S. 16–32

Jean Monbourquette: Psychologie und Spiritualität. Warum Selbstwertschätzung beides braucht. München 2008

Guido Muer: Der innere Glanz der Schöpfung. In: Der Hirschberg. Monatszeitschrift des Bundes Neudeutschland. Heft 1/1998, S. 9–14

Michael R. Müller: Entweder-Oder? Über Praktiken der Selbststilisierung und den postmodernen Mythos vom fragmentierten Selbst. In: Winfried Gebhardt/Ronald Hitzler (Hrsg.): Nomaden, Flaneure, Vagabunden. Wissensformen und Denkstile der Gegenwart. Wiesbaden 2006, S. 100–112

Hubertus Mynarek: Der kritische Mensch und die Sinnfrage vor dem Hintergrund einer säkularisierten Welt. Erster Teil. Berlin 1976

Hubertus Mynarek: Mystik und Vernunft. Zwei Pole einer Wirklichkeit. Olten 1991

Kunihiko Nagasawa: Das Ich im deutschen Idealismus und das Selbst im Zen-Buddhismus. Fichte und Dogen. Freiburg/München 1987

Seyyed Hossein Nasr: Die Erkenntnis und das Heilige. München 1990

Oskar Negt/Alexander Kluge: Geschichte und Eigensinn. Frankfurt a. M. 1981

Albert Newen/Kai Vogeley (Hrsg.): Selbst und Gehirn. Menschliches Selbstbewusstsein und seine neurobiologischen Grundlagen. Paderborn 2000

Friedrich Nietzsche: Also sprach Zarathustra. In: Das Hauptwerk. Bd. III. München 1990, S. 5–363

Friedrich Nietzsche: Die Geburt der Tragödie oder Griechentum und Pessimismus. In: Das Hauptwerk. Bd. III. München 1990, S. 367–533

Haim Omer/Robert Rosenbaum: Kranke Hoffnungen und die Arbeit mit Verzweiflung. In: Systhema, Heft 2/2006, S. 169–185

Blaise Pascal: Über die Religion. Heidelberg 1963/6

Max Picard: Die Welt des Schweigens. Frankfurt a. M./Hamburg 1959

Georg Picht: Hier und Jetzt. Philosophieren nach Auschwitz und Hiroshima. Bd. II. Stuttgart 1981

Josef Pieper: Vom Sinn der Tapferkeit. Leipzig 1934

Josef Pieper: Über die Hoffnung. Leipzig 1935

Josef Pieper: Über das Ende der Zeit. Eine geschichtsphilosophische Betrachtung. München 1980/1950

Wolfgang Piltz: Die Philosophie des Schweigens – das Schweigen in der Philosophie. Würzburg 1987

Harald Piron: Psychosynthese. In: Karl Maximilian Fischer (Hrsg.): Die Seele ist transpersonal. Linz 2007, S. 175–226

Max Planck: Religion und Naturwissenschaft. In: Hans-Peter Dürr (Hrsg.): Physik und Transzendenz. Ibbenbüren 2010, S. 31–53

Helmuth Plessner: Gesammelte Schriften V. Macht und menschliche Natur. Frankfurt a. M. 1981

Alfons Rosenberg: Experiment Christentum. München 1990

Gerhard Roth: Die Bildung des ICH. Konzepte der Neurobiologie und der Entwicklungspsychologie. In: Zentrum philosophische Grundlagen der Wissenschaften (Hrsg.): ICH und SELBST. Theorien und Konzeptionen. Bremen 2000, S. 9–19

Gerhard Roth: Fühlen, Denken, Handeln. Wie das Gehirn unser Verhalten steuert. Frankfurt a. M. 2001

Gerhard Roth: Die permanente Selbsttäuschung. Über die Schwierigkeit, sich selbst zu verstehen. In: Psychologie Heute, Heft September 2007, S. 37–41

Gerhard Roth: Mit Bauch und Hirn. In: DIE ZEIT, Heft 48 vom 22.11.2008

Oliver Sacks: Der Mann, der seine Frau mit einem Hut verwechselte. Reinbek 1990

Gerhard Sauter: Was heißt: nach Sinn fragen? München 1982

Helga E. Schachinger: Das Selbst, die Selbsterkenntnis und das Gefühl für den eigenen Wert. Bern 2002

Max Scheler: Moralia. Leipzig 1923

Max Scheler: Die Stellung des Menschen im Kosmos. München 1949/1947

Max Scheler: Philosophische Weltanschauung. München 1954

Arist von Schlippe: Sinn als Lebensaufgabe. In: Systhema, Heft 2/2005, S. 131–142

Bernd Schmid/J. Hipp/S. Caspari: Intuition in der professionellen Begegnung. Schriftenverzeichnis des Instituts für systemische Beratung, Heft 22. Wiesloch 1992

Wilhelm Schmid: Globalisierung als Chance: Individueller Umgang mit Wandel. http://www.lpb.bwue.de/publikat/global/schmie.htm (17.1.2006)

K.O. Schmidt: Das Thomas-Evangelium. Geheime Herren-Worte frühchristlicher Handschriften. Ergolding 1977/1991

Heike Schnoor: Psychoanalyse der Hoffnung. Heidelberg 1988

Erwin Schrödinger: Naturwissenschaft und Religion. In: Hans-Peter Dürr (Hrsg.): Physik und Transzendenz. Ibbenbüren 2010, S. 126–140

Erwin Schrödinger: Die vedantische Grundansicht. In: Hans-Peter Dürr (Hrsg.): Physik und Transzendenz. Ibbenbüren 2010, S. 147–150

Henning Schröer: Das Paradies des Herzens. Die spirituelle Dimension in Leben und Werk des Jan Amos Comenius. In: Comenius-Jahrbuch, Bd. 2/1994, S. 27–36

Markus Schroer: Das Individuum der Gesellschaft. Frankfurt a. M. 2001

Markus Schroer: Selbstthematisierung. In: Günter Burkart (Hrsg.): Die Ausweitung der Bekenntniskultur – neue Formen der Selbstthematisierung? Wiesbaden 2006, S. 41–71

Albert Schweitzer: Kultur und Ethik. Gesammelte Werke Bd. II. München 1923

Albert Schweitzer: Aus meinem Leben und Denken. Hamburg 1980

Albert Schweitzer: Was sollen wir tun? 12 Predigten über ethische Probleme. Heidelberg 1985

Albert Schweitzer: Albert Schweitzer Lesebuch. München 1995

Rupert Sheldrake: Das Gedächtnis der Natur. München u.a. 1994

Rupert Sheldrake: Die Wiedergeburt der Natur. München u.a. 1993

Rupert Sheldrake: Einführung. In: Hans-Peter Dürr/Franz-Theo Gottwald (Hrsg.): Rupert Sheldrake in der Diskussion. Das Wagnis einer neuen Wissenschaft des Lebens. Bern/München/Wien 1997, S. 15–41

Rupert Sheldrake/Matthew Fox: Die Seele ist ein Feld. Der Dialog zwischen Wissenschaft und Spiritualität. Bern u.a. 1998

Andrew Shorrok: The Transpersonal in Psychology, Psychotherapy and Counseling. New York 2008

Wolf Singer: Selbsterfahrung und neurobiologische Fremdbeschreibung. In: Deutsche Zeitschrift für Philosophie, Transcript, 30 Seiten

Dorothee Sölle: Das Fenster der Verwundbarkeit. Theologisch-politische Texte. Stuttgart 1987

Joachim H. Spangenberg: Evolution und Trägheit. In: Gert Kaiser/Dirk Matejovski/Jutta Fedrowitz (Hrsg.), a.a.O., S. 288–305

Eduard Spranger: Ein Mann der Sehnsucht. Zum 250. Todestage des Amos Comenius. In: Kunstwart und Kulturwart, Bd. 147/1920, S. 33–38

Fulbert Steffensky: Feier des Lebens. Spiritualität im Alltag. Stuttgart 1984

Rudolf Steiner: Spirituelle Seelenlehre und Weltbetrachtung. Berlin 1991

Bernard Stiegler: Die Logik der Sorge. Verlust der Aufklärung durch Technik und Medien. Frankfurt a. M. 2008

Albert Stüttgen: Lass los, damit Du leben kannst. München 1999

Jean Sullivan: Die Schwäche Gottes. Graz 1960

Charles T. Tart: Erleuchtung und Verdunkelung. In: Stanislav Grof u.a.: Wir wissen mehr als unser Gehirn. Freiburg/Basel/Wien 2008, S. 151–189

Charles Taylor: Quellen des Selbst. Die Entstehung der neuzeitlichen Identität. Frankfurt a. M. 1994

Pierre Teilhard de Chardin: Der Mensch im Kosmos. München 1959

Pierre Teilhard de Chardin: Der göttliche Bereich. Ein Entwurf des inneren Lebens. Olten 1962

Gotthard M. Teutsch: Ehrfurchtsethik und Humanitätsidee. In: Claus Günzler u.a. (Hrsg.): Albert Schweitzer heute. Brennpunkte seines Denkens. Tübingen 1990, S. 101–124

Paul Tillich: Der Widerstreit von Raum und Zeit. Gesammelte Werke, Bd. VI. Stuttgart 1963

Paul Tillich: Philosophie und Schicksal. Gesammelte Werke, Bd. IV. Stuttgart 1964

Tim Tisdale: Selbstreflexion, Bewusstsein und Handlungsregulation. Weinheim 1998

Arslan Topakkaya: Die Intuition und deren Verhältnis zum Instinkt und Intellekt bei Bergson. In: Tabula Rasa, Heft 30/Oktober 2007 (www.tabularasa.de)

Arnold Toynbee: Menschheit und Mutter Erde. Die Geschichte der großen Zivilisationen. Düsseldorf 1979

Sauro Tronconi: Jenseits der Unbewusstheit. Selbsterkenntnis und innere Entwicklung des modernen Menschen. Freiamt 2009

Christian Vest-Rusan: Über das Gefühl, über die Leidenschaft. In: Österreichischer Arbeitskreis für Transpersonale Psychologie und Psychotherapie. Heft 2005/2006, S. 19–27

Sylvester Walch: Dimensionen der menschlichen Seele. Transpersonale Psychologie und holotropes Atmen. Düsseldorf 2002

Sylvester Walch: Vom EGO zum SELBST. Grundlinien eines spirituellen Menschenbildes. München 2011

Andy Warhol: Die Philosophie des Andy Warhol von A bis B und zurück. München 1991

Michael Washburn: Transpersonal Psychology in Psychoanalytical Perspective. New York 1994

Hans Peter Weidinger: Transpersonal Psychotherapy. In: Alfred Pritz: Globalized Psychotherapy. Wien 2002, S. 778–790

Wilhelm Weischedel: Der Gott der Philosophen. Grundlegung einer Philosophischen Theologie im Zeitalter des Nihilismus. Darmstadt 1998

Horst Wenzel (Hrsg.): Typus und Individualität im Mittelalter. München 1983

Ken Wilber: Halbzeit der Evolution. Der Mensch auf dem Weg vom animalischen zum kosmischen Bewusstsein. Bern/München/Wien 1984

Ken Wilber: Eros, Kosmos, Logos. Eine Vision an der Schwelle zum nächsten Jahrtausend. Frankfurt a. M. 1996

Ken Wilber: Eine kurze Geschichte des Kosmos. Frankfurt a. M. 1997

Ken Wilber: Das Spektrum des Bewusstseins. Eine Synthese östlicher und westlicher Psychologie. Reinbek 1998

Ken Wilber: Naturwissenschaft und Religion. Die Versöhnung von Weisheit und Wissen. Frankfurt a. M. 1998

Ken Wilber: Integrale Spiritualität. Spirituelle Intelligenz rettet die Welt. München 2007

Felix Wilfred: Zu einem planetarischen ökologischen Ethos. Eine indische Perspektive. In: Hans Kessler (Hrsg.): Ökologisches Weltethos im Dialog der Kulturen und Religionen. Darmstadt 1996, S. 67–78

Christoph Wulf: Präsenz des Schweigens. In: Dietmar Kamper/Christoph Wulf (Hrsg.): Schweigen. Unterbrechung und Grenze der menschlichen Wirklichkeit. Berlin 1992, S. 7–16

Jörg Zirfas/Benjamin Jörissen: Phänomenologien der Identität. Human-, sozial- und kulturwissenschaftliche Analysen. Wiesbaden 2007

Der Autor

Dr. **Claus Eurich** lehrt als Professor am Institut für Journalistik der TU Dortmund mit dem Schwerpunkt Kommunikationswissenschaft und Ethik. Er ist zudem Kontemplationslehrer und ehrenamtlicher Leiter der neugegründeten „Akademie für Führungskompetenz" der Stiftung West-Östliche-Weisheit am Benediktushof in Holzkirchen/Unterfranken.

Neben seiner Universitätstätigkeit hält er Kurse, die sich schwerpunktmäßig den Bereichen Kontemplation, Führungshandeln, empathische Kommunikation, Ethik und Zeit zuwenden.

Er ist Autor zahlreicher Sachbücher. Zuletzt sind von ihm u.a. erschienen:

„Die Kraft der Friedfertigkeit." München 2000
„Spiritualität und Ethik." Stuttgart 2003
„Die heilende Kraft des Scheiterns." Petersberg 2006
„Wege der Achtsamkeit." Petersberg 2008
„Das Gute im Bösen." Petersberg 2010

Kontakt und weitere Informationen:

claus.eurich@tu-dortmund.de
www.interbeing.de
www.benediktushof-holzkirchen.de